推荐序一

良师益友

巴菲特

1991年夏末,我来到由国会议员埃德·马基主持的众议院小组委员会面前,回答有关所罗门丑闻的问题。听证会的房间里挤满了电视和平面媒体的记者,我当时非常紧张。马基主席提出的第一个问题是发生在所罗门公司的这种令人震惊的卑劣行径究竟是华尔街的典型特征还是只是个例,在这里他用了一个拉丁文单词"独此一家"来形容。

通常这种情况会让我惊慌失措,原因可能听起来奇怪:在高中的时候我差点没通过基础西班牙文这门课,而且从未接触过拉丁文。不过对于这个单词我却非常明白,毕竟我身边有一个活生生的例子:他就是我的老朋友兼长期合作伙伴查理·芒格。

芒格绝对是独一无二的。1959年我初次见到他的时候就发现了,而且从那以后不断发掘他身上的独特品质。任何一个接触过芒格的人,哪怕相处极其短暂,都会有同样的感受。但是通常人们对他的第一印象是他的行为方式。显然,如果要"礼仪老师"给芒格颁发合格证,还需要对他多加培训才行。

然而，对我而言，芒格的性格令他与众不同。他的头脑的确令人惊叹：他比我认识的任何一个人都要聪明，即使已经年近百岁，记忆力依然让我艳羡。芒格天生就拥有这些才能，而他选择应用天分的方式才是我高度敬佩的真正原因。

几十年来，我从来没有见过芒格企图占任何人的便宜，也没有见过他把任何不属于自己的功绩记在名下。事实上，我所见证的情况与此恰恰相反：他总是有意识地让我和其他人在交易中受益更多，投资失败时他所承担的总是比应该承担的份额要多，而成功时愿意接受的回报又比应得的要少。他内心深处是一个十分慷慨大方的人，从来不让自尊干扰理智的思考。和大多数渴望得到世界认可的人不一样，芒格根据他内心的分数表对自己进行判断，而他的评判标准是非常严格的。

在生意问题上，我和芒格多数时候总是意见一致。不过对于社会问题，我们的看法却不尽相同。虽然我们都是坚持己见的人，在漫漫友谊路上却从来没有因此而争吵，也没有去找出让我们意见相左的根源所在。人们很难想象芒格身穿救世军制服站在街角行善的样子，因为那是绝对不可能的，但是据我所知，他已经接受了"可恨的是罪行而非罪人"这样一种慈善信条。

说到罪行，芒格甚至还对它进行了理性的分析。他的结论是纵欲、暴饮暴食、懒惰这些罪恶行径应该避免。不过他能理解人们之所以在这些方面犯下罪行，是因为它们能带来转瞬即逝却无比直接的快感。但他认为嫉妒是七宗罪中最愚蠢的一项，因为它并不能制造出任何愉悦的感觉，只会让深陷其中的人受尽折磨。

我的投资生涯乐趣不断，如果没有和芒格搭档将会大为失色。他一路秉承自己的"芒格主义"，为大家带来欢乐，同时也大大地改进了我的想法。虽然多数人会给芒格冠以商人或者慈善家的头衔，我却认为他更像一位老师。显然正是因为他对我们的教导,伯克希尔才得以成为一家更有价值且受人尊敬的公司。

任何关于芒格的讨论如果不提到他的妻子南希·芒格,不提到她给予的积极帮助和影响,都是不完整的讨论。作为他们两位共同的亲密朋友,我可以保证,如果没有南希的帮助,芒格所能取得的成就将远远不如今天。她关爱芒格的方式让他能够始终胸怀自己所坚信的理想和信念。南希的确是非常了不起的。芒格为这个世界做出了巨大的贡献,这些功劳不仅属于他,也属于他的妻子。

于内布拉斯加州奥马哈

推荐序二

唯有思想更久远

著名投资专家　但斌

2007年5月9日,我有幸参加了威斯科(Wesco)金融公司的股东大会。我在参会地点的入口处买了一本厚厚的、朋友托带的《穷查理年鉴》,据说这部借用本杰明·富兰克林的相似著作名《穷理查年鉴——财富之路》,讲述查理·芒格投资智慧的书,是最值得一读的投资类读物。在等候股东大会开始期间,我先请芒格在这本书上签了名,在这方面,巴菲特非常讲原则,芒格就随和了很多,"需要(礼仪老师)对他多加培训"(巴菲特玩笑语),凡是签名和照相的要求他都一一满足。

很遗憾,当代最成功、最有资格、最有能力教导投资者的沃伦·巴菲特先生不写书,这在某种程度上令世人担忧其思想和智慧能否流传。在彼得·林奇的《学以致富》中有一段文字讲述美国最早的百万富翁伊莱亚斯:"如今几乎没有人知道这个当时全美国最富有的人了。现在,他的豪宅已经属于国家公园,并对外开放,供人参观。但距离他的豪宅几百尺之遥,就是纳撒尼尔·霍索恩所写小说《七个尖角的阁楼》的故事发生地。霍索恩声名远扬,而伊莱亚斯却默默无闻,这种强烈的对比足以说明，在人类生活中，在教育领域，文学与金融孰轻孰重……"

好在与巴菲特的成功密不可分、"能和巴菲特分享价值观和目标"（本书作者语）、被美国《财富》杂志誉为"巴菲特化身"的芒格，也许受到作为编辑、作家、立法者、科学家、发明家、外交官、独立战争英雄，同时还是美国创始人之一的本杰明·富兰克林推动社会文明发展的影响，更喜欢通过"复杂的概念和细致的分析"（本书作者语），教人们如何拥有正确的思考方式、道德准则和商业哲学。这或许可以略微弥补巴菲特不写书的缺憾。

在帕萨迪纳与朋友交流时，有朋友评价：单就思想而言，百年之后查理·芒格也许会比沃伦·巴菲特的影响力更大（当然，这只是他个人的认识和见解）。芒格这位造诣深厚的投资大师博览群书、知识渊博，从某种意义上讲是一位哲学家和思想家，也像一位教育家。巴菲特曾谦虚地表示："正是因为芒格对我们的教导，伯克希尔才得以成为一家更有价值且受人尊敬的公司。"在2007年5月9日威斯科金融公司的股东大会上，当有人问及"为什么沃伦·巴菲特和他所创造的伯克希尔·哈撒韦取得如此非同寻常的成功"时，你可以从芒格的答疑中感受到他的诚实与高贵：

> ……这的确达到了一种极致的结果……汇集于同一方向的多种因素造就了巴菲特的成功，这种（通过将专注、好奇心、坚定不移和自我批评有机地结合起来并应用于一个多学科知识聚合体而产生的一种临界状态）极致出色的效应并不是来自其他任何方面……第一个因素是智力。巴菲特是非常聪明的，但从另一个角度看，他也不可能在盲棋比赛中击败所有的对手。所以，巴菲特超越了通常意义的智力范畴。从他十岁时就意识到这一点并保持至今，从而形成今天的良好效果。通向成功是相当困难的，直到你能够在你所强烈感兴趣的领域迈出第一步。巴菲特没有觉得有任何

其他领域能替代他对投资的兴趣,并且在他非常年轻时就迈出了第一步。成为善于学习的机器是至关重要的一点:巴菲特是这个地球上最好的学习机器之一……伯克希尔至今的成功经营主要是源于他一个人的头脑主导。当然,其他人也做出了一定贡献,但伯克希尔的成功极大地反映出一个伟大的头脑所能做出的贡献……

把伯克希尔至今的成功经营归于"一个人的头脑主导",抛开芒格的谦逊,我们也看到了一种非凡的胸怀和气度。这让人联想起《巴菲特幕后智囊:查理·芒格传》中提及的一件小事:当古瑞恩急需一笔钱,自己认为退出K&W股权只值20万美元时,芒格说"你那份值30万美元"。这就是人性的闪光。更多的值得我们思考的内容来自书中所描述的查理·芒格成长史的细节:如何平衡生活与投资,如何从离世的伟人身上学习,如何进行正确的思考,如何遵循正确的价值观,如何理解投资的游戏,如何当大牌在手时下重注,如何对待社会责任和对人类文明事业的奉献……

进一步思考,我们也许可以认识到伯克希尔为什么会如此非同寻常。挫败感和恐惧心,是我们投资生涯和人生旅途中一定会面临的最艰难的挑战,怎样才能渡过难关?相比巴菲特一帆风顺的生活和财富积累过程,芒格更为艰难、"有些阶段甚至可以说是悲剧"的个人生活,或许更容易引起普通人的共鸣。书中所记录的芒格在1973—1974年投资不利时所经历的一段"非常不愉快的日子",告诉我们有哪些人或事曾改变过他的想法,又有哪些是他一直坚持、不曾改变过的,而这些也可以变成我们的财富。正如芒格所言:"你永远都不应该在面对一些难以置信的悲剧时,因为自己失去信念而让一个悲剧演变成两个甚至三个悲剧。""如果一个人能牢记'生命中充满兴衰变迁'这个道理,一生只进行正确的思考,遵循正确的价值观,他的一生最终应该发展得很好。"

2007年5月9日晚，我与一位30年前相识、与芒格过从甚密、也是后来将比亚迪介绍给芒格的朋友畅谈，他说："芒格非常正直、高贵，有类似中国传统士大夫的精神和情怀，有机会的话应该将老人的思想在中国传播……"我知道他真正想说的是什么。在几千年的历史长河中，中国传统知识分子始终认同和坚守"正心、修身、齐家、治国、平天下"的理想，而这种精神追求在今天的商业社会遭遇了前所未有的冲突和挑战。尽管过去的40多年被普遍认为是中国现代化进程中最成功的时期，但坚持传统信念抑或接受商业规则一直是一个艰难的选择，在中国社会也难以找到将二者很好融合的先例。然而，在巴菲特和芒格两位智者的身上，我们恰恰可以发现这样一种近乎完美的融合——通过学习获取智慧，完全依靠自身修养实现商业成功，坚守理想和信念，遵循道德准则，理性、诚实、乐观，对社会充满终极关怀……从这个角度看，了解芒格的生平以及他的思想和精神，对中国投资者乃至所有搜寻自我定位的国人都是一次不同寻常的历程，它促使我们探索一个新兴的以商业为主导的社会的成功方式，并寻求中国文化灵魂的复兴的答案。

2007年威斯科金融公司股东大会问答环节的最后一个问题是："如何得到你所希望的？"芒格回答说："判断出什么是你不想要的并回避掉它，那你就会得到你所希望的。巴菲特具有和我同样的本能。我们还未遇到人生中失望的那一部分，愤怒的人会摧毁许多的人生希望，而陷入这种境况却是很容易的。问这样的问题：你怎样能以最好的方式得到你想要的？答案是：付出应有的努力并实现你所希望的！除此之外还会有其他方法吗？"

我想，单单一个股东大会问答环节的问题已足够我们学习与思考很久了，更不用说尽叙芒格生平的传记。"生命中有许多事远比钱更重要"（芒格语），付出应有的努力阅读这本书，也许我们能实现我们所希望得到的！

推荐序三

芒格今年 97

著名投资专家　杨天南

行走世间，如果遇见有水平又愿意指点你的人，
那就是你生命中的贵人。

新年到了，在欢呼新年快乐的同时，我们还要向一位老人大声说生日快乐——2021 新年的第一天，芒格 97 岁！

人们最早知道芒格，多因为他是巴菲特的老搭档、伯克希尔的副董事长。很多年来，在伯克希尔盛大的年会现场，主席台上只坐着巴菲特和芒格两个人。相较于巴菲特的滔滔不绝、机锋善辨，芒格常常显得沉默寡言、惜字如金，以至于"我没有什么好补充的"也成了他令人会心一笑的名言。

二十多年来，很多人最初怀着投资致富的梦想进入股市，进而接触到巴菲特理念，从佩服他的巨大财富到探究其背后的投资秘密。终于有一天，大家开始好奇巴菲特身边经常出现的另一个老头是谁？这两个加起来近两百岁的老人合作了半个世纪之久，这种同舟共济、配合默契的搭档实属罕见。

随着时间的推移，喜欢芒格的人日益增多，因为与金钱相比，人们越来越觉得"过好这一生"更需要智慧，而芒格就是这样一位智者。

芒格的确近乎中国人理想中的完美形象，他有八个子女，孙子孙女数十个，子女成龙成凤、儿孙绕膝满堂，福禄寿样样俱全，人丁兴旺、年高德劭、富足安康、功德圆满，用这些中国文化中祝福美好的词语来形容芒格，毫不为过。

根据最新的福布斯全球富豪排行榜，巴菲特以675亿美元排第四，芒格以16亿美元排在第1335位。原本，芒格的身家应该比这多很多，只不过这么多年来，他要么将钱财赠送给喜欢的人，要么投资自己喜爱的事业，使得他持有的伯克希尔股份缩减了不少。他就是这样一位率性的人。

芒格早期的职业生涯以律师为主，第一桶金来自房地产开发，在担任伯克希尔副董事长之前，芒格与巴菲特一样有自己的投资合伙企业，整体业绩毫不逊色。

这样一个才智惊人的人，身家只有搭档的零头，普通人一定会问："他不后悔吗？"但这恐怕恰恰是芒格智慧的体现。

荀子有言"君子性非异也，善假于物也"，芒格的人生道路就是"善假于物"的写照。芒格曾经总结自己这辈子的财富主要来源于三次投资，其中一次就是投了伯克希尔，以每股16美元的成本涨到今天的34万美元，尽管其间也有波澜动荡，例如1971年到1975年四年间跌去了一半。另一次是他在八十岁的时候投了李录。前有巴菲特，后有李录，善于借助他人之力完成自己的目标，"君子"之风在芒格这里得到了完美的诠释。知人者智、自知者明，知道自己能吃几碗干饭也是核心竞争力。

李录得到芒格加持的故事为人津津乐道，谁都希望得到高人指点，只是一般情况下，或者是有水平的人没时间，或者是有时间的人没水平。所以，行走世间，如果遇见有水平又愿意指点你的人，一定要珍惜，因为那就是你生命中的贵人。

芒格说："想得到一样东西，最好的方法是让自己配得上。"只有配得上的人才能遇见高人，只有配得上的人才能获得指点，否则点也点不透。遇见"点也点不透"的情况，高人连点都不会点，这也正是高人之所以是高人的原因。

如果"99＋1＝100"算是成功的话，一定是那些做好了99分准备的人，才能在缘分来临时得到那关键的1分。这种"99＋1"的模式有点像"我有螃蟹，你有醋吗？"。这原本是挪揄人爱占小便宜的诙谐之语，但细细想来，倒是有些道理。反之，如果自己努力不够，却整天想着高人指点，拿着1分满世界去找那99分，这种"我有醋，你有螃蟹吗？"的模式多半希望渺茫。

人们每每读到芒格的箴言金句，都会有拍案叫绝的冲动，大呼："太好了！太对了！太棒了！"这种喷薄而出的快意用英文表达就是"DAMN RIGHT!"。我二十多年前读到的第一本关于芒格的书是珍妮特·洛尔的《查理·芒格传》，这本书的英文书名就叫"DAMN RIGHT!"。

如今，距离我第一次见到芒格已经过去了整整二十年，再过三年，他老人家就100岁了。我在心中已经做好了打算，打算做一件有意义的事，正心诚意让自己配得上这一场与他的相遇。

写于2021年元旦

前言
Preface

每年春天，数以千计的人前往位于内布拉斯加州的奥马哈参加伯克希尔公司的年度股东大会，他们是去看沃伦·巴菲特的，不过对台上那个坐在巴菲特身边，时不时帮助这位奥马哈智者回答问题的人，他们也非常感兴趣。人们将其称为"巴菲特和芒格的真人秀"。表演通常是这样进行的：巴菲特先回答问题，时间长短由他决定。临了，他会转向他的长期伙伴查理·芒格，问道："你还有什么要补充的吗？"芒格一动不动地端坐在那里，看起来好像已经被雕刻进了总统山，回答简单而粗率："没什么要补充的。"他和巴菲特每年为那些志同道合的听众献上一顿玩笑大餐。当然，会议也有严肃的一面。巴菲特会认真思考人们提出的问题，提出他自己的意见。偶尔，芒格基于自身丰富的阅历和经验，也会提出一些观点，然后说上一小段。一旦芒格开口说话，听众们都会全神贯注地听他发表看法。

有些观点在他看来非常重要，必须传达给听众，比如说：和人打交道时一定要遵循道德准则，直面现实，善于从别人的错误中学习经验等。他总是带着热忱的使命感向人们传播这些道义。

"爸爸非常明白他所代表的社会价值观在商业社会并不是那么普遍。"芒格的大女儿说。

芒格没有巴菲特那么富有，在一定程度上是因为他用另一种方式经营着自己的生活。他不像巴菲特那样爱表现自己，虽然他完全可以表现得非常有趣。得益于这两种特质，芒格一家能够长期享受亿万富翁的生活却不为声名所累。

1997年5月，我在伯克希尔公司的年度股东大会上见到芒格，告诉他有关这本书的项目计划，同时也表示了我会在当月晚些时候参加威斯科金融公司的年度股东大会，希望到时能和他再深入交流一下。当时芒格并未过多置评，只是说他不觉得这本书会畅销。后来我和我丈夫以及一位好友去参加了威斯科金融公司的股东大会。会议结束的时候，芒格忽然站起来大声问："珍妮特·洛尔在吗？"现场聚集的数百名听众都扭过头来，东张西望地寻找芒格口中的这位"肇事者"，而一些认识我的人则指向我所在的方位。我怯生生地站起来应道："是的，芒格先生。"他从椅子里站起来向我宣布："跟我来。"然后就转过身从后门走了出去。我跟我的丈夫和朋友挥手道别，其实心里根本不知道什么时候才能再见到他们。芒格沉默地引领着我乘电梯来到一间私人办公室，在那里他告诉我芒格家族不想有人为他作传。他们已经可以预见到一直以来视若珍宝的私密生活将随着这本书的出版而不复存在。对于一个像我这样本质上非常害羞、不喜欢和别人正面冲突的人而言，这样的场面是很难应对的。但我还是跟他解释说我已经和出版社签了合同，即使他不合作也必须把书写出来。不过如果他配合，这本书会精彩很多。"那好吧，"芒格粗声粗气地说，"你可以从读这些书着手。"他交给我一张长长的最爱书目清单，其中包括理查德·道金斯的《自私的基因》。后来，芒格告诉我对这本传记的态度他经历过几个阶段，起初反对出版，然后尽量将损害降到最低，到最后，他和我并肩工作，力图使他的生平事迹为人们所理解。显然对他而言这并非易事，尤其是当我就他儿子的过世以及导致他单目失明的手术事故中的一些细节追根究底的时候。

尽管如此，芒格在他家里，在洛杉矶的办公室中，还有两次在奥马哈他妹妹家里都接受了我的长时间访谈。芒格一家也曾经邀请我和我丈夫随他们一起去明尼苏达州北部的度假区，在那里我花了几天的时间采访芒格的家庭成员和邻居，同时也和他们一起去远足、划船、钓鱼、玩乐。

这本书的研究和撰写工作耗时三年。虽然部分研究建立在早前我对价值投资专家本杰明·格雷厄姆和他的明星学生巴菲特的研究工作的基础上，但这些素材只能作为背景材料。尽管芒格的照片曾出现在《福布斯》杂志的封面上，也有一些报纸对他进行过报道，然而有关他的文字记载仍然少之又少。本书中超过75%的资料来自我的独家原创研究。我对33位相关人士进行了44次采访，参加过8次伯克希尔和5次威斯科金融公司的股东大会，每次芒格都坐在演讲台上，不对听众进行任何隐瞒。我还研究了六七份芒格在各地讲话时的演讲稿，其中包括他在哈佛大学法学院校友会上的致辞。

虽然芒格开始参与到这个项目中来，但他仍然努力抵挡统领全书写作的诱惑，只是经常表示他希望这本书可以突出他在漫漫人生路上学到的各种经验教训，希望读者能从他的错误和成功中获益。事实上，他在生命中学到的经验比书中写到的要多得多。他和妻子如何克服各种逆境抚养8个孩子，他如何坚持不懈地展现才华从而改善经济状况，他所感受到的做一名对社会有贡献的公民的那种强烈责任感，这些都是他传奇人生中的片段。写作过程中，我常常忍不住笑出声来，也有好几次在痛苦中畏缩不前或者感到悲哀。生命中所能发生的一切芒格都经历过。

虽然芒格是独一无二的，但他同时也是西海岸文化和中西部价值观融合的典型代表，这点在20世纪前半叶表现得尤为明显。如果说巴菲特证明了头号男性投资者也可以生活和工作在奥马哈这样一个非金融中心的城市中,那么芒格则展示了不管人们普遍认为的观念是怎样的,有价值、有创新精神的理财和文化观念完全可以从西海岸传播到东海岸。

芒格的演讲内容总是那些足以改变你人生的大道理,但在这些讲话中,他从不指导人们具体应该做些什么。他交给听众的是一幅能找到智慧宝藏的地图,而且和所有的藏宝图一样简单到让人迷惑。只有当你真正理解了指令的含义并且一路遵循到底,宝藏的大门才会为你而开。

目 录
Contents

第1章　比巴菲特更聪明的人　　　　　　　　1

他与巴菲特是长达几十年合作的黄金搭档,是伯克希尔的灵魂人物,是巴菲特的心灵导师,是公认比巴菲特更聪明的人。他就是查理·芒格,一位集智慧与才情于一身的伟大人物。

第2章　遥控金融帝国　　　　　　　　12

已退居幕后的芒格,视功成名就如过眼烟云,每天在星岛的木房子里,钓鱼、晒太阳,与30多个子孙共享天伦之乐。如果不是紧急情况,这位鹤发老人仅用一部电话便可遥控他的金融帝国。

第3章　倔强家族荒野生存　　　　　　　　23

19世纪,成千上万的拓荒者穿过内布拉斯加州向西进发,当年芒格家族马车留下的辙印150年后在内布拉斯加的农田里仍然清晰可见。他们坚信原始、粗糙的环境更能磨炼人的意志。从那时起,芒格家族就流淌着不屈服的血液。

第4章　青年时期的战争与爱情　　　　　　　　40

第二次世界大战为芒格的生命之途开拓了新的契机,

他从一个中学生转变成一名严谨的军人，卓越的表现将他带进了高等学府的殿堂，对知识的无限渴求促使芒格的心智迅速成熟；更难得的是，在那里，他结识了第一任妻子。

第5章　无巧不成书的第二次婚姻　　　　　　　57

第二次婚姻就好像是将芒格从黑暗无边的地方解救到光明世界，生命再度充满了各种新的可能。在此后的日子里，他们一共养育了 8 个子女，最令人惊奇的是，第二任妻子与前任妻子完全同名，这不是缘分又是什么？

第6章　赚到第一个 100 万　　　　　　　　　　72

是金子总会发光，律师出身的芒格天生就有赚钱的资质，而这一切靠的是不随大流的独特眼光。看到人们对公寓品质的追求，芒格坚持建造低密度的单层平房，大打高绿化卖点。就这样，芒格轻松兼职，便赚到了人生中的第一个 100 万。

第7章　巴菲特和芒格的首次碰撞　　　　　　　86

早巳听过对方的大名，虽然只是第一次见面，巴菲特和芒格还是擦出了睿智的火花。刚开始的几年，他们并没有正式的合作，只是精神上的合伙人，正如巴菲特所言："世道好的时候是初级合伙人，世道不好的时候就变成资深合伙人。"

第8章　只做最好的律师事务所　　　　　　　　96

尽管在多个领域都颇有建树，此刻的芒格依然热衷于律师事业。和志同道合的事业伙伴一同成立了一家律师事务所，很快就以"超级律师团"而声名远扬，这家事务所的执行准则是：只招收最优秀的人，建立最好的律师事务所。

第9章　正式踏入投资领域　　111

身为律师的芒格分身有术，与扑克牌友成立了一家证券公司，一向节俭的芒格坚持要在杂物间里办公，公司虽小却成绩斐然，为亲戚、朋友大赚特赚。而这一事件也意味着芒格正式踏入投资领域。

第10章　巴菲特和芒格合作投资的首个大赢家
——蓝筹印花　　132

蓝筹印花成为巴菲特和芒格合作投资的第一次成功尝试。在从不到4 000万美元发展到创造数十亿美元的过程中，所涉及的重大商业决策少之又少，三年不到一次，这项记录彰显了芒格独特心态的优点：不为采取行动而行动，而是结合超凡的耐心与果断力。

第11章　促巴菲特对阵格雷厄姆　　147

从喜诗糖果开始，芒格敦促巴菲特改走购买优质企业的道路，这与格雷厄姆的价值投资理论背道而驰。多亏芒格从旁推动，巴菲特开始购买永远都有价值的特许权企业，这与芒格经营自己人生的方式不谋而合，即"不求迅速胜利，只求长期的成功"。

第12章　支持堕胎的古板老头　　162

一直以来，芒格古板而传统；但在堕胎这个问题上，衡量再三后，理智战胜了情感，芒格选择支持。直至今日很多人都还不知道，在维护妇女堕胎权这个问题上，尽管为家人和自身带来无限困扰，芒格依旧坚持做不屈的先锋。

第13章　用理想支撑一份报纸　　169

能够办一份报纸，一直是芒格的精神追求。于是当

《布法罗晚报》出现在芒格眼前时,他毫不犹豫地收购了它。然而从那时起,芒格便官司缠身,五年后该报成为美国最赚钱的报纸,而这中间的艰辛只有芒格自己清楚。可以说,这是一份用理想支撑起来的报纸。

第14章　向储蓄贷款业下战书　　179

1989 年,美国储蓄贷款机构纷纷倒闭,行业领袖们出于自保的目的纷纷游说政府,以延续糟糕的情况来挽回自己的颜面。芒格以一封石破天惊的抗议信,揭露了这个行业的真相,同年,国会对行业法规进行了整改。芒格的正直,第一次完全展示在世人面前。

第15章　伯克希尔诞生记　　198

20 世纪 50 年代末,巴菲特收购了一家陈旧潦倒的纺织品制造企业,它就是伯克希尔的前身。一开始,所有人都不看好这家公司,芒格形容它"难逃一死",巴菲特称"这次收购是最糟糕的财务失误",谁承想,30 年后,它成就了一个金融帝国。

第16章　巴菲特-芒格王朝战无不胜　　212

20 世纪最后 10 年,伯克希尔势如破竹。巴菲特-芒格这一对黄金搭档为其创下超高价值的现金等价物,财务评级为 AAA,这也赋予他们更强的收购能力。此刻的伯克希尔,已经一跃成为全球企业家们心目中的"第一号买家"。

第17章　让芒格冒冷汗的所罗门　　228

1991 年,投资银行所罗门兄弟因操纵债券价格而被调查,身为公司董事的芒格坚持大众有知情权,绝不包庇属下高管,他奔走操劳只为还公众一个公道,心力交瘁的他还不忘给公司员工打气。问题解决后,芒格的刚正不阿也为世人所称道。

第18章　投资《洛杉矶每日新闻》　　245

对报纸的热爱和这个行业良好的经济回报促使芒格投资了《洛杉矶每日新闻》这份报纸，该报表现优异，但却因为同行竞争经常惹上麻烦，芒格时常在法庭上为它辩护。他坚持涉足报业的动机是个人兴趣大于盈利，公司受到不公正对待时，芒格会积极抗争，坚持下去。

第19章　巴菲特说："我是芒格的眼睛，芒格是我的耳朵。"　　261

因为白内障和治疗上的失误，芒格最终失去了一只眼睛。这对于一生热爱阅读的芒格来说，是巨大的伤痛，但坚韧的芒格最终克服了身心的不适应，并对给他做眼睛手术的医院捐献善款。巴菲特曾说过："我是芒格的眼睛，芒格是我的耳朵。"

第20章　做投资界的良心标杆　　275

近年来，芒格和巴菲特都进入了生命的另一个阶段，他们选择自己的行动，关注那些有意义的事情，认为应该把财富还给社会。在芒格看来，投资一家脆弱的公司就是犯罪，"在某种程度上，我们以道德检察官自居，参照标准就是自己的行为"。

第21章　收割的时节　　291

"我坚信人类获得幸福感的奥秘来自放低目标。"功成名就后的芒格，每天钓鱼、出海、颐养天年。他从来没有期待过要做一个亿万富翁，成为世界上最独特、最受关注的公司的二把手，但通过自己的努力，他过上了有品质的生活，享受到了收割人生幸福的惬意。

结束语	**304**
附录 1 惠勒和芒格证券公司年回报率	**306**
附录 2 查理·芒格生活及事业年表	**307**
附录 3 查理·芒格的演讲稿（首度披露）	**312**
再版译后记	338

第 1 章
比巴菲特更聪明的人

和巴菲特共事了这么多年,我觉得自己只是一个注脚。

——查理·芒格

"我和查理·芒格的第一次近距离接触相当奇特,"《华盛顿邮报》的卸任出版人凯瑟琳·格雷厄姆如是回忆道,"当初向他咨询,是因为有一天我发现自己要做的不仅仅是管理一家公司,更要对孩子和孙辈的信托基金负责,而对此我毫无经验。我请巴菲特给我点建议,他处理这个问题的方式一如既往。'这是我的想法,但你最好和我的搭档芒格[①]谈谈。在绝大部分问题上我们的看法一致。'"

"于是我去了芒格位于洛杉矶的办公室与他会谈。我认为他应该是个有趣而且相当聪明的人。会谈开始前,我掏出一本黄线笔记本打算做记录。这一举动把巴菲特逗乐了,至今他还常常取笑我当年一字

[①] 如无特别说明,芒格都是指查理·芒格。——译者注

一句记下芒格那些金玉良言时的情形。"

自从沃伦·巴菲特——这位来自奥马哈的亿万富翁，为凯瑟琳·格雷厄姆和芒格安排了一次会面后，"我和芒格便开始了愉快的长期通信，这太奇怪了。"她说。

凯瑟琳有一个保存信件的专用文件夹，在撰写自传《个人历史》时她再次回顾了这些信件，而这本书后来为她赢得了普利策奖。"这些书信是我和芒格间主要的交往联系，非常亲密。当我重新翻阅的时候，却说不清我们为什么开始通信。在近十年的书信往来中，我俩天马行空，畅所欲言，无所不谈，既会互相炫耀，也会讲笑话。"

内向腼腆的凯瑟琳总担心自己竭尽全力仍不能达成目标，最后发现大部分情况下，"是他鼓励了我，并让我了解到我做得比我自己认为的要好"。

"让我印象深刻的是巴菲特和芒格是如此相像，无论是声音、举止还是幽默感，"凯瑟琳说，"他们互相捉弄，让彼此出丑，然而在我看来，他俩的确是一个非凡的智慧组合。"

"我在1957年就听说了查理·芒格的名字，"巴菲特，这个多年后成为美国最富有的人说道，"当时我在奥马哈管理一笔规模很小的资产，大约30万美元。埃德温·戴维斯是镇上最好的医生，他的太太名叫多萝西·戴维斯。我认识他们，他们也认识我全家人。一天我去他们的公寓，跟他们解释我如何运作资金。戴维斯太太是个很精明的人，而当时戴维斯医生并没有专心听我说。我说完之后，他们商量了一阵——然后便同意投资10万美元。我问戴维斯医生：'刚才你都没仔细听，怎么还愿意拿钱给我投资呢？'他回答说：'你让我想起了查理·芒格。'我说我不知道查理·芒格是谁，但我已经喜欢这个

人了。"

20世纪二三十年代,当芒格在奥马哈成长的时候,戴维斯一家既是他的邻居,也是他的好朋友。这位医生有些不同寻常,"是一个非常聪明而古怪的家伙。当然巴菲特的投资为戴维斯一家带来了丰厚的回报。"芒格说。戴维斯夫妇几乎把他们的全部财产都投给了巴菲特。

"埃德温·戴维斯的确有点性情古怪,而且随着年龄的增长越发明显,"巴菲特赞同道,"晚年他得了轻微的老年痴呆症。后来,他在我这里追加投资的时候,开始把支票开给查理·芒格。我跟埃德温说:'在任何情况下你把我们两个搞混了我都不介意,但是支票一定要开给沃伦·巴菲特。'"

在巴菲特第一次听说查理·芒格这个名字的两年后,他们终于相见了。"1959年,芒格父亲去世的时候,他回来帮忙处理相关事务。戴维斯一家为我们安排了一次晚餐。一见面,我们立刻就觉得彼此非常合得来。"巴菲特说道。

此时巴菲特提到的戴维斯一家不是指这对医生夫妇,而是戴维斯的孩子们,同时也是芒格童年时的玩伴。戴维斯的两个儿子都当了医生,而唯一的女儿则嫁给了奥马哈的一个商人。是戴维斯一家安排了那次在老奥马哈俱乐部的晚餐聚会,"那的确是一次令人兴奋的会面。"有人回忆说。

芒格也从其他人那里听说过巴菲特,但他并没有对和巴菲特见面抱太大的希望。"除了巴菲特,我认识巴菲特家族的每一个人。"芒格说。芒格立刻注意到这个戴眼镜的年轻人身上的一些小细节。"他理了个平头。巴菲特当时正在为建造家里的阳光房埋头苦干,他特别爱喝百事可乐、吃盐焗坚果,而且不吃蔬菜。"芒格自认为对这些事情都能接受,"但我看到巴菲特吃早饭的样子还是会很惊讶。"

事实证明,他对会面不抱期望是错误的。芒格带着他的保守想法前去赴宴，却完全被折服了。"必须承认我几乎第一眼看到巴菲特就感觉到他是一个非同寻常的人。"

芒格立刻开始问巴菲特从事什么行业、如何运作，而巴菲特的回答深深吸引了他。第二天晚上，另一位双方共同的朋友迪克·霍兰邀请他们吃晚饭。当时29岁的巴菲特和35岁的芒格再次展开了深入的谈话。芒格是如此全神贯注于自己的话题，当他拿起玻璃杯喝饮料的时候，还举起另一只手来阻止其他人开口打断他们的对话。

两人会面的时机恰到好处。芒格挚爱的父亲刚刚去世，而巴菲特的良师益友本杰明·格雷厄姆告别投资行业，从纽约搬到了洛杉矶。由于格雷厄姆对投资问题的兴趣越来越小，巴菲特感到非常失落，他需要一个新的和他有共鸣的人。也许是因为芒格和格雷厄姆的思维机制如此之像——诚实、脚踏实地、保持旺盛的好奇心以及不为传统观念所约束，所以他在第一时间就得到了巴菲特的关注。

"我认为芒格比他自己以为的还要像格雷厄姆，芒格走的是学院派路线，但同时对各种事情感兴趣。他看书看得很杂。"路易斯·辛普森，政府员工保险公司联合主席解释说，他的另一身份是巴菲特或芒格无法运作伯克希尔公司时的接班人。

巴菲特以全身心扑在投资事务上而著称，他也认同芒格在兴趣广泛这一方面和格雷厄姆非常相似。"芒格的思维跨度比我要宽得多。他每年要看几百本传记，还能全部吸收并记住。"

当菲德尔·卡斯特罗夺取古巴政权、年轻的约翰·肯尼迪当选美国总统的时候，巴菲特和芒格已经成为"精神搭档"，这是一种不涉及任何合同或头衔的关系——至少在开始时是这样的。

巴菲特认为与其说这是一种商业安排，不如说更像是一种"兄弟情义"。基于双方的信任和信心，这种关系随着一场又一场的讨论、一次又一次的会议和一笔又一笔的交易变得越来越紧密。

虽然在奥马哈的时候芒格住的地方与巴菲特家只隔几个街区，他十几岁的时候也曾在巴菲特家的店里打过工，然而6岁的年龄差距令他们生活在完全不同的社交圈中。尽管如此，相同的兴趣还是把两人立刻联系在了一起。

"如果你把芒格和巴菲特当成小男孩，他们是非常像的，"芒格最大的女儿这样说道，"他们有相似的父母，相近的价值观，而且还住在同一个镇上。两个人之间有以上任何一个相同点就足以发展一段友情了。"

芒格和巴菲特还有其他的共同之处。"和巴菲特一样，我对致富也非常狂热，"芒格说，"并不是因为我想要买法拉利——我想要的是可以独立的能力，对此我非常渴望。我认为给别人开账单有损我的尊严，虽然我不知道这种想法从何而来，但我就是这么觉得的。"

查理·芒格是全球最著名的控股公司伯克希尔的副主席兼第二大股东。他同时也是加利福尼亚发行量最大的法律报业集团——每日新闻集团以及伯克希尔持股80%的威斯科金融公司的掌门人。此外，芒格在洛杉矶孜孜不倦地坚持着慈善事业。当他的形象出现在1996年某期《福布斯》杂志的封面时，大众开始意识到芒格已经不仅仅是伯克希尔年度大会上沃伦·巴菲特的搭档了。

作为全美最难以捉摸、引发人兴趣而且独立的商业领袖，芒格说他的目标是让自己的财富恰好保持在福布斯富豪榜名单的水准之下，这样他就能避开聚光灯。遗憾的是，这一策略并未奏效。

1998年，芒格的财富总值超过了12亿美元。在全美富豪榜上，芒格的排名只比李维·施特劳斯家族的继承人低一位。他比沃尔特·迪士尼公司的老板迈克尔·艾斯纳、希尔顿酒店集团的继承人威廉·

巴伦·希尔顿的排名都要高，最令人惊讶的是，就连硅谷的计算机行业富豪史蒂夫·乔布斯也被他甩在了身后。

和沃伦·巴菲特一样，芒格没有继承到任何遗产。他的财富纯粹来自他自身的意志力和天生的商业才干。

"虽然我的家庭没有留下大笔财产，但为我提供了良好的教育，为我的行为规范树立了一个了不起的榜样。归根到底，这些比实际的钱财更有价值。"芒格这样解释道，"从小就在正确的价值观中成长是一笔巨大的财富，巴菲特同样拥有这样的财富。这甚至在金融上也是一个优势。人们肯投资给巴菲特的部分原因在于他是巴菲特家族的一员，而人们信任巴菲特家的人。"

根据全球流言制造中心——巴菲特狂热粉丝俱乐部中成员们的说法，芒格可能才是伯克希尔公司的真正决策人。巴菲特的大儿子，曾经说过父亲是他认识的第二聪明的人，查理·芒格才是排名第一的。当然沃伦·巴菲特也以他一贯的讽刺性幽默为芒格的神秘性添油加醋。在某次伯克希尔的年度股东大会上他这样宣称："芒格负责说话的具体内容，我只是动动嘴皮子。"

有一年，巴菲特回答了一位股东传上来的问题，然后把填好答案的纸条递给芒格让他看看。芒格的答复在意料之中，他说："我没有什么要补充的。"巴菲特毫不客气地捉弄了芒格，他笑着说："有时候他还要删掉点东西呢。"

巴菲特和芒格每年在伯克希尔公司的年度股东大会上进行一场娱乐性十足的表演。伯克希尔公司是全美最为人津津乐道但实际了解最少的公司之一，他们在会上为股东们描绘公司的商业前景、解释他们的投资哲学，而巴菲特是活动中无可争议的明星，他的个性魅力在聚光灯下展露无遗。查理·芒格成功地扮演了一个坏脾气伙伴的角色，事实上他看起来还很享受做一个配角的感觉。

"不过你所看到的坐在巴菲特旁边的那个人,其实并不是真正的芒格。那只是他培养出来的一个化身,"芒格的继子、洛杉矶律师哈尔·博思威克解释说,"他当时也许的确没有什么要补充的,而且想把进程继续下去。我觉得他在小团体中的发挥比在大庭广众下要好。一天下来,坐在那里的都不是真正的查理·芒格。"

那么谁才是真正的查理·芒格呢?

对哈尔而言,他是一位尽责的继父、一名精神导师以及一个把生活变成一场真正的冒险的人。

对《福布斯》杂志而言,芒格的衬托让巴菲特以家庭为重的形象更为可信,他"粗暴的方式成全了巴菲特的好好先生形象"。

对所罗门兄弟公司的前任高级经理们而言,他是一名顽固的董事,很早就发现欺诈行为的存在,坚持要公司对政府有关部门和公众就卷入美国国债交易的罪行做出全面悔悟的解释,即使将所罗门利润丰厚的债券交易业务毁于一旦也在所不惜。

对于洛杉矶一家规模不大但声誉良好的律师事务所——芒格、托尔斯 & 奥尔森律师事务所而言,芒格是一枚强大的客户吸铁石,吸引到了石油公司、公共基础建设公司以及其他大型集团。多年前,芒格买进一系列规模很小、结构松散的公司,成就了今时今日的伯克希尔集团。

对支持女权运动的人而言,芒格是一名英雄——若干年前发动了美国堕胎合法化的运动,并在其中起到了巨大的推动作用。而那些反对堕胎权的人则认为芒格会遭到报应,活该时不时地遭到示威与抗议。

对罗杰·格雷斯,《洛杉矶大都会新闻》那个令人讨厌的出版人而言,芒格是那个仗着自己是亿万富翁,企图利用他的每日新闻集团来垄断加利福尼亚的法律出版物市场的人。

对他的桥牌伙伴们，包括巴菲特、《财富》杂志编辑卡罗尔·卢米斯、洛杉矶亿万富翁奥蒂斯·布思、微软的创始人比尔·盖茨以及已故喜剧演员乔治·伯恩斯而言，他是一个非常优秀的桥牌玩家，当然如果他能避免时不时地打出些不着边际的牌就更好了。他的伙伴们有时不太能理解他为什么这样下注或为什么出那张牌，虽然通常他只是在遵循自己的一些简单逻辑而已。

对船主和制造商而言，芒格是一个很容易被新颖奇特的船只激起兴趣的家伙，随时可能被说服对某个项目给予支持。"只要某个人对船有什么疯狂的想法，我父亲很容易就受到影响。"他的大女儿说。

对仓储式连锁零售公司好市多的首席执行官詹姆斯·辛尼格而言，芒格作为公司的董事，是全美交友最广泛的商人之一。有一次他想请芒格担当好市多的董事，于是两人在洛杉矶市中心最有名的商务俱乐部——洛杉矶俱乐部共进午餐。"那里有一大群人在吃午饭，"辛尼格回忆说，"我觉得这 400 个人都认识芒格。"

1997 年，芒格首次参加好市多董事局会议，辛尼格想为他介绍另一位董事，著名的政治活动家吉尔·拉克尔肖斯，结果发现两人早已相识。"芒格认识谁都不值得大惊小怪。"辛尼格说。

芒格的朋友们包括比尔·盖茨、内森·梅尔沃德（曾经是微软的未来创意专家）、通用电气主席杰克·韦尔奇、美国前贸易代表卡拉·安德森·希尔斯、洛杉矶市长理查德·赖尔登以及众多政客、参议员和总统。

虽然巴菲特和芒格看起来非常相似，但他们在某些方面却很不一样，甚至可以说是截然不同。巴菲特擅长使用简单的语句、通俗的故事以及寓言，芒格却从不采用简短的语句。如果同一情况下既可以用一长句话也可以用一个简单的词表达，他宁可多费些口舌。对于复杂的概念和细致的分析，芒格游刃有余。巴菲特对穿着从不讲究，芒格却总是穿得整整齐齐。巴菲特一直都住在他买的第一栋房子里面,多年来只进行过简单的整修,芒格却热爱建筑,总共拥有七幢房子。最后一点,芒格是一名坚定的共和党人,而巴菲特则称自己为"大半个民主党人"。

芒格的个人生活曾经非常艰难,有些阶段甚至可以说是悲剧性的,而且财富的累积对他来说并不如巴菲特那么容易。然而,就像其他任何一种伟大的伙伴关系,比如说微软的创始人比尔·盖茨和保罗·艾伦,索尼集团的盛田昭夫和井深大,或是巴菲特的早年导师本杰明·格雷厄姆和他的搭档杰罗姆·纽曼那样,在两人之间有一种协同作用,甚至可以说是一种魔力。每个人本身都极具天赋,即使单打独斗都足以获取巨大的财富并且活得多姿多彩。但是他们都有一些性格缺陷或是技术难题可以与另一个人形成互补,两个人共同经营所能取得的成果比他们各自为战时要大得多。正如芒格常说的,当你把各种正确的因素组合起来时,就会取得非常出色的成果。

巴菲特在商业和财务方面受过正规训练,但没有法律方面的背景。芒格曾经是一名专为企业服务的律师,虽然有业务运营的经验,但如果要成为一名投资专家还有很多方面需要学习。

"你听说过异性相吸这类陈词滥调吗?"芒格说,"事实上并非只是异性相吸。每位参与到一个复杂项目中的人都需要同伴。训练将自己的想法和别人的相适应是一件非常有意义的事。"

有了芒格,巴菲特找到了能和他分享价值观和目标、进行高层次对话的人。

这两人身上最显著的共同点就是幽默感。和许多中西部人一样,他们从小就学会用开玩笑来应对不安、压力、惊讶甚至是悲伤。幽默可以打破紧张的气氛、提供心理防护,让他们将局势掌控在手中。

芒格为他们的友谊带来的不只是伙伴情谊。虽然巴菲特从格雷厄姆-纽曼组合那里承接了一些投资者，而他本人也在内布拉斯加州奔走筹款，芒格则在加利福尼亚宣传巴菲特的高超投资技术，为他带来几百万的本金。从更大的方面来说，伯克希尔早期的成功主要来自对蓝筹印花、喜诗糖果以及其他一些加州公司的收购，它们中的大部分是由芒格和他圈子里那些西海岸投资人发现的。

正如芒格以饶有兴趣的态度看待巴菲特狭窄的饮食选择那样，巴菲特也逐渐理解芒格不同寻常的个性特点。1967年他们的一次早期冒险经历中，巴菲特和芒格一起去纽约收购一家名为联合棉花商店的小公司。巴菲特记得当时他和芒格沿着曼哈顿的一条街道边走边讨论这次交易的情况。忽然间，巴菲特环顾四周发现他在自言自语，芒格已经不见了。后来巴菲特才知道芒格想起来要去赶一班飞机，于是就这么不声不响地走掉了。

尽管芒格的言谈举止有时很唐突鲁莽，但是巴菲特说："他是一个非常好的朋友，虽然不懂得优雅细致，不做表面功夫，但所有的行为都发自内心。我们在一起共事那么久，从来没有争吵过，有时意见不同，但没有任何一次有人发脾气或是不欢而散。如果你谈到一个想法，他绝不会带着情绪去考虑这个问题。但如果他有大量的事实或推断来支持自己的观点，那他也绝不会让步。我们都认为对方的意见值得洗耳恭听。"

芒格坚持认为："生活并不是一个了不起的故事，可能像老太婆的裹脚布——又臭又长。我只知道要想赢得第一，就必须占得先机，千万不要原地踏步。有趣的是有些人只是因为自己的爷爷是位律师或法官就急急忙忙地和一群富有经验的人一起去读哈佛大学法学院，而我却愿意加入许多不同的行当。我总是刚刚涉足某一业务就比其他人干得都要好。这是为什么呢?答案就是通过自学来提高修养,这才是真正行之有效的好主意。"

芒格的人生故事揭示了许多对他非常有用的大道理:量入为出,把省下的钱用来投资。该学什么就去学。就像巴菲特常说的:"老观念就是正确的。"

沃伦·巴菲特常常告诫大学生要及早养成正确的思考方式和行为习惯,因为多数情况下,人们都是根据习惯行事。这和芒格倡导的另一个大道理密不可分:尽可能地体面行事。"你在某个地方的所作所为,"他说,"日后会以不可思议的方式影响到你。"

第 2 章
遥控金融帝国

生命中有许多事远比钱更重要。这种说法的确让有些人感到迷惑。我的一位高尔夫球友这样说:"健康有什么好?就是好在你不能用钱买到它。"

——查理·芒格

20 世纪的最后一个夏天,查理·芒格和南希·芒格爬下摩托艇登上他们房子后面的码头,迎接他们的是叽叽喳喳的儿孙们。一个亚麻色头发的 3 岁小孩嚷嚷着:"嗨,爷爷!爷爷!"不过这个小女孩没能引起芒格的注意,于是她拉起他的手安安静静地走在他旁边。过了几分钟芒格开始和小姑娘讲话,好像他一直都知道她在那里。小姑娘兴高采烈,显然对自己的小把戏奏效而得意非凡。在这样一个大家庭里,要得到长辈的关注就要经历一番竞争,这是司空见惯的事。

儿媳从厨房里喊:"爸爸,巴菲特来过电话,给他回一个吧。"

"好的。"芒格也高声回答道,但他并没有走到电话旁,而是指挥

第 2 章 遥控金融帝国

他的儿子们和男仆菲利普把行李（包括一个装满钓鱼竿的笨重的大箱子）一件件放到相应的地方去。

菲利普举起一只装满了鱼饵的结实的塑料盒子笑道："看！没有压坏！"芒格刚从缅因州访友归来，这个盒子是这次飞行旅途中的行李之一，里面装满了查理·芒格这位公认的亿万富翁从电视渔具展上订购的一系列新奇的诱饵。

芒格到达卡斯湖所带来的喧哗和骚动渐渐退去后，他走到挂在厨房墙上的电话机旁边，这是整个屋子里唯一的一部电话。一班由专业厨师领导的成年子女正在为30名家庭成员和朋友筹备晚餐。10岁都不到的小孙女一本正经地削着胡萝卜，一边警惕地竖着耳朵听是否有关于出去钓鱼的只字片语。她非常迷恋钓鱼，对于和爷爷一起去巡湖从不厌倦。

芒格环视厨房一圈，好像在盘算是否有可能在相对私密的环境里和他的密友兼事业伙伴、全球第二富翁、股票之神沃伦·巴菲特讲话。南希走来解救了他："这是无绳电话，可以拿到任何地方去打。"好像是不相信电话能在屋外或楼上的卧室用，芒格只是走到起居室的角落里，拨起了那个烂熟于心的电话号码。房子里的其他角落还是吵吵闹闹的，芒格坐进一张沙发椅和巴菲特讲话。

"……"

沉默。

"……"

沉默。

"所以说你担心的是价格问题？"芒格问。

沉默。

"如果你等一等，我觉得你会得到你想要的价格。"

沉默。

"那就这样。"电话挂上了。

虽然查理·芒格1924年1月1日出生于内布拉斯加州的奥马哈，但他显然认为星岛是他的家乡，是串起他的过去、现在和将来的地方。这幢夏日度假别墅让家人们得以团聚，无论在悲伤的时候、异常忙碌的日子还是后来子女们长大成人，移居到世界各地并且各自建立了自己的家庭，都是如此。芒格的祖父母在那里度假，他的父母也在那里度假，多年后，这些位于明尼苏达州卡斯湖中小岛上的小屋群成为芒格家8个孩子、15个孙辈和一大群叔婶侄甥等亲戚欢聚的乐园。

每年夏天在岛上齐聚的芒格家族是家庭成员大融合。芒格在第一段婚姻中生了两个女儿——莫莉和温迪。他的妻子南希的首次婚姻则带来了两个儿子——哈尔·博思威克和戴维·博思威克。芒格和南希共同诞下了四个孩子——小查理、埃米莉、巴里和菲利普。7个孩子都已经成家生子，除了菲利普还在纽约读研究生。

"我们都认为小岛是我们家的中心。"温迪说。星岛这种类型的社区在今日紧张忙碌的都市中心是很难形成的。"如果你的屋顶破了个洞，"温迪说，"邻居们来帮你一起修补，如果你的船发生故障，他们也来帮你一起修理。社区的人情味很浓，邻居间联系得非常紧密，大家分享一切。"

对于芒格的孩子们来说，星岛是充满珍贵回忆的地方，因为他们雄心勃勃的工作狂爸爸每年都会和他们一起在那里度过夏天，这是家里的一种仪式。

"我们多数时候都是在那里见到他的。"温迪说。

岛名取得非常贴切，它的形状就好像一颗从天空坠落到地球的星星。浓密常青的森林从屋后一路延绵开来，卡斯湖清澈的湖水环绕全岛，距离芒格位于东岸的别墅门口仅十几米之遥。岛上的一个内陆湖，从任何一幢小屋徒步过去都用不了15分钟。

岛上没有大路，要四周走走的话，居民们只能利用林间小路来回

第 2 章 遥控金融帝国

徒步。从陆地到星岛唯一的方法就是搭乘私人船只。岛上的大部分地区现在都由美国森林管理处控制管理,不过那些拥有岸边小屋的长期居民总觉得这个岛属于他们。

芒格的祖父母 1932 年发现了星岛。从芒格家位于内布拉斯加州林肯镇的住所到卡斯湖要开两天车,不过对他们而言,去北明尼苏达州的旷野之旅虽然舟车劳顿,但非常值得。他们逃离内布拉斯加州令人绝望的夏日,告别高温、90%湿度的环境,来到舒适的度假区。家用空调那时几乎不为人所知,任何一个条件允许的中西部人士都逃往凉爽宜人的北方。

岛上唯一的旅馆被烧毁后,就只剩下一幢美式小屋(后来归美国公园管理处所有并拆除)可以住人,还有就是零星散落在海岸线周围的原始小房子。起初,芒格家租下了其中一幢小房子。芒格的祖父母是一对坚强勇敢的夫妇。联邦法官托马斯·芒格和他的太太深信没有电力供应,没有厕所,没有电话,没有临近的商店,这样艰苦的条件对他们的家庭有益,有助于塑造性格。直到 1951 年星岛才通上电,电话出现在岛上则已经是 20 世纪 80 年代的事了。

"记得我 13 岁那年才有了浴室,"温迪回忆道,"在那之前,我们用的是户外厕所,还有几个水槽。"

最早的芒格小屋建于 1908 年左右。20 世纪 40 年代芒格的父亲阿尔弗雷德·芒格从林肯镇的一位整形医师那里买下。而这位医师关于生活的幽默见解至今仍悬挂在几面墙上。

"1946 年我爸爸花了 5 600 美元买下这幢房子,"芒格解释说,"当时我的祖母刚刚去世,为他留下了一笔遗产。此前他并无积蓄。"

作为一个热衷于户外运动的人,阿尔弗雷德·芒格对于拥有一幢属于自己的湖边小屋非常兴奋。但是芒格的母亲却必须鼓足勇气才能展开她一年一度的明尼苏达之旅。

"那里是爸爸的挚爱。他是一名热情高涨的渔夫、猎鸭人，还特别喜欢狗。"芒格的妹妹回忆说。至于他们的母亲，"她体质敏感，完全不是那种热衷户外运动的人。"

虽然从陆上的码头到家庭船坞这短短的船程对于母亲来说是一种折磨，她却着实为所有的祖母树立了榜样。

"这是一位不会游泳的女士，出于对儿孙的爱，坚持每年夏天搭船前往小岛。"温迪回忆说。一旦安全着陆，她的幽默感就回来了。

芒格的童年玩伴说："在卡斯湖，晚餐前我们必须把所有的事情都做好。芒格的母亲会说：'我希望房子在夕阳西下时看起来有艺术感。'她是一个聪明而风趣的人。"

过敏体质和怕水并不是她在岛上遇到的所有问题。她怕老鼠，而岛上到处都是啮齿类动物。虽然房子重新修建了好几次，芒格一家从来都没有把老鼠彻底赶出去。即使在奥马哈，她唯一的儿子芒格也害得她不得不面对讨厌的老鼠。

芒格回想起当他还是一个小男孩的时候，会和妈妈一起出去走走。一天他看到路边有一只死老鼠。"我当时已经感觉到她很讨厌老鼠，于是把它捡起来说：'妈妈，这是什么？'一边说一边还把老鼠在她面前晃来晃去。她转身就跑，我在后面追着她，手里还拿着那只死老鼠。"

"那是唯一的一次，她抓着晾衣架在后面追我。"芒格说。

后来芒格迷上了在地下室养仓鼠，这在当时很流行。芒格开始和其他仓鼠养殖商交易，通常孩子们都很喜欢他。奥马哈的天竺鼠俱乐部在城里的县法院定期聚会，芒格总是骑着自行车去参加。

"主要是为了换到大只的或者颜色罕见的仓鼠，诸如此类。"芒格解释道，一度他养了大概35只仓鼠，一旦其中一只死去，他还想把它放到冰箱里面。

第2章 遥控金融帝国

芒格的妹妹说她哥哥有时候忘记喂仓鼠或者放学晚了，这些小东西就"发了疯似的吱吱叫，吵得整个屋子都不得安宁。最后它们散发出难闻的味道，妈妈就勒令芒格把它们扔掉"。

芒格和他的两个妹妹从父母那里继承了明尼苏达的小屋，不过芒格已经过世的妹妹之前卖掉了她的那份，在沙滩那头买下她自己的岛屋。现在芒格、他太太南希以及仍然健在的妹妹，每人拥有三分之一的物业。

"我们喜欢岛上的生活，"南希这样评论，"岛上有好几代人，我们已经是最早的那些朋友的第五代、第六代了。"

约翰·拉克米克是星岛上的一位邻居，平时住在科罗拉多的常青镇。他已经在岛上度过了72个夏天。他的父母20世纪20年代后期在那里度假，当时他母亲已经怀上了他。第二年夏天拉克米克就到星岛报到了。拉克米克记得第一次见到芒格是在5岁到7岁之间，岛上的家庭集体野餐，两个小男孩就在一起玩。"他很早就展现了自己的性格，"拉克米克沉浸在回忆中，笑着说，"是个非常坚持己见的人。"

"在我三四岁的时候我们开始去星岛，"莫莉回忆道，"起初有些时候我们会飞到奥马哈然后一路开去星岛。温迪和妈妈一起坐飞机，因为她很小，可以让妈妈抱在怀里。有一次我和爸爸一起坐火车，花了很长时间，那次我穿了双红色凉鞋。"

当他们手头宽裕了些后，大家就从加利福尼亚飞到明尼阿波利斯然后去湖区，这是他们能想到的最好的线路。"为了省钱，我们当然乘过一些奇怪的航班，"温迪说，"我们分开行动。年纪大些的孩子搭乘长途大巴。时代转变的标志是我们都开始从明尼阿波利斯直飞伯米吉，那真是一大进步。"

对于小查理而言，在湖区度过的夏天是爸爸全身心关注家庭的时光。"在这里我们一起去垂钓，整天都在生火。而一年中其他的时候我们不太见得到他。"

现在，温迪说："我们都尽量一起去那里，通常八个孩子中的七个都会到，至少也有六个。这对我们的健康快乐而言很重要。我们都希望能在同一周待在那里，于是不得不在沙滩边买房子以便所有人都能住下。"

7月底或8月当芒格家族齐聚的时候，那些芒格小屋中会住进差不多30个人。由于小厨房里存储的食物不够那么多人吃，芒格的孩子们每天轮流开船穿过卡斯湖去采购，每天账单上的食物花费永远都不低于300美元。家里人喜欢寻找新鲜的湖鱼、由可靠供应商提供的当地野生大米，有时带回来100根玉米，是从路边停着的农用卡车上买来的。

周边的房屋开始出售的时候，芒格就买下来——第一幢房子命名为"芒格西"。随后又买下了沿岸更远些的第三幢、第四幢房子。1999年，芒格的孩子们通过电话、传真和电子邮件规划、建造并装修了一间"超级大客厅"，可以让家里人和朋友们聚在同一个地方吃饭玩游戏。

最早的主屋"芒格东"自从芒格的父亲买下已经扩建了一倍。有为行动不方便人士建造的客房，设计了坡道和其他相关设施，专门给芒格的妹妹居住，她在20世纪80年代后期患上了帕金森症。后来还添了一幢船屋，顶楼有套公寓，然后是网球场。1999年，芒格还亲自设计了一个更大的码头。

主屋前门上有块牌子写着"钓鱼者休息处"，取自芒格最喜欢的作者伍德豪斯写的书，表明了芒格对伍德豪斯和钓鱼的双重热爱。在房子重建前，楼上的墙充其量只能称为隔板，和天花板没有完全连接起来。晚上莫莉躺在床上可以听到爸爸在自己卧室里读伍德豪斯小说里小丑人物的故事时发出的低声轻笑。

第 2 章 遥控金融帝国

芒格一家在星岛度假的时候并没有忘记那些帮助他们实现舒适生活的公司。多数小屋里原本没有的家具都采购自奥马哈的内布拉斯加家具卖场,是伯克希尔下属的一家家具店。运到湖边后用芒格自己的船送到岛上。浴室里放的是吉列生产的日用品,冰箱里则摆满了可口可乐,伯克希尔持有这两家公司相当比例的股份。

随着新的小屋的出现,码头和小船也越来越多。现在有 13 艘船,包括一艘捕鱼小船、两艘蒸汽船、一艘超级快艇和一艘双船身游艇。莫莉说星岛上的这些船是永不消失的烦恼。因为家庭成员们一年之内大部分时间都住在千里之外,船只无人打理,每艘船多多少少都需要修整。

房屋的维修费用特别让人望而生畏,因为芒格和南希还在洛杉矶的汉考克公园、圣巴巴拉、新港沙滩和夏威夷有自己的房产。当地有一位女士一直帮芒格管理在明尼苏达的物业,参与监管那些看来永无休止的建造和修理项目。

对于芒格而言,童年的回忆事关他今日成为什么样的人。不过即使没有这些回忆,他还是会坚持回来钓鱼的。不管以什么标准去衡量,芒格都是一个热情而执着的垂钓者。

"芒格甚至会在雨水桶里面钓鱼。"芒格的朋友这样形容。芒格造了一艘巨型帆船停靠在圣巴巴拉,而这位朋友则是船长。

卡斯湖是散落在北方的众多湖泊中的一个,每个湖都有背水湾和逆流处,根据当地代代相传的经验,淡水鲈鱼、北美大梭鱼都极有可能在这些地方上钩,而最常见的则是小梭鱼。星岛居民,来自艾奥瓦德梅因的拉姆齐 80 岁生日这天,芒格玩笑式地批评了他的钓鱼习惯,听起来像是芒格自己的习惯:

> 我一生之中见过许多特立独行的渔夫,和我一样,愿意在希望较大的水域垂钓,但只有拉姆齐会穿着在他看来是钓鱼标准装

备的连帽衫，认为钓鱼的全部意义在于有机会扛着小船蹚过沼泽地，不然就是享受冲破重重障碍到达那些难以接近的钓鱼点却发现无鱼可钓的那种痛苦。

巴里·芒格解释说，正如他父亲是一位有耐心的投资者一样，他同时也是一名非常有耐心的钓鱼人。他没日没夜地研究最好的钓鱼技术，从来只用一种钓饵，即使船上其他人用了别的饵收获更大也无动于衷。有一阵他一天到晚用一种黄绿色的特种鱼钩。我猜那可能有用，但如果一整天鱼都不上钩，我一定会把钓钩盒里所有的颜色都试一遍。

有一次芒格在思考为何许多投资者都容易上当受骗时讲了一个故事，其中也可以反映出他对钓鱼的态度。

>有家鱼钩制造商生产了各种闪闪发光、大绿大紫的鱼饵。我问他们："鱼会吃这一套吗？"他回答说："芒格，这些我可不是卖给鱼儿的呀。"

芒格的继子戴维·博思威克说在星岛他才认识到巴菲特在他们生活中有多重要。"1963年或是1964年的8月，巴菲特来岛上住了几天。通常爸爸会派我的大儿子去接，但那次爸爸亲自去接，由此可见他是多么重要的一名客人。"

不过巴菲特第二次拜访星岛却成了巴菲特追随者口中的传奇事件。那次芒格差点把他的商业伙伴淹死。

"我和李克·古瑞恩一起去的，"巴菲特说，"他的妻子去世了，留下一个儿子。我们觉得他们离开一阵散散心是个不错的主意。"

李克·古瑞恩当时是总部位于洛杉矶的米彻姆·琼斯和坦普尔曼证券经纪所的主席，同时也是新美国基金的主席，芒格是他们的一位主要持股人。古瑞恩是一名时髦人士，热衷于健身，戴着墨镜，穿着敞领的丝质衬衫，看起来完全像是电影界人士，而且事实上他现在的确拥有一家电影公司；看起来最不像是传统朴实的芒格-巴菲特圈内成员，却的确是他们长期的商业伙伴。

古瑞恩说他的第一任妻子安曾经称芒格和巴菲特以及洛杉矶律师恰克·里克肖瑟为他的智囊团。安于 1980 年自杀身亡。"这件事显然留下了巨大的创伤，"古瑞恩说，"巴菲特和我几天后讨论这件事，讨论所爱之人过世对孩子会有怎样的影响。那年帕特里克只有 8 岁。"

巴菲特跟古瑞恩提议他们三个一起去卡斯湖参加芒格家族的年度聚会。芒格热情欢迎了古瑞恩，而其实他本人也刚刚经历家里人悲剧性的早逝。

古瑞恩回忆说："我们到处溜达，也一起玩桥牌。"

自然而然地，芒格带着他的伙伴们去钓鱼。

"芒格坚持要驾船。我提出由我来开，但他坚持要自己开。"古瑞恩说。关于接下来发生的事情有好几个不同的版本，但大家普遍认可的故事是这样的：

"当天天气很好。我们开出一英里左右，"巴菲特说，"古瑞恩和我正在聊天。"

为调整到一个更佳的角度来投鱼叉，芒格把船掉了个头。

"忽然之间，"古瑞恩说，"我低头一看，发现自己已经在水里了。我们的船在向后倒，水已经漫过船舷上缘。"

古瑞恩大声提醒芒格，他回答说："我会搞定的。"芒格跟着挂了个全速挡，但仍然在倒船。船立刻就沉了，古瑞恩和巴菲特在水下闷了好一会儿才肩并肩冒出头来。"巴菲特的眼珠瞪得和他的眼镜一样大。"古瑞恩说。

芒格解释说，那艘借来的船的设计并不能防止船在倒退的时候水倒灌。虽然巴菲特很有运动天分，但游泳水平并不高。

"我必须帮助巴菲特。这个故事有些被曲解了。"古瑞恩承认说，

"我当然知道巴菲特无论有没有我都会活下来。打那以后我总说要是他当时真的有麻烦,我肯定会在给他救生工具之前跟他做个交易,那样的话我现在就会是伯克希尔的主席啦!"

古瑞恩总结说,这次灾难就是为什么朋友们有时叫他芒格上将的原因。虽然经历了这次小惊魂,古瑞恩却说那年夏天在卡斯湖度过的时光是他从悲伤中恢复过来珍贵的第一步,那次让他认识到芒格和巴菲特不只是商业伙伴关系。

"巴菲特给予了我也许是他能给出的最珍贵的礼物:三天与他共处的时间。芒格也一样。我们试图始终保持实际、机敏、有逻辑,但事情还有另外一面。"

巴菲特在翻船事件中的反应,在他和芒格的生意关系中很典型。"即使那次我在明尼苏达带他去钓鱼时弄翻了船,害得我们不得不游到岸上,他也没有对我大吼大叫。"芒格说。

不过芒格的一个孩子注意到,那次倒霉的钓鱼之旅是巴菲特最后一次参加他们在卡斯湖的家庭聚会。

芒格说巴菲特再也没来过还有另外一个原因:"害得他掉到湖里以后,我们试图令他高兴起来,于是安排了一群高中生在帐篷里为他表演莫里哀的剧。"莫里哀的戏剧,即使表演得很专业,也不是巴菲特喜欢的风格。

第 3 章
倔强家族荒野生存

> 越来越多的人来自内布拉斯加。有些人出于身份考虑自称来自内布拉斯加，实际上却不是。
>
> ——沃伦·巴菲特于1997年伯克希尔年度股东大会

19世纪，成千上万的拓荒者穿过内布拉斯加州向西进发，前往俄勒冈州和摩门小径。奥马哈是通往密苏里河以西广阔富饶土地的门户。当年马车留下的辙印150年后在内布拉斯加的农田里仍然清晰可见。那时的奥马哈是如此的粗野和原始，以至于查理·芒格的祖母有好长一段时间都不肯住在那儿，因为那里与她老家艾奥瓦州的文明生活相差太远了。

"外祖父母搬去奥马哈工作，"芒格的女儿说，"但祖母坚持住在艾奥瓦州。那里现在到处都是赌场和脱衣舞俱乐部，不过那个时候，内布拉斯加州被认为是比艾奥瓦州还要荒凉的地方。"

奥马哈的条件改善了许多，但住在内布拉斯加州仍然算得上是锻炼性格的经历。夏天气温高达 38℃，冬天却几乎降至 0℃。两条大河早春的融雪会造成洪水。

内布拉斯加州出现过许多著名人物，包括现代驯马术的创始人野牛比尔，小说家威拉·卡瑟，美国前总统杰拉尔德·福特，演员亨利·方达、约翰尼·卡森、马龙·白兰度、尼克·诺尔蒂和弗雷德·阿斯泰尔，以及人权活动家马尔科姆。

芒格说他亏欠奥马哈这个抚育他成长的地方很多。他借用一句古老的谚语来描述："人们可以把男孩带出奥马哈，但不能把奥马哈从男孩心中消除。"

"芒格试图解释他之所以成为今日的他，原因就在于自己成长于奥马哈。"芒格的女儿说，"不过巴菲特说他不这样认为，因为奥马哈没有另外一个人像芒格一样。"

作为奥马哈律师阿尔弗雷德·芒格和妻子图蒂·芒格第一个也是唯一的儿子，芒格出生于"喧闹的 20 年代"，那一年恰逢美国颁布禁酒令 4 周年，而 4 年后人们发现了青霉素。

柯立芝取代了一年前因心脏病猝死在办公室的沃伦·哈丁，开始担任总统。也许是担心相同的事情会发生在自己身上，柯立芝每天要打两三个小时的盹。他这种悠闲的生活习惯看来并没有对国家的经济造成什么影响，美国经济正处于大繁荣时期。柯立芝有一次宣称"美国的头等要事就是做生意"。事实上从 1921—1929 年，国民生产总值从 740 亿美元飙升至 1 044 亿美元。在此期间一名熟练工的购买力上升了 50%。泥水匠的妻子们开始穿上名贵的衣服，而他们自己则开上了旅行车。

阿尔弗雷德·芒格从 50 英里外的林肯镇搬到奥马哈，因为在家乡他父亲是当地唯一的一名联邦法官，同时也是社区中的权威人物，阿尔弗雷德在那里做律师必然会有问题。芒格的父亲 1915—1959 年间在奥马哈市中心同一幢大楼中从事法律事业，担任助理总检察官并在第一次世界大战期间履行职责。

追溯芒格家族在美国的历史，其中一位是最早一批来自英国、定居在新英格兰的移民。芒格这个名字来自德文单词"monger"，是指售卖诸如鱼或者铁器之类商品的人。更早之前，芒格家族从德国迁居到英国，之后这个名字就渐渐英国化了。

1637年第一个芒格家族的人到达美国。尼古拉斯当时16岁，是来自英格兰萨里郡的自由公民。他定居在康涅狄格州的吉尔福特，那一带的家庭农场里都是沼泽地，产量很低，所以芒格家族辗转于一个又一个令人失望的农场之间，希望能富足起来。随着时间的流逝，家族渐渐向西迁移，有些就定居在如今的内布拉斯加州境内。

"在我们家族中没有许多伟人，也没有什么有权有势的人，但大多数都属于可靠的'中产阶级'，是这个国家的中坚力量。"芒格家族史里这样写道，"少数人为家族的发扬光大做出了相当贡献。在他们之中，我要特别强调那些顽强的先驱，那些在殖民战争、独立战争和南北战争中浴血奋战的前辈，他们做出的贡献是不是很有价值？"

有一个姓芒格的内布拉斯加州人成为一名教师，然后娶了一名女教师为妻。美国开国之初教师收入微薄，生活非常贫困。不过他们两个儿子中的一个后来成为医生，而另外一个，也就是芒格的祖父，则成为一名律师，后来还当了法官。

芒格的祖父托马斯·芒格法官毕生都受到早年贫困生活的影响。他经常回忆起被派去肉店用5美分买一块别人都不要的肉。由于家庭资金匮乏，他只读了一年大学就不得不退学，后来靠自律精神得以自学成才。即便如此，他还是晋升到了有一定社会影响力的地位，并仍然坚持一直以来所坚守的信念和性格。托马斯·芒格法官坚持让自己的家庭尽可能地远离当初自己父母所经历过的那种贫困生活。"他想要脱离贫困，"芒格回忆说，"自给自足和努力工作是他的救世主。我的祖父母认为鲁滨逊是绝佳的道德楷模。他们要求孩子们必须读这本书，也读给我听。那一代人崇尚通过锻炼来克服天性。"

莫莉对家族史很有兴趣，解释说："法官反对赌博，反对沙龙聚会，理财方式保守，从来不乱花一分钱。靠借钱给声誉良好的德国农民和屠夫来赚钱。作为一名法官他非常积极上进。能当上联邦法官是很了不起的，因为当时这样的人不太多。"

确实，1907年托马斯·芒格法官的名字上了林肯镇当地报纸的头条，"首席法官坐火车去华盛顿特区拜访总统"。1939年《奥马哈环球先驱报》刊登了一篇有关托马斯·芒格法官的专访，当时正值他进入法院54周年，也是他担任美国地方法官的第33个年头。文章发表的时候托马斯·芒格法官77岁，是当时在任的联邦法官中年龄第二大的。托马斯·芒格法官最早在州立法机构任职，后来担任兰开斯特的检察官，1907年罗斯福总统任命他入主法院。

"托马斯·芒格法官从墨西哥休假回来后再度穿上制服，并没有因为这一周年纪念而特别高兴，而是像往常一样埋首于工作。每星期一去主持一桩系列绑架案是打破日常聆讯工作节奏的唯一变数。"

根据《奥马哈环球先驱报》所写："他坚定地相信工作是保持青春的最佳之道。他明亮的蓝眼睛熠熠生辉：'我称自己是活在当下的一代，因为我觉得这样做是对的，而且要沿着这条路走下去。'"

托马斯·芒格法官经手过的案件中让人印象最深的有两件，一件是他入主法院后不久发生在奥马哈西部的火车抢劫案，还有一件是起诉一群内布拉斯加人的房地产诈骗案。

"他比中西部的其他任何法官都擅长给予陪审团透彻的指导，并因此赢得声誉。"作者这样注解。

毫无疑问，芒格两边的祖辈——芒格家和拉塞尔家都有很高的做人标准。芒格家信长老会教派,是教堂的常客;拉塞尔家则是新英格兰的"爱默生统一派"教徒,虽然并不常去教堂。

卡罗尔·埃斯塔布鲁克说,虽然图蒂·芒格的家庭崇尚自由思想,她还是尽量培养孩子们的宗教意识。"我们在严格的伦理标准下长大,总是去统一派教堂。爸爸很少去,妈妈拖我们去,直到我们再也不肯去了为止。""归根到底,"埃斯塔布鲁克说,"我们的伦理观来自父母和祖父母的培养。"

"我有4个姑姑,每一个都是大学优等生荣誉学会会员,"芒格解释说,"我妈妈这边的宗教是新英格兰式的,不过他们的宗教组织现在变成左倾政治团队。拉塞尔的后代则都不再是统一派信徒了。"

《华盛顿邮报》的凯瑟琳·格雷厄姆说她有次接到芒格写来的一封信,信里面谈到他爸爸的妹妹——姑姑"奥菲"的正直不阿。"奥菲"是由她的法官爸爸教大的,从来不畏首畏尾,永远谨守自己的本分。事实上,大家之所以不叫她本名"鲁思"而叫她"奥菲",是因为小时候她就很擅长做睡觉前那种又长又复杂的祷告。听到这些祷文后,她的弟弟,当时还发不清楚辅音,就会接着说:"亲爱的上帝,我的祷告和奥菲一样。"

成年之后,奥菲姑姑还是那么负责任,以至于她丈夫过世之后,她连尸检都去看了。

奥菲的侄子芒格非常崇拜她,部分是因为她的标准有时候极端到了令人哑然失笑的地步。不过当托马斯·芒格法官80岁猝然去世时,奥菲做出的反应,即使是芒格都被打败了。就在他死之前没多久,她发现父亲犯了个计算上的错误。奥菲跟芒格说:"把法官带走是上帝的仁慈,因为知道他不会愿意留在人世继续犯错。"

芒格从拉塞尔和芒格这两个家族同时继承到了非凡的智慧和强健的体魄。不只是法官长寿,芒格曾外祖父活到87岁,他的妻子也有

82岁。

图蒂·芒格的外祖父母——英厄姆一家属于艾奥瓦州阿尔戈马镇的第一批居民。英厄姆船长带着年轻的妻子来到艾奥瓦，这对年轻夫妇最初住在一幢"草屋"里，所谓草屋，其实只是一个山洞而已。船长喜欢讲自己早年的拓荒故事，然而他妻子只会说："那些都是艰难岁月，我不喜欢回想那段日子。"

很多年后，英厄姆船长运营起了阿尔戈马最欣欣向荣的银行，还拥有了一大片农田。他的生活越来越富裕，当企业家安德鲁·卡内基主动提出为建造镇上的图书馆出资一半时，英厄姆在他太太的坚持下出了另一半。

作为一名渔夫，他捕来的大海鲢被人们细心地制成标本挂在阿尔戈马图书馆的地下室，毫无疑问，这是他天分的明证。他同时也是一名意志坚定的猎人，不过自从意外打死自己最钟爱的猎狗，他就永远放弃了打猎。

"他的个性十分强烈，"芒格说，"曾经参加过印度战争，因此成为英厄姆船长。每年他的孙辈都习惯到阿尔戈马去拜访他并住上一阵，他们多数都很喜欢星岛。妈妈和她的姐妹们也会去。年复一年，每个夏天他们都住在他的家里。"

英厄姆船长最让孙辈印象深刻的是他可以快速地完成"魔方"，每一行每一列的数字相加都是同一个数字。英厄姆船长和本杰明·富兰克林一样，对数学十分痴迷，他说他玩魔方是为了放松头脑。

英厄姆船长的儿子哈维成了一名先锋派报纸的编辑，同时也一丝不苟地记录着家族史。图蒂·芒格特别喜欢哈维舅舅对英厄姆的一句描述："在那幢老房子里面充满了平凡的生活和高贵的思想。"

英厄姆船长的一个女儿内利·英厄姆嫁给了查理·拉塞尔，她就是芒格的外祖母。

第3章　倔强家族荒野生存

很久之前，图蒂的家庭条件比芒格家的好很多，而且在政治方面也更为激进。他们自称是"威尔逊派民主党人"。英厄姆家族这一支来自纽约州的塞尼卡福尔斯，这一地区以最早反对奴隶制，支持妇女参政而出名，英厄姆一家把相似的思想带到了艾奥瓦。虽然芒格家较为保守，但他们尊重图蒂的家庭。

"祖母图蒂是非常好的姑娘，"莫莉·芒格说，"他们认为她是一位来自良好家庭的优雅女孩。美丽、非常风趣、敏捷机智，整天都喜气洋洋。她就读于史密斯女子学院（美国最大的女子文科私立学院）。南北战争期间，她就有一位叔祖父受过大学教育。她的曾祖母在纽约北部过着富裕的生活，家里有良好的社会关系。她从小在大宅里长大，出入有马车，穿着拖地长裙，和芒格家大相径庭。"

和芒格家一样，图蒂的家庭也赞同她对丈夫的选择。当美丽可爱的图蒂宣布她要嫁给阿尔弗雷德·芒格这个身高1米66，戴着一副厚眼镜的男人时，她的祖母评论说："有谁会觉得她的决定是明智之举呢？"

父亲去世后的好几年里，芒格一直都带着父亲的公文包去上班。他在上面刻上了字："阿尔弗雷德·芒格 1891—1959。查理·芒格 1924—"。毫无疑问他非常喜欢这个公文包，不过它同时也代表了芒格对忠实、一直不遗余力地支持自己的父亲的敬意。阿尔弗雷德·芒格从任何一个方面来说都是一位成功而受人尊敬的法官。"我认为人们说祖父的成就从来都比不过父亲还是相当公平的，"莫莉说，"祖父最大的成就就是神童父亲，一个活泼、精力旺盛的可爱小男孩。阿尔弗雷德爷爷把全身心都放在父亲身上。他很喜欢父亲，两个人非常亲近。我父亲从某种程度上来说非常依赖祖父，他迫切地想让他的父亲以自己为荣。"

"阿尔弗雷德·芒格，"芒格说，"是世上最幸福的人之一，他所希望取得的一切成就都实现了，不多也不少。在面对麻烦的时候他比自己的父亲或是我都要镇定得多，另外两人都太过于杞人忧天。他的婚姻和家庭生活与他所梦想的一模一样。他有一群真心喜欢的朋友，他们也热爱他，其中就有万里挑一的埃德温·戴维斯和格兰特·麦克费登。他拥有内布拉斯加州最棒的猎犬，这对于他而言意义重大。我不认为自己在真正重要的事情上比他更成功。他只是目标和我不一样，而且当年律师的收入比较低。"

沃伦·巴菲特说阿尔弗雷德·芒格和查理·芒格之间没有那种紧张或嫉妒之情，很多父子之间会因此而疏远。"有一次查理·芒格说如果他半夜回家说：'爸爸，你得帮我把一具尸体埋到地下室去。'他爸爸一定会起床帮他埋尸体。第二天早上，芒格的父亲会告诉芒格他做错了事情，然后去上班。"

阿尔弗雷德·芒格总是关心儿子的爱好。然后当芒格因为年龄的增长，或者到了人生的另一个阶段不再感兴趣时，他的父亲会继续这些爱好。阿尔弗雷德·芒格直到去世都在订阅《美国步枪手》杂志，因为芒格高中担任校步枪队队长时第一次订阅了这本杂志。芒格参加步枪队是因为看来那是他唯一有可能得到一枚运动勋章的机会。"我想把这枚勋章别在外套上最显眼的地方以引起女孩们的注意。"芒格说，"我的确赢得了回头率，不过是因为女孩们都奇怪为什么一个像我这样骨瘦如柴的小矮子会赢得一枚运动勋章。"

在儿子开始学习射击很早之前，阿尔弗雷德·芒格就已经是渔夫和猎鸭人。"他热爱一切户外活动。"芒格解释说，"对他而言，找到农田就是找到天堂了。"

阿尔弗雷德·芒格喜欢鲶鱼，常常开车去奥马哈的黑人社区，那里的人都在地下室造水泥池，里面养满了鲶鱼。

"你可以在那里挑选自己喜欢的鲶鱼，"芒格回忆说，"我爸爸还喜欢光顾有民族特色的商店、面包房。他甚至有一家指定的肉店。"

虽然不能被称为是挥金如土的人，阿尔弗雷德·芒格对于真正需要的东西总是一眼就能挑出最完美的那件。阿尔弗雷德从他的妈妈身上掌握了享受生活的艺术。她会去买最好的咖啡豆，然后每天早上非常愉快地磨成新鲜咖啡。那是中西部风格的道家哲学。在《道德经》里面，老子告诫他的追随者要学会见微知著，而芒格则称之为"细节迷恋症"。

阿尔弗雷德和图蒂刚刚结婚时住在离图蒂的父母只有一个街区的地方。1925年芒格的父亲在第41大街420号造了一幢小房子。几年后，图蒂的父母过世，阿尔弗雷德·芒格一家便搬往道奇大街的南段。这条又长又宽的大街将奥马哈一分为二，如今街两边购物中心林立。他们的下一个住所位于南第55大街105号，是位于内布拉斯加州大学快乐谷地区的一幢有两扇天窗的砖房，离现在巴菲特住的地方不远。这一带社区最引人注目的是成熟的绿化和今天看来略为陈旧的房屋。春天，一条由藏红花、郁金香和水仙花铺成的道路沿着人行道和大路蔓延，为从冬眠中醒来的草坪带去整块整块的紫色、黄色和红色。

第55大街的房子是他们从奥马哈拓荒者手里买来的，他们搬去的时候，这个地方属于镇西边缘。奥马哈还是很小，虽然它的边界在不断扩张，但文化和种族渐渐交融，大部分人还是觉得自己生活在同一个社区里。

"在我童年早期，我们住在奥马哈的德国聚居地，那里有好几份德文报纸。奥马哈有各个不同的种族，"芒格回忆说，"不是像现在拉丁人这样，他们互相同化。有大型的意大利社区、爱尔兰社区、波希米亚社区，就像个罐头工厂一样。人们说话都带着各自特有的口音。奥马哈是一个非常适合于成长的小镇，而我也度过了美好的时光。学校里和其他地方的行为准则都比今天要好得多。"

卡罗尔·埃斯塔布鲁克对这一看法相当赞成。

"早年的奥马哈有一种稳定的归属感，你会生活得很舒服，但非常与世隔绝。"她这样说，"我们对外界那些本该更了解的事情太过疏远，因为奥马哈就是我们的宇宙中心。"

事实上当时的美国种族主义死灰复燃，1925 年 3K 党在华盛顿特区沿着宾夕法尼亚大道发起了一场 4 万人的大游行。芒格出生前不久，奥马哈还发生了一起暴徒滥用私刑的案件。工人运动日益增多，为了要组成工会或示威抗议，一个工作场所常常就变成了惨案发生地。然而芒格的孩子们对这些一无所知，这些残酷的事情并没有波及他们。

"在那个年代那个年纪，根本就没有什么犯罪，"卡罗尔说，"没有毒品。我们晚上也在外面玩耍，喜欢玩的游戏是抢旗子、踢罐头。我们的邻居们在院子里弄了个溜冰场。星期六我们就去看电影。"

20 世纪 30 年代，奥马哈高雅的奥菲姆剧院从轻歌舞剧表演馆变成有声电影院。"在那里看一场首轮上映的电影要付上 25 美分之多，"芒格说，"我喜欢所有的冒险类电影、吉卜林风格的电影，还有恐怖片，比如说《科学怪人》和《古堡怪客》。我能记得的第一部电影是最早那一版的《金刚》。我相信当时和我同龄的人只要有足够的钱，都会去看电影。我热爱喜剧，因为我喜欢笑。我的朋友大笑起来很有爆发力。有一次我们笑得太夸张，整个电影院的人们都因为我们的笑而笑了起来。"

1977 年，伯克希尔的年度股东大会移师内布拉斯加体育场——那是芒格熟悉的领地。"当我还是个小孩子的时候常来这里看马戏。现熙熙攘攘的热闹场面。"

都是邓迪小学,然后在中央高中就读,高中校……高中被认为是当时全美国25所顶尖预科学……上的都是同样的学校,巴菲特除外。自从巴……也就在华盛顿特区读完了小学和高中。

……到和芒格一起上过学的人写来的信。"基……一。"她是奥马哈著名的承包商彼得·基……布拉斯加州第一位荣誉公民。基威特小……奏风琴,同时也是东星会的成员。她在……直到1970年才退休。"他们有很好的……对女性有相当程度的歧视。"巴菲特说。……职转向其他职业了。

……特小姐都强调了芒格最突出的"思维……门去帮助维持十字路口的交通秩序或……师们都是行为非常端正的人,"芒格……非常自律,道德教育非常有效。"……也是最难应付的小孩之一。

"……视他的地步,"卡罗尔这样说,"他总是在忙着干什么事情。偶尔还会把老师逼入窘境。他太过于独立思考并会因此无法屈从于某些老师的预期。我们的小孩也是这样,我们觉得这是对的。"

芒格还喜欢捉弄人,玩各种恶作剧。

"妈妈曾经说过:'芒格既聪明又自作聪明。'"薇拉·戴维斯·西曼回忆道。戴维斯太太想尽办法调教小芒格。芒格去戴维斯家玩的时候如果犯了错，就会和戴维斯家的孩子们一起挨揍。

芒格说，教室只是他早期教育中的一部分。"我在书里自然而然地认识了那些杰出的伟人，并不是等到上学的时候才知道。我已经记不得第一次读到本杰明·富兰克林的故事的时候是几岁，不过还记得七八岁的时候就躺在床上看托马斯·杰斐逊的书。我们全家都热爱读书，并从中学习到纪律、知识和自律精神。"

芒格、玛丽和卡罗尔每年都会得到几本书作为圣诞礼物。"我们圣诞夜就看完了。"卡罗尔说，"我们一家都是书迷。爸爸喜欢悬疑故事、狄更斯、莎士比亚以及名人传记。妈妈参加了一个读书俱乐部，读的都是当代作品。我还记得我待在戴维斯家读医学书，因为他们家只有这些书，所以我就看了。"

虽然全家人都热爱阅读，芒格小时候却有些阅读障碍，直到妈妈担负起了教他学习语音的重任。一直以来困扰芒格的问题不见了，他很快就成了学校里的尖子生。

"我的父母过去常说'芒格家没有笨蛋'。"薇拉·戴维斯·西曼说。

整个高中期间体格都又矮又小的芒格后来长到了1米83。他并不十分热爱运动，多数时间都花在看书、各类兴趣爱好以及同喜欢的朋友们进行交往上。

"他总是非常友好，热爱社交。好奇心旺盛的他对科学以及一切事物都十分感兴趣。两位家长都对他有很深的影响，不过表现的方式不同。"卡罗尔说，"我认为他继承了父亲在商业和法律方面的直觉以及母亲的社交天分。当然戴维斯一家和我们的生活也密不可分，他们就住在两三个街区外。"

芒格家和戴维斯家两家人总是在一起。芒格的年龄正处于戴维斯家两个男孩之间，而芒格的妹妹玛丽则是薇拉最亲密的女友。

"不管什么时候,只要芒格家出了问题,他们就会打电话给妈妈。"薇拉说,"有一次图蒂从落地窗摔了出去。那个年代还没有担架,于是他们拆了扇门下来把她抬出去。我妈妈一紧张就要吃东西,所以她跑到厨房拿了一根香肠和一个苹果吃掉,然后才跑去医院。"

就和他的父母一样,芒格也很喜欢戴维斯一家。"埃德温·戴维斯医生是爸爸最好的朋友,当我不知道是 5 岁、9 岁、12 岁还是 14 岁的时候,干了一件与同龄人相比非同寻常的事情——我成了我爸爸的朋友的朋友。我和埃迪温·戴维斯相处得非常融洽,我们互相理解。"

芒格变得对埃德温·戴维斯和他的工作非常感兴趣,甚至于"我去旁观了他的那些大手术,对于他的领域里的那些外科术语也如数家珍"。

20 世纪 20 年代让无数美国人如痴如醉的繁华在 30 年代戛然而止。芒格 6 岁的时候,全世界都陷入了大萧条,这场萧条直到他高中毕业才结束。那个让人恐慌的年代始于 1929 年 10 月 29 日的"黑色星期二"。当年的 10 月至 11 月中,股票总市值跌逾 40%,账面上至少损失了 300 亿美元。对于 150 万名涉足股市的美国人而言,这几乎是毁灭性的打击。很多人都是用借来的钱炒股。一名投资者看到她的经纪开出的保证金账户清单时痛哭道:"我怎么会损失 10 万美元呢?我可从来没有过 10 万美元呀!"

"黑色星期二"之后,市场反弹过几次,不过最终还是一路跌了下去。雪上加霜的是,一系列的自然灾害——洪水、干旱、瘟疫和沙尘暴又袭击了美国。4 000 多万美国人陷入了一贫如洗的境地。

虽然芒格并没有意识到这些,但 1929 年在奥马哈发生的另外一些事情却影响了他一生的命运。沃伦·巴菲特如此这般描述了这个故事：

> 我对1929年相当有好感，因为那是我生命开始的年份。我爸爸当时是一名股票经纪，股市崩溃后，他不敢给任何人打电话，因为所有人都已经倾家荡产。所以每天下午他都待在家里，而那时也没有电视。然后……1929年11月30日左右妈妈就怀上了我，因此我永远都对那次崩盘心存感激。

9个月后的1930年8月30日，巴菲特出生了。

世道艰辛到了无以复加的地步，在奥马哈情况较好的那些社区里，每天都有很多流浪汉敲开后门，要求为他们打扫车道或者干些杂活以换取一个三明治。"20世纪30年代的人们穷到什么地步简直让人难以置信，"芒格说，"有一年夏天，全家人竭尽全力才帮我找到一份时薪40美分的暑期工。整个大萧条期间在咖啡馆你只要花上25美分就能大吃一顿，包括各种肉制品和甜品。"

不过，据芒格说，在这一时期他学到了人生中最重要的几堂课："我小时候，对于如何以良好的行为来应对重大压力，家里人树立了良好的榜样。祖父一定经受了巨大的压力去解决家庭财政困难问题，如果家里人都像法官一样理财问题，就不会那么严重。不过他还是挺了过来。"

祖父母和外祖父母都竭尽所能帮助孩子们度过物质贫乏的年代。

"20世纪30年代到来的时候，祖父的经济情况变得非常糟糕，他所从事的干货批发生意失败了，"芒格说，"叔叔在房地产业，他不仅彻底破产还欠了一屁股债。祖父把房子一分为二，让他的女儿和儿子都住进来。更不幸的是，他们最大的孩子刚饱受脑膜炎折磨而过世，留下的医疗账单好几年都还不清。"

至于芒格这边的家庭成员，一位叔叔在内布拉斯加州有一家小银行。农民们还不起贷款，自打 1933 年罗斯福下令对所有银行停业整顿后，它们就再也无力重开。"叔叔需要约 35 000 美元的优良资产去取代那些不良资产。祖父用自己的资产抵押了 35 000 美元放进女婿的账户里，那是冒着很大风险的。这笔钱是他毕生积蓄的大半，而根据当时的规定，法官如果去世，遗孀将得不到任何津贴。银行整顿结束的时候，叔叔的银行重新开业，一直开了很多年，祖父的大部分投资都得以收回，因为不良资产变成了正常资产。"

芒格的一位姑姑不顾托马斯·芒格法官的反对嫁给了一名音乐家。托马斯·芒格法官出钱让他去读药剂师学院，然后借钱给他盘下了一家地理位置很好但是已经破产的药房，后来这家药房起死回生，生意蒸蒸日上。芒格家和拉塞尔家都遇到了困难，但也都挺了过来。虽然全家人都遇上了经济困难，但阿尔弗雷德·芒格却相对来说安全许多。

"我爸爸后来再也没有像 1936 年那样真正赚到大钱，那是他律师生涯的顶峰。我们并没有住进大房子或是雇一名司机，但根据当时的标准，生活可以说是相当舒适。"

阿尔弗雷德·芒格在 20 世纪 30 年代中期的成功事业主要是源于他代表一家很小的肥皂制造公司处理的一桩法律诉讼。阿尔弗雷德坚持罗斯福新政中的一项税收条款是违宪的，这个案子不知怎么的被美国最高法院接收复查。最终的审判结果为高露洁公司省下一大笔钱，阿尔弗雷德的客户也赢回了一小笔税金。由于阿尔弗雷德允许高露洁聘请的纽约名律师参与法庭辩论，高露洁慷慨地支付给阿尔弗雷德一大笔钱，虽然那位纽约大律师后来输了。"我也可能会输掉这场官司，不过我不会收费那么高。"阿尔弗雷德说。

虽然 20 世纪 30 年代家里的经济条件相当不错，芒格还是尽可能地去找工作："我第一次接触巴菲特一家就是因为当时我在他们家的杂货店打工。工作时间很长，报酬很低，不能有任何想法，也不能有任何闪失。"

巴菲特杂货店是巴菲特的曾祖父 1869 年开办的。芒格在那里打工的时候，老板是巴菲特的祖父，显然他继承了巴菲特家的幽默感。

这家店最早开在第 13 街，后来搬到了奥马哈西边的恩德伍德大街 5015 号，离芒格家只有六七个街区的距离。

"那是一家凭信用交易，提供送货上门服务的商店，"巴菲特解释说，"我祖父总是坐在底楼和二楼之间的错层楼面。总体而言，他就是老板，负责发号施令，叔叔干活。"

店里有吱吱作响的木楼梯、吊扇和顶天立地的木架子。每当有顾客想从架子高处拿一罐罐头，年轻的店员就会把一部滑动梯搬到那里去取。杂货店的男孩把食物分门别类地放到架子上，清理蔬果展示箱，把商品送到奥马哈主妇们的家中，还要给店里拖地板。芒格每个周六都在那里"服役"。"你从早到晚都忙得脚不沾地。"他说。

一旦巴菲特的大堂兄迟到了，身形魁梧、白发苍苍的祖父就会站在错层楼面上，手里拿着表质问他："现在都几点了？"

巴菲特的祖父是一名严厉的雇主，政治观点也很强硬。"每 12 小时连续工作他付 2 美元。当时社会保险条例才刚刚实行，他要求每个男孩来店里的时候带两美分，用于支付自己的社会保险金。"芒格说。

一天工作结束的时候，芒格上交两枚一美分硬币以换取 2 美元的工作报酬，还得听上一通关于邪恶的社会的长篇大论。

对于芒格而言，"巴菲特家的家庭小店提供了理想的从商入门教育。在那里你必须长时间无差错地干活，迫使包括我以及巴菲特在内的年轻人去寻找更轻松的职业，一旦发现行业中的劣势就雀跃不已"。

巴菲特的叔叔曾经被评为奥马哈最受欢迎的人，1946 年巴菲特的祖父去世后接手了这家小店。直到 20 世纪 60 年代后期，巴菲特杂货店还接受电话订单并提供送货上门服务。1969年杂货店最终结业的时候，这家店已经在三代巴菲特人手里运营了100年。如今这幢建筑还保留在邓迪区，周围都是古董店。

芒格9岁的时候，富兰克林·罗斯福当选总统，他实施了新政并废除了禁酒令。芒格14岁的时候，奥尔森·韦尔斯凭借言过其实的广播演说《世界大战》让全美国都陷入了恐慌。希特勒的纳粹部队入侵波兰的时候芒格15岁。整个世界正在经历翻天覆地的变化，芒格也随之告别了家乡内布拉斯加州。

第4章
青年时期的战争与爱情

他是扑克老手,总喜欢把事情藏在心里。即便当我们还是孩子的时候,他说:"走着瞧,走着瞧。"这句话的出现频率比任何话都要高。如果你问了一个他不想回答的问题,他就假装没听到。

——莫莉·芒格

芒格的两个孙子查尔斯·洛厄尔和纳撒尼尔(年龄在7～10岁之间)和一群邻居小屋中的孩子在星岛主屋通往三楼阁楼的楼梯上吵吵闹闹地奔来跑去,他们在那里建造了一座城堡,还成立了一个秘密俱乐部。

在这个炽热慵懒的八月天,卡斯湖上的芒格主屋里,他们玩着孩子们几百年来都在玩的游戏:精心设计规则、向假想敌发起攻击、占领他们的土地。他们吵吵闹闹一刻不停。一个小孩嚷着:"我有个主意!"还没等大伙儿讨论通过这个计划,纳撒尼尔就会跳起来说:"我有个更好的主意。"然后大家重新开始,纳撒尼尔的主意总是更好

第 4 章　青年时期的战争与爱情

一些。

为了加固城堡，延缓敌人入侵的时间，孩子们在楼梯的最上面三格堆了一把椅子和一些箱子。这一切都很好，直到纳撒尼尔决定去一楼侦查一下。忽然之间，警钟大鸣，纳撒尼尔和椅子、箱子一起掉了下去。

正在看书的查理·芒格抬眼扫视了一下，听了听纳撒尼尔的叫唤声、其他孩子惊恐的尖叫和大人们冲过去检查受伤程度的七嘴八舌。奇迹般地，纳撒尼尔没有骨折，就连常有的淤青都没有。一旦他变成了大家关注的焦点，纳撒尼尔就不哭了。家里人跟爷爷汇报孩子没有受任何伤之后，芒格继续看书，却喃喃自语道："我可不这么认为。"那天晚上，纳撒尼尔跟他的伙伴们吹嘘自己从楼梯上一路滚下来却一点事情都没有。

20 世纪 40 年代给美国和芒格一家都带来了骚动和变化。有些变化是意料之中的，因为孩子们正在长大。当他们听到来自大洋彼岸战争的消息时，孩子们都进了大学。在这些再正常不过的变迁中，无可回避的担心变成了事实——美国宣布参加第二次世界大战。

1941 年芒格 17 岁的时候离开家乡去密歇根大学读数学，从此以后除了探亲，就再也没有回过奥马哈。玛丽选择了位于帕萨迪纳的斯克利普斯学院。卡罗尔则追寻父亲的足迹前往东部的拉德克利夫学院，当时名义上是哈佛的女子学院。

在安娜堡，包括芒格和他的室友内布拉斯加人约翰·安格尔在内的学生们都听着平·克劳斯贝的唱片，看着年轻的贝特·戴维斯的电影，探索着各类新生事物。芒格开始接触物理学。"对我来说，那可真是大开眼界。"他说。虽然芒格只上了基础课，物理学中解决问题的方法对于他一生都影响深远。

"用最基本的方法来寻找问题的答案是一项非常好的传统，为世人节省了大量的时间。当然，有些问题的困难程度迫使你变得非常勤奋。我非常喜欢'勤奋'这个词，因为对我而言它就意味着你必须静下心来直到把问题解决。"

芒格说如果由他来掌控世界，就会要求任何能做到这一点的人去学物理，因为这样就能教会他们如何思考。

"我绝对不能算是一名科学家或是业余科学家，"芒格承认说，"不过我对科学十分欣赏，同时发现科学研究中使用的方法在科学之外也非常管用。"

不过他在密歇根大学平静的学习生涯并没有维持多久。轰轰烈烈的战争困扰着多数美国人，与此同时，欧洲的政治形势急剧升温。1941年12月7日，发生了令人震惊的珍珠港事件，那年芒格读大一。美国参加第二次世界大战使得许多年轻人退学入伍，芒格也没能幸免。他在密歇根大学待到1942年底，刚过完19岁生日没几天，就参军了。

芒格入伍的时候，战争在欧洲、非洲和太平洋地区正如火如荼地展开。因为在高中和大学参加了6年的预备军官训练营，芒格早已厌倦了行军，他决定不加入陆军并幸运地成了空军的一员。

芒格的母亲发了疯似的担心着她唯一的儿子的安全，毫无疑问，阿尔弗雷德·芒格也有同样的焦虑，不过作为平衡，他在家里也投入了支援战争的工作。第二次世界大战让芒格的父亲激动了起来。他开垦了一个巨大的胜利花园，雇了一个侄子做帮手。后来还找到了在当地的耶稣会学校任职的牧师作为合作伙伴，对方在乡下有一片土地。为了吃到培根和其他猪肉制品，他们一起养猪。这些当时可是稀缺物品，因为大量的肉制品都运到海外作为军粮。不过，当他们的猪长大时，猪肉制品已经恢复到了正常的价格。

"那可真是非常贵的培根，"芒格笑着说，"我认为爸爸这么做主要是因为他喜欢养猪。"

刚刚入伍的时候，芒格只是一名普通士兵，他的教育经历让他思考起了自己的未来。"作为一名在犹他州帐篷里的小兵，在冰天雪地的恶劣环境下，我记得和某人说我想要一堆孩子、一幢房子、房子里有很多书，还有足够的财富可以过上自由的生活。"

芒格参加了部队统一分级测试，发现考到120分就可以从士兵升为军官。芒格考了149分，比标准高许多，很快就被提升为少尉。

最初他被派往新墨西哥州立大学，后来又转去加利福尼亚州帕萨迪纳的一所著名理工科私立学校——加利福尼亚理工学院，进行气象学培训。用通俗的话来讲，他就是一名气象预报员。芒格第一眼看到帕萨迪纳就知道自己喜欢这个新环境。

帕萨迪纳是一个环境优雅的古镇，镇上到处都是西班牙殖民风格的楼房，紫薇花连绵不断，气味芬芳的桉树和胡椒树遮天蔽日。一百多年前移居至此的中西部人在这里建造了美轮美奂的教堂和充满文化气息的建筑，就像他们在家乡所享受的那样。当时的环境污染还不像现在这样严重，远处的山脉起看来近在咫尺，简直伸手可及，一直延绵到洛杉矶这个生机勃勃、外来人口云集的大都市西边。

"南加州和奥马哈很不一样，看起来更大更好玩，是我热爱的城市。"他说。

芒格在加州理工学院的三个室友也令他印象很深。一个叫亨利·马格宁，是著名犹太教改革家的儿子。第二个的父亲是一位音乐教授，以教神童而出名。还有一位则来自一个科学家发明家的家庭。"他们都是加利福尼亚人，为人和家庭背景都很有趣。"芒格回忆道。

气象预报员培训结束后，芒格被派往又冷又黑的阿拉斯加，不过据他本人描述，并不十分危险。芒格指出他的经历和第二次世界大战中那些惨重的伤亡完全不同，美国在战争中一共有 292 000 名士兵阵亡，672 000 人受伤，还有 140 000 人入狱或宣告失踪。

战争打断了他的教育，但芒格说对他的影响并不像其他人那样大。"我觉得我认识的死于第二次世界大战的人不超过 15 个。这不像是第二次世界大战后的欧洲或是南北战争中的美国，整整一代年轻人都死了。我从来都没有投入到任何军事行动，一直驻扎在阿拉斯加西部的一个城镇，行动离我再遥远不过。"

就好像芒格逃过了大萧条时期的贫穷和艰难一样，他也由于担任了重要的非战斗性工作而得以远离战场。不过，军中生涯让他磨炼出了一门日后非常重要的技术——打牌。

"在军队里和当小律师时的打牌经验锻炼了我的经商技巧，"芒格说，"你必须学会的是在形势不利的情况下及早认输，而如果有大牌在手，就要下重注，因为你不常拿到大牌。机会出现，但不是经常的事，所以一旦它降临就要紧紧抓住。"

芒格调派到加州理工学院的时候，正巧妹妹玛丽也在附近的斯克利普斯学院就读。她把芒格介绍给了一位名叫南希·哈金斯的女同学，她家里开了一家鞋店，专为帕萨迪纳的有钱人服务。当时整个国家都处在对战争的恐惧和伤痛中，年轻的恋人随时都面临长期甚至是永久的分离，故事变得极端浪漫起来。年轻、战争、恋爱，这些要素结合在一起会出现什么结果可想而知。

"第一个南希读的是斯克利普斯学院，是一个活泼漂亮的女孩，来自同样活泼、讨人喜欢的哈金斯家族，"莫莉说，"她任性而骄纵，和一位来自奥马哈的沉默、踏实、书呆子式的女孩同住一屋。室友有一个哥哥起初在密歇根读大学，后来被派到加州理工学院。他们相遇，然后不顾一切地结了婚，那年他 21 岁，她 19 岁，全然不知道自己在于什么，两个人都心高气傲。战争年代的年轻人，犯下了非常严重的错误。"

几年后他们才认识到这场婚姻的确是一个错误。与此同时，这两个人和许多年轻的战后夫妻一样，根据《美国军人权利法案》寻求接受高等教育的机会并开始正常的家庭生活。

虽然那时芒格已经去过好几所大学，上过好几门高等课程，但他还没有拿到任何一个大学学位，但这并不能阻挡这名 22 岁年轻人的勃勃雄心。1946 年在他从部队退伍之前，芒格就和父亲一样申请了全美国最古老也是最优秀的学校——哈佛大学法学院。芒格遵循了家族传统，而且考虑到他的水平，尤其是在某些方面的特别欠缺，法律看来是他的最佳职业选择。

"军队进行过两项考试，"他说，"一项是智商测试，还有一项是动手能力测试。我的智商分数非常高，而动手能力则得分很低。这也印证了我一直以来都知道的事情：我的空间分析能力跟其他能力相比非常弱。如果我年轻的时候去做外科手术，绝对成不了一名杰出的外科医生。我爸爸最好的朋友戴维斯医生是一位著名的外科医生。我敢保证在我所欠缺的动手能力上他会得分非常高。"

至于他原本的大学专业——数学，虽然芒格在上过的数学课上表现都不错，不过他知道自己绝对没有他最好的老师那么天才。他记得在加州理工学院时热力学教授大步走进教室，连着好几个小时在黑板上飞快地写下各种非常复杂的方程式，边写边滔滔不绝地解释。芒格知道自己永远都不可能做到像他那样厉害，如果要在知名大学里担任教授，至少要像那位教授那样才行，而芒格并不想投入一个他永远都不可能成为顶尖人才的行业。

虽然阿尔弗雷德·芒格毕业于哈佛大学法学院，芒格却并没有受到热烈欢迎。"由于家里好朋友罗斯科·庞德的介入，我才得以在院长反对的情况下被录取。"芒格说。

土生土长的内布拉斯加人庞德是哈佛大学法学院的退休院长。从家人口中芒格知道庞德是一位知识渊博的天才,他在任的时候很少召开职工大会,因为他觉得自己一个人做出的决定更好。当芒格被拒绝后去和庞德商量,院长警告芒格老院长也会赞同要进法学院就必须先完成大专的课程。芒格回答说:"走着瞧吧。"

当芒格去拜访庞德,请他帮忙的时候,庞德看了芒格已经修完的那些课程的成绩单,觉得相当优秀,就联系了现任的法学院院长。通过关照,芒格被录取了。

哈佛大学的灵活性名不虚传。芒格第一学年结束的时候因为在班上排名第二,拿到了400美元的奖学金。然而,回顾往事,芒格认为自己当时虽然为进入哈佛大学法学院做了充分的准备,对生活却没有足够的心理预期。

"我来哈佛大学前受过的教育少得可怜,学习习惯散漫,也没有学位。"

喜诗糖果75周年庆的时候,芒格和巴菲特花了将近一个小时来回答观众的问题。一名喜诗的员工问两人他们最重要的学校生涯是哪一段。

"我匆匆忙忙地上完了学,"芒格说,"我不认为自己是受过良好教育的典型人物,巴菲特,我觉得你也算不上。我通过自学学到的更多,一生中常常都是这样。我通常更喜欢那些已经离世的伟人多过活着的老师。"

巴菲特承认他去读大学的主要目的是"走出去"。他迫不及待地要开始作为投资人的生活和职业生涯,不过他也说在哥伦比亚大学读研究生,在传奇投资家本杰明·格雷厄姆门下学习是他做过的最重要的事情之一。

芒格曾经形容自己在放肆无理方面有黑带水平,也许就是这个特

第4章 青年时期的战争与爱情

点让他能够应对各种挑战。他出生于法官和律师之家，一生都像个律师那样思考问题。他还很有主见，几乎到了傲慢自大的地步。如果教授叫他起来回答一个他没有准备过的问题，芒格会回答说："这个案子我还没看，不过如果你给我案件背景，我就能告诉你相关法律条文。"

芒格后来认识到这种口舌之争非但愚蠢，还会阻挠自己在生活中前进。回想这件事情，芒格说他不知道自己为什么表现得那么恶劣，不过他认为有可能因为这是家族遗传的特性，虽然他已经大为改善，却未能完全克服。他承认，事实上，他显然在应该表示谦虚的时候躲了起来。

芒格在哈佛大学的一位同班同学，亨利·格罗斯后来成了洛杉矶著名的投资顾问。有一次一个熟人评价芒格说财富让他变得骄傲自大起来，他立即为芒格辩护："胡说八道，我认识他的时候他还很年轻很穷，他一直都是那么目空一切的。"

芒格非常坚持己见，有时候还很冲动，不过幸运的是，他并不是一个顽固不化的人。好市多的董事长兼首席执行官说芒格"不是一板一眼的人。如果你没有接受他的观点，他不会对你板脸，而是准备继续下一个话题"。

在哈佛大学的时候，芒格和一个妹妹走得很近：卡罗尔到拉德克利夫来读书了。"我帮着照看他们的第一个小孩。我给他喂干的婴儿食品，因为我对小孩的事情也不熟悉，"卡罗尔说，"他也吃了，没有被我害死。"

芒格的第一个女儿莫莉出生在马萨诸塞州，从医院回家的时候去的是拥挤的学生宿舍。"我每天晚上总是把她的小婴儿床放到浴缸里面。那个床很小，放在浴缸里正好。"芒格说。

和在奥马哈念小学和中学时候一样，在哈佛大学芒格人缘也很好。他和各种不同的人交往。沃特·欧博拉，后来担任了犹他州立大学法学院的院长，和芒格一起在《哈佛法律评论》共事。有一次，他们两个在图书馆泡了好几天，检查一位欧洲学者写的一篇又臭又长的文章里面所有引用的内容。"四天后欧博拉说我们的情况让他想起自己冒着高温做装卸工的日子，和他一起工作的还有一名流浪汉，需要挣钱买食物。最后，那个流浪汉把一袋谷物扔到地上就走了，嘴里嘟囔着说：'见鬼了，我又没杀人，凭什么要干这么累的活！'不过欧博拉在《哈佛法律评论》待到了最后，只不过我仿效了那个流浪汉。"

芒格1948年从法学院毕业，同期毕业的小金曼·布鲁斯特后来成了耶鲁大学的校长，埃德·罗斯柴尔德在芝加哥创立了一家知名律师事务所，约瑟夫·富勒姆成了纽约非常出名的律师。芒格是全班335名毕业生中12位优异学生之一。

他和父亲讨论了回到奥马哈执业的事情，虽然芒格可能在那里享受到众多关照，阿尔弗雷德·芒格还是建议他不要回来，显然他认为奥马哈这个池塘对于芒格来说太小了。即使奥马哈是一座富裕的小城，是联合太平洋铁路公司的总部所在地，有好几家农业公司，还有数不清的保险公司，芒格所能做的还是不会让他觉得富有挑战性。

此外，芒格陶醉在帕萨迪纳的氛围里，深深迷恋着加利福尼亚。芒格、第一个南希和成长中的家庭要回到西部去。

阿尔弗雷德·芒格同意了，虽然他本人在加州有不太愉快的回忆。第一次世界大战结束的时候他去了洛杉矶，考虑搬到那里去。不过他被那里缺水少绿的情况吓坏了，断言道："这个城市没有未来。"他回到了内布拉斯加生儿育女，孩子长大后却做出了相反的选择。

即使是芒格自己的孩子，也都觉得，从某种意义上来说，芒格会最终定居在这个全美国最没有传统文化积淀的城市这件事相当奇怪。

"芒格热爱马克·吐温和本杰明·富兰克林。他是典型的中西部人，"友人评论说，"他绝对不是非常适合海滩生活的人。不过洛杉矶

第 4 章 青年时期的战争与爱情

是一个成长中的国际大都市,他的商业生涯和这个城市交织在一起。他并不是因为喜欢冲浪才搬去那里的,登山才是他真正的爱好。"

不过,遇到和家庭或者朋友有关的问题时,芒格都很有冒险倾向。对他而言,洛杉矶是理智的选择。

"我并不是一个常常会讨厌自己现在的样子的人,"芒格说,"我喜欢阿尔布开克,喜欢田纳西的纳什维尔,战争时期我在这些地方都待过几个月。我喜欢波士顿,曾经考虑过住到那里去。不过1948年的波士顿族内通婚的情况太严重了,要在那里发展很困难。在洛杉矶,我可以发展得更快。"

他是对的,洛杉矶的发展一日千里。到20世纪末洛杉矶城市面积不断扩大,常住人口350万。那还只是在城区范围内。洛杉矶郡下面有80个城市、1 000万居民。

虽然芒格有着中西部人典型的保守做派,但他的老朋友说:"芒格看起来并不是很突出,因为洛杉矶到处都是这样的人,尤其是早年,很多人都来自中西部。"

对于南加州其实是他第一任太太的家乡这点从来都不被列入考虑范围之内。"我都不记得和她讨论过这点。"芒格说。

从另一方面来说,莫莉·芒格认为,父亲对母亲的那些做生意的亲戚很有兴趣,并不介意和他们住得很近。"我爸爸一直都喜欢哈金斯家的亲戚们。他尊重并欣赏他们在鞋店事业上取得的成就,喜欢他们的生活方式和崇高的精神。他们事业成功、积极进取。他总是说他们的事业发展得多好,干得多漂亮。"

南希·哈金斯,就和芒格自己一样,来自一个古老的新英格兰家庭,不过哈金斯和芒格是两种不同的家庭。莫莉说,她的曾外祖母"非常聪明而且勤奋",是她们高中里第一个学习代数的女生。1890年在帕萨迪纳,她嫁给了一名皮鞋销售员哈金斯,也就是莫莉的曾外祖父。当时，帕萨迪纳是中西部那些百万富翁非常喜欢的度假胜地，其中就包括箭牌口香糖的继承人。哈金斯开设了自己的第一家店铺，妻子负责记账，而哈金斯负责销售。后来他在圣巴巴拉和棕榈泉开了分店。他们在帕萨迪纳南湖大街的主要店面后来卖掉了，不过他们唯一的孩子南希·哈金斯继承了发售的股权。"我们手里的股票一直都很值钱。"莫莉说。

除了在生意上触觉敏锐，哈金斯家族在生活方面也眼光独到。"他们总是在一起狂欢喝酒，婚姻生活也都很如意，"莫莉说，"他们结婚了，母亲给儿子们都买了一件晚礼服。他们把衣服一团就去参加狂欢派对了。"

芒格回到了这种活泼的环境并在1949年取得了加利福尼亚开业律师资格。他加入了洛杉矶的赖特和加勒特律师事务所，后来更名为缪齐克、皮勒和加勒特律师事务所。公司在法律界相当出名，不过相对市里其他事务所来说规模比较小。芒格的起薪是275美元一个月。他当时觉得相当宽裕，存下了1 500美元。

在加州安定下来后，芒格和在奥马哈一样，开始去结识各种朋友。

多数情况下，他和法律界保持紧密的联系。芒格认识了古老的加利福尼亚家庭，也认识了试图在更宜人的环境中复制自身文化的中西部移民。渐渐地，他开始加入一些能帮助他认识更多人的社会团体，那些典型的城市绅士俱乐部，比如加利福尼亚俱乐部、洛杉矶乡村俱乐部和沙滩俱乐部。

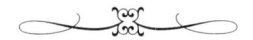

芒格的父母保护他免受大萧条的侵袭，幸运的他又远离了第二次世界大战的战场。不过他的好运用完了。20世纪50年代被认为是美国最幸福的10年，而芒格却经历了无疑是他人生中最黑暗的岁月。

第4章 青年时期的战争与爱情

"我想我很小的时候父母就离婚了,"温迪·芒格说,"我不记得他住在家里,只记得每个周末他来接我们。离婚是件可怕的事情。泰迪是9岁那年去世的,当时我5岁,莫莉7岁。"

因为年纪稍大,莫莉·芒格记得1953年父母离婚时的大部分事情。芒格和第一个南希很年轻的时候就结婚了,而之后,"他们吵架、互相大吼大叫。盲人都看得出他们不快乐。"莫莉解释说。当他们显然无法再住在一起了,"他们处理事情的方式非常得体。他们把所有正确的事情说出来,例如:我们在一起不快乐,需要分开。我们爱你们,这件事不会影响你们和我们之间的关系"。

虽然父母离婚的时候她还只是个学龄前儿童,温迪却对一件事情非常确信。"离婚不是他的行事方式,不过我不知道为什么他们分开了,"温迪说,"世界上简直没有比他们更不合拍的夫妻了。他们结婚的时候根本就是小孩。"

和许多家庭一样,孩子们不能完全理解是什么造成了父母间不可调和的差异。一个是严肃的年轻律师,另一个则追求自由的灵魂。不过他们很快就达成一致意见,结束了这段婚姻。

"他离婚后什么都没了。"莫莉接着说。她妈妈住在南帕萨迪纳,虽然芒格不和她们一起住,他努力让孩子们意识到他还是她们的爸爸,对他们的健康成长负有责任。

"正式离婚的时候,泰迪说,我要和爸爸一起住,"莫莉回忆道,"他没能够实现这个愿望。"

虽然身在加州,远离故土,芒格还是遵循在奥马哈学会的道理支撑自己度过了这段日子。"他住在大学俱乐部条件很差的单身汉宿舍,"莫莉说,"不过他并没有一蹶不振。每个星期六他都会高高兴兴地出现在我们面前,带我们去动物园、骑小马、探望他的朋友们。20世纪50年代离婚不是常有的事情。我们非常清楚地意识到和别人相比，自己的生活从精神层面来说是不完整的。他开着一辆丑得要命的车。他在穿着上总是很有自己的风格，不过这辆车让他看起来穷困潦倒。这辆黄色的车后来又用廉价的油漆重新漆了一遍。我记得有一次在大学俱乐部上车的时候问他：'爸爸，这辆车太难看了，简直就是一团糟。你为什么还要开它呢？'他回答说：'为了防止小偷。'"

芒格和第一个南希分开没多久就被告之他们的儿子泰迪患有严重的白血病，这也是夺取泰迪外祖父生命的疾病。芒格惊呆了。这和他经历过的和梦想过的一切都截然不同。"他知道如何抚养儿子，做一个慈爱的父亲，正打算自己从头全部做一遍。"莫莉说。不过至少在泰迪身上再也没有这个可能了。

泰迪生病期间，芒格和前妻想尽一切办法去找最好的治疗方案。当时，患有血液病的孩子几乎没有康复的可能，如果是现在，患有白血病的孩子完全治愈的机会就很大。

"要知道，那可是 20 世纪 50 年代初，"哈尔·博思威克说，"他们没有任何治疗白血病的方法，什么都没有。骨髓移植是天方夜谭。即使是现在，也不是件容易的事情，只不过多了很多选择而已。但在当时你只能坐在那里眼睁睁看着自己的孩子慢慢死去。"

先是离婚，然后是泰迪的病情，这些全面影响了芒格的生活。"那时没有医疗保险，"芒格说，"我要支付所有的费用。无论是父母还是祖父母，在白血病病房都心如刀绞。他们都会离开人世，在那个时候是百分之百的事情。我常常在想专家们如何能在如此高的死亡率面前一次又一次坚强地尝试治疗孩子们。"

朋友李克·古瑞恩这样描述 29 岁的芒格悲伤的程度："他说他的儿子正躺在病床上慢慢死去，他走进去抱了他一会儿，然后跑到外面沿着街道边走边哭。"

不过芒格还是尽量过得正常。离婚后，律师事务所的一位合伙人为他介绍了一位年轻的离异女士南希·巴里·博思威克，她也有两个年幼的孩子。芒格和第二个南希开始一起带着孩子们郊游，第一次远足期间泰迪也去了。

"我知道他病得很重，就快死了。"哈尔·博思威克说。哈尔和泰迪差不多年纪，芒格和第二个南希带孩子们去太平洋海岸高速公路旁的一家私人海滩俱乐部的时候两个男孩相见了。那家俱乐部被竞争对手起了个难听的名字叫"不祥的五十"，因为他们的成员人数保持在50人。第二个南希的家庭多年来都是那里的会员。

"我还记得有一天和泰迪一起到了那里，那差不多是他生命的尾声了，"哈尔回忆道，"我问他想不想去玩，他说：'不，我真的不行。我太累了。'他那个时候，你知道的，不用说也猜得出，有哪个9岁的小男孩不想去沙滩边玩呢？他真的是太虚弱了。"

1955年，确诊后的第二年，泰迪·芒格过世了。"我想象不到生命有什么经历比眼睁睁地看着一个孩子一点点死去更糟糕的了，"芒格说，"到他去世的时候，我的体重比正常时候轻了太多。"

哈尔说，对于别的孩子来说这件事情是超现实的。"我没有一点关于参加葬礼之类事情的印象。我甚至不知道莫莉和温迪有没有去。实际上，我都不知道到底有没有办葬礼。泰迪就那样消失了。"其实人们为泰迪办了一场小型的宗教仪式，因为第二个南希和儿子们当时还不是家庭成员，就没有参加。

虽然大人们早有了心理准备，泰迪的死还是震惊了他的小妹妹们。"我们一点都不知道他会死，"温迪说，"他死后，我们每个人9岁那年都提心吊胆，直到10岁生日才松一口气。这么做很傻，不过后来我自己孩子9岁的时候还是忍不住有这种感觉。"

随着芒格搬往俱乐部和泰迪的过世，当年芒格在帕萨迪纳南边艾芝伍德大道上建造的舒适的三房两卫的小洋房变得空落落的。这是一条安静的道路，周边都是温馨的小屋和参天的大树，距离温迪现在的家只有一个街区。这么多年后，莫莉和温迪开车经过的时候还是觉得那是一幢悲伤的房子。

"我和莫莉在那里住到1957年，妈妈再婚了。"温迪·芒格说。

芒格的前妻嫁给了一名放射学医师，他是泰迪·芒格生病期间参与会诊的医生之一。莫莉和温迪觉得妈妈再婚绝对改善了她们的生活。她们从艾芝伍德大道的普通小屋里搬到了一幢大很多的房子里。隔壁就是西桥女校，很快莫莉和温迪都进了那所学校就读。现在她们住在一幢"大房子"里面，有阁楼，有地下室，还有很多房间。"这对于9岁的小女孩来说是非常棒的事情，"莫莉说，"爸爸也结婚了，有一个孩子即将诞生。我们的继兄哈尔是个非常特别的人，是个捣蛋鬼。我就知道他相当有天分。他和我一样大，是个反应很快，一分钟一个主意的孩子。继父更像是爷爷。他有自己的孩子，比我们都大，还是一位经验丰富的医生。他非常宠我们。爸爸经常会来接我出去。我一度认为这是坏事变好事，真的很不错。"

弗里曼医生是一位当地长老会牧师的儿子，每个星期会在当地俱乐部演奏手风琴，也为当地校乐队服务。生活变得光明起来。温迪·芒格不记得从一个家到另一个家之间的过渡阶段，不过很快她就感觉到了好处。

"我总是说自己左右逢源，"温迪说，"我马上就有了很喜欢的继父继母和数不清的亲戚，这对我来说是轻而易举的事情。爸爸和妈妈都对对方评价很高。我太喜欢成为大家庭的一分子的那种感觉了。"

76岁的时候，芒格回顾那些岁月，发现时间带走了一部分痛失爱子的那种苦楚。如果没有，他说，他简直不知道人类如何存活下去。

第 4 章　青年时期的战争与爱情

芒格坚信，在尽他所能应对泰迪之死这件事上，他所做的是唯一可行的理性选择。"你永远都不应该在面对一些难以置信的悲剧时，因为自己失去信念而让一个悲剧演变成两个甚至三个悲剧。"至于谈到婚姻的结局，这些年的经历让芒格对此事也有了一个成熟的看法：

> 一旦我吸取了教训，就不会花很多时间后悔过去所做的事情。我不会跟过往纠缠不休。毫无疑问32岁的我会比22岁时更懂事，但我不会有任何非常懊悔的感觉。我们虽然分手了，但婚姻为我们留下了好孩子。我想我的前妻在一个不同的环境中更加快乐。

多年后，芒格将婚姻和投资的过程进行了比较，虽然也许并没有特指自己的亲身经历。"生命就是一系列的机会成本，"芒格说，"你应该和能方便找到的最好的那个人结婚。投资也是差不多的道理。"

这一实用主义的论调掩盖了他对自己第二任妻子南希的衷心，当然也为芒格最终找到快乐生活前所经历的那些麻烦和伤痛蒙上了面纱。第二个南希坚持认为芒格是非常感性的，只不过对表达自己的情感有一种"过度焦虑"。南希和芒格的第一个儿子小查理·芒格暗示说他爸爸的强项是能够坚决地告别过去一路前行，这其实也是他的致命弱点。

"他的儿子死了，婚姻完结了，一大笔钱也没了，"小查理说，"他只是远离那些负面情绪。爸爸告诉自己悲天悯人是没有用的，不要再回头。如果他能更多地面对这些情绪，他可以在有些方面应对得更好。我爸爸如果在一个城市或是一家餐厅有过不好的经历，就再也不会去第二次。我则会再试一次。"

当然芒格还是又一次尝试了结婚，在第二次婚姻中，小查理说："妈妈和爸爸都找到了第一次婚姻中缺乏的东西。"

芒格拥有一个大家庭的梦想即将实现，他下定决心要好好抚养和教育孩子们。他知道要赚到足够的钱，就必须把自己的聪明才智用在办案上。他已经是一名按时收费的律师，渐渐地，出于对额外收入的需求将他带入了商业世界。

"他总是对钱很感兴趣，"莫莉回忆说，"他对于理财总是很擅长。他投资股市，兴趣十足地谈论业务，虽然现在看来他当时几乎破产。我知道他开一辆破车，不过我从来都认为他一定会成功。为什么呢？他就是有那种气场——他所做的一切都是一流的，最好的。他要在房子上造一个露台，要在岛上买一艘船，要造一幢房子，造很多公寓。他对自己的那些项目和未来充满热情。这并不像是因为将来而否定现在的自己，关键是今天的事情是多么有趣，看到它们一点一点建立起来是多么有满足感。参与那些时刻是如此充满乐趣。这是他一直跟人们表达的观念。"

第 5 章
无巧不成书的第二次婚姻

> 我喜欢资本家的独立性,而我自己也一直有一种赌徒性格。我喜欢把事情想明白然后下注。所以我只是跟随直觉行事。
>
> ——查理·芒格

"我1955年遇见了芒格,"芒格的第二任妻子南希说,"我们俩1956年1月结婚。"

这句简单的话概括了一生,而生活绝非如此简单。南希和芒格结婚的时候,就好像是将他从黑暗无边的地方解救到光明世界,生命再度充满了各种新的可能。第二个南希有一种魔力,能拉近两人间的距离,弥补芒格的缺点。

"他不是一个优秀的经理人,"女儿莫莉承认,"他就像是结结巴巴、心不在焉的教授,行事冲动。要是他有点什么奢侈的爱好的话,麻烦可就大了。南希来了,她冷静,稳重,工作努力,非常节约,喜欢通过抓住要点把事情办好。她是家里的首席财务官,脾气就像罗伯特·杜瓦尔（美国著名性格巨星），她集上述所有特点于一身。而他则有一种魅力，令她爱慕，觉得他是世界上最可爱的人。"

南希年轻、健康，精力充沛。她是一名出色的运动员，喜欢打网球，60多岁还坚持滑雪。虽然最近刚做了髋关节置换手术，仍然在打高尔夫。

"她是一名出色的自我投资专家，"莫莉说，"你从南希身上可以学到的就是永远不放弃自己，要坚持做你自己想做的事情。她会画很漂亮的水彩画，其实50岁才刚开始学，而她的法国大餐烹饪水平堪比大厨。"

南希的家庭是加利福尼亚式的，和在奥马哈抚育芒格长大的那种很不一样。她父亲的家庭1902年从得克萨斯州搬来洛杉矶，从事房地产开发，大萧条把全家的财富毁于一旦。南希的父亲在保险业任职，参与过多次房地产投资。另外他对植物很有兴趣，造了一座暖房在里面嫁接稀有品种，尤其是棕榈树和凤梨。她的母亲是土生土长的加州人，工作是教师。

南希的父母相遇于加利福尼亚最具标志性的大学斯坦福。斯坦福大学1918年由铁路大亨利兰·斯坦福创立，用以纪念自己十几岁就因伤寒症高烧而去世的儿子。儿子死后斯坦福对妻子说现在全加州的孩子都是他的孩子，此后不久这对夫妻就创建了西部地区最负盛名的大学。

"我出生在洛杉矶，那家叫慈善撒玛利亚的医院，现在芒格是董事会主席，"南希说，"我住在洛杉矶，在公立学校念书一直念到10年级，然后转去了马尔伯勒学校。"

南希的母亲是家里唯一的孩子，不过成长在一个大家庭中。她母亲的祖父一家在淘金热期间移居到了加州首府并在此发迹。

巴里·芒格告诉我，他外祖母有一个叔叔和六个姑姑。"每个人

第5章　无巧不成书的第二次婚姻

结婚的时候都得到了一幢在萨克拉门托同一个小区里的独栋洋房。童年时她去走亲戚的时候,妈妈就在几幢房子之间转来转去。外祖母姑姑们的房子至今还在 J 大街上,靠近州议会大厦。最早的威滕布洛克斯祖屋被列入了历史性地标名单。"

"母亲的姑姑们,"南希说,"对于跳棋、掷筹码、抽签之类的游戏乐此不疲。每天下午她们聚在某家的花园里聊家长里短。她们种有很多果树,会自己罐装桃子和樱桃。"

和她的父母一样,南希也去了斯坦福大学。芒格八个孩子中的五个也都继承了这一传统。

"我修的是经济学,"南希说,"我很喜欢商业法,不过没有人鼓励我去读法学院。相反,我毕业后就马上结婚组建家庭。"

毕业后南希的第一任丈夫继续在斯坦福大学法学院学习。南希在附近山景城任职科研人员。她所在的部门从事的风洞理论和其他研究工作为早期的超音速飞机奠定了基础。

"他们问我:'你是想做文秘工作还是数字研究?'我说我要做研究。我们用一台福里登机,我负责计算机翼和机身的形状。"南希回忆说。

南希原本打算读一个美国历史的硕士学位,不过课程还没结束南希和第一任丈夫就回洛杉矶了。

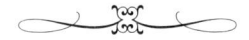

南希当时离婚不久,和两个年幼的儿子一起住在老贝尔艾尔的峡谷边。她和芒格通过相亲认识了。

"有些好朋友住在那条街上。他们认识芒格的一些朋友,听说他有再婚的意向,就安排我们俩见面了。"南希说。为他们介绍的是玛莎和罗伊·托尔斯。玛莎是一名儿童故事作家,托尔斯则是芒格在赖

59

特和加勒特律师事务所的合伙人。朋友们说芒格和南希第一次出去约会后，托尔斯问情况如何。芒格跟他保证一切都非常顺利，然后怪托尔斯为什么没有把南希是大学优等生荣誉学会会员这么重要的事情告诉他。

"我妈妈和芒格都是很聪明很有能力的人，他们谁都不喜欢被人愚弄或者浪费时间，"南希的大儿子说，"他们两个都曾经结过婚，经历过相当不愉快的离婚，情感上受过强烈冲击，我认为他们在决定一个人是否值得深入交往方面速度相当快。"

显然他们双方都对这段关系的前景有信心。

"就算写小说也写不出这样的故事，一个人的前后两任妻子都叫南希。"小查理说。

南希再婚的时候大儿子哈尔·博思威克大概7岁，芒格搬进了她的房子里，离加利福尼亚大学洛杉矶校区的南边不远。"只有我和弟弟戴维在那里。他们结婚前泰迪就死了，女孩们则和她们的妈妈住在帕萨迪纳。"哈尔说。

婚后九个半月到十个月左右，小查理出生了。这对于他、她和大家来说都是一项成就——芒格第一段婚姻有两个女儿，南希有两个儿子，之后他们先有了小查理。基本上每三年都生一个小孩，芒格和南希一起一共生了三个儿子和一个女儿。

"毫无疑问我是一个快乐的大胖小子，整天都笑嘻嘻的。"小查理说，他爸爸妈妈曾经告诉他："我们那个时候就想要一个像你这样的儿子。"

小查理出生的时候，两家人都在新环境中安定下来了。姐姐们相当听话，哈尔和戴维的父亲不再出现。哈尔说，离婚后他逗留过一阵，不过很快就不见了。"他回到火奴鲁鲁，他家里在那儿经营殡葬业和一些其他生意。后来又去了菲律宾很多年。他做过很多生意，包括造一些纪念公园之类的。"

哈尔和戴维的生父很多年后才回到美国,那时两个年轻人已经很好地融入了芒格家庭。对于哈尔来说,融合开始得很快却进行得并不顺利。

"虽然当时年纪小,我已经觉得自己像是一家之主了,"哈尔说,"芒格会带妈妈出去约会,我会等到她回来为止,不管那个时候按照规定我是否应该已经在床上睡觉了。"

一旦家里有了另外一个男人,哈尔的这种感受变得更为强烈。"我的个性是要占有势力范围内所有的一切,"他承认说,"轻而易举地,我就要被人从已经得到的领土上赶走了。我以前总是经常教弟弟各种行为规范,芒格很快就接替了这件事。亲身经历一场离婚、失去自己父亲是很不容易的。我那时年纪已经足够大,记得住孩子能记住的和离婚相关的所有事情,比如吵架这些。我的弟弟戴维还太小,他没有和我同样的感受。父母的离婚事件还是让我受伤了。"

哈尔说他的继父可不怕打孩子,虽然芒格一定是气到极点才会动手,而且打得并不重。他说自己是那种不打不成器的孩子。"从另一方面来说,我弟弟戴维就不是这种小孩。我不记得任何孩子像我一样挨过那么多板子。我很清楚芒格并不特别喜欢这样,不过最后他还是不得不教训我。"

由于哈尔是一个争强好胜的孩子,这场领地之争持续了好几年,其间哈尔非常愤怒。

"我每次让步都很不情愿,不过最终我接受了他,芒格除了没有生我之外从任何方面来说都可以称为我的父亲,"哈尔说,"我今天之所以是我,他的贡献最大。我看待生命的方式、我的价值观和我会去做本来不会去做的事情都受到他的影响。"

同时,弟弟妹妹们接连不断地出生了。

"最大的和最小的孩子之间相差20岁,"小查理说,"莫莉和哈尔是一块儿的,戴维和温迪差不多。现在年龄造成的差别越来越不明显,不过家里大多数时间都是吵吵闹闹乱作一团。"

卡罗尔·埃斯塔布鲁克说家里的喧闹正适合她哥哥。"我觉得他想要40个孩子。并不是因为童年寂寞,他总是交游广泛,有很多朋友。"

也许是一大家子人热热闹闹地聚集在艾奥瓦曾祖父家里变成了他的梦想,也许他受到了夏天里一群孩子在星岛玩耍的启发。

"我的确认为生命就是一场生育竞赛,"芒格说。不过,他又补充道,"我很高兴有那么多孩子。我不想自吹自擂地说他们都是超级巨星,不过我们和他们在一起很开心。"

不论生这么多孩子的动机是什么,要把八个孩子抚育成人是一项巨大的财政挑战。家里人去星岛过暑假很大程度是因为对于一大家子人来说,这是一种相对便宜的度假方式。南希肩负的压力是巨大的,不过她觉得有责任去建立两边的家庭并保持财务稳定。

"最初简直是度日如年,"小查理说,"爸爸和妈妈都在生命遭受重大挫折后试图重建自我。她支持这个计划,多年来一直都面对这么多小孩。外祖母,是妈妈小时候的护士,有时候帮忙照看我们。我的外祖父巴里在火奴鲁鲁的钻石头大街造了一所房子,爸爸妈妈去了那里。度假周的最后一天,一想到要回去,妈妈就忍不住掉眼泪。家里的工作多得让人喘不过气来。"

考虑到工作量,南希的反应并不令人出奇,却很不符合她的性格。

"妈妈始终很平静,"巴里说,"她不太会被自我怀疑、自我责备之类的情绪所困扰。她是忠诚的教徒,家庭是非常神圣的东西。"

芒格并不是那种晚上下班回来后帮着洗衣服的人,南希也没有指

第5章　无巧不成书的第二次婚姻

望他会做这些。

"我觉得妈妈给予了他难以置信的宽松空间去专注于自己的事情和事业，"埃米莉说，"她包揽了所有的家务。我还指望我丈夫能帮着带孩子，周末的时候全家一起去郊游。"

关于芒格在家里的出现时间，芒格的孩子们意见并不一致，要看年龄大小。对于大些的孩子来说，芒格看起来永远都在工作。年纪小些的，出生的时候芒格的经济状况更稳定了些，看起来就不那么忙了。

"我并不想描绘一幅沙漠般的景象，仿佛父子间完全没有交流，"哈尔说，"还是有一些家庭旅游活动，我们会回到明尼苏达钓鱼，诸如此类的事情。不过那些年他真的是非常非常忙。"

不过，年纪小些的孩子巴里则回忆说："他总是在我们身边。他不是那种会取消滑雪之旅或者整天出差的父亲。基本上他总是在我们身边，不过生意很多，社交生活也很活跃，日程排得很满。"

对于埃米莉，倒数第三小的孩子来说："我爸爸看来就像是个传统的父亲。每个人的爸爸都准时上班，晚上回家吃饭。我们围坐在一起吃晚饭。我并没有感觉到他常常不在家。他每个星期六打高尔夫，也可能是星期天早上。他并不参与日常事务，不过是个厉害的人，所以你知道一旦你打破了某项基本的规矩就麻烦了。"

她形容爸爸"精力充沛"，每天很早就出门，晚上回来吃晚饭。他会把项目带回家做，晚饭后就全神贯注在那些事情上。他会搭乘早上6点的航班。妈妈则不会那么早就开始忙碌，她起得早，不过不愿意一早就冲出家门。

芒格习惯同时做好几件事情。晚上他会坐在椅子里看书，同时听着家人闲聊，还不时插几句嘴。

"我的父母都是意志坚定的人，他们是一个团队，"她说，"你永远都别想挑拨离间他们，绝对不会成功。他们对如何养育孩子、什么该做什么不该做的基本理念都是非常相似的。我们小时候，他们忙着防止我们把车划花。他很严厉，但不像霹雳上校那种样子。你别想去拍他马屁，他不会吃这一套。在青春期症状最严重的时期，我一言不发、整天板着脸。我是年纪比较小的孩子中青春期症状最严重的一个，不过我敢肯定地说，在同龄人中，我算是很温和的。我没有离家出走，也不会把家里搞得天翻地覆。"

虽然定期要去开家长会，带孩子们去看牙医，走到哪里都有衣服要洗，早年的岁月还是把三个家庭联系在了一起。

"妈妈待莫莉和温迪就好像是自己亲生的一样，"小查理回忆说，"爸爸也把她带来的儿子当成自己的来对待。他们融合成了一个真正的家庭。"

"他从来不说孩子和继子，只说我们有八个孩子，"温迪说，"他从来不区别对待，那是他的典型风格。对待孙儿们，也没有区别。他完全不在乎，这对他而言根本不重要。"

即使是善于言辞的戴维，也被深深地打下了芒格家的烙印。莫莉虽然和另一对父母住在帕萨迪纳郊外，也觉得自己是父亲生命中的一部分。

"我念高中的时候他给我买了这辆车，"莫莉说，"他当时手头也并不宽裕，但我却开着白色敞篷野马，还有服装补贴。他总是在我身边，我觉得被照顾得非常周全，不仅仅是金钱上。那很好，不过如果他没有那些，也会有其他的方式来照顾我们。"

埃米莉现在自己有三个孩子。她说母性促使她去回想父母如何养大八个成功的孩子，都有相同的价值标准，彼此相处融洽。

"为人父母的成就之一就是将价值观、人性和道德理念传递给孩子，"埃米莉说，"但不是通过规律的宗教活动。我们在主教教堂上礼拜学校，学习黄金定律和基本教义。不过这些他们几乎都以身作则。我觉得他通过给我们讲那些他觉得值得尊敬和不值得尊敬的人的故事来教育我们。他不会高高在上地说我们的行为是对是错。兄弟姐妹们的确享受彼此的陪伴。孩子和父母或是兄弟姐妹们之间不会发生很多奇怪的事情，因为我们都相当诚实、品格高尚。"

芒格的孩子们总是回想在一个有明确是非观的父亲身边长大所学到的教训。哈尔说芒格强调为人处世的重点在于："尽你所能。永不撒谎。言出必行。永远别找任何借口。如果要开会就早点动身，别迟到。不过真的要迟到的话，别绞尽脑汁想什么借口，只要道歉就好了。他们要听到道歉，但对借口一点都没兴趣。顺便说一句，这些都是非常有用的道理，特别是对于那些立志于从事服务性行业的人而言。另外一件事是要尽快下决定，别把人家晾在那里不给回复。"

"他会叫我们去做些事情，"埃米莉回忆说，"如果我们回来说因为这样那样的原因做不了，他会叫我们回去解决问题以做到言出必行。只有调整你原本的判断才能做到。"

芒格对家务事参与很少，而南希也赞同，这在他们那一代人中很典型。"他并不是家务事上的好帮手。我总是说他住在一间由别人维护打扫的酒店里面，他并没有参与进来。"

南希工作很辛苦，不过全家都知道芒格也在努力工作以保持自己在家里的位置。他当时35岁左右，财务生涯从头开始，同时兼了好几份工作。南希曾经跟朋友们说芒格"是个匆匆忙忙的年轻人"，忙着过充实的生活，忙着致富。

他总是像执行官对待商业情况那样安排家庭生活，南希解释说："他随时准备给孩子们帮助和建议，这样的机会也时常出现。不过他们长大后我们就尽量只在一两件重要事情上提出建议。"

虽然芒格不轻易通过言语表达自己的情感，但莫莉说很显然他对自己的家庭有深厚的感情，只是觉得表露情感有时很危险。

"他也许觉得一旦开始，自己就会被情绪所淹没，"莫莉说，"不过一切都摆在那里。我们都希望他能多些表达出来。他们都来自老式压抑的家庭。她非常理解他，默默应对这一切。"

南希不但是贤内助，还是芒格的智囊团，他常常和她讨论自己的想法，虽然经常发生两人同时抢着讲话的情况。

"南希70岁生日的时候我们举办了盛大的派对，"沃伦·巴菲特说，"我想来想去决定送她一枚紫心勋章。"巴菲特搜遍了整个奥马哈，最后在一家当铺里找到了一枚老兵奖章。

芒格在汉考克花园住的那个社区里，所有的家庭看起来都一样富裕。没有人显山露水，小查理说："除了某个孩子的爸爸，经营着一家糖果公司，我们还去参观过。"小查理甚至不知道自己爸爸是做什么的。

"我从来都不了解他的职业。爸爸每天早上起床后6点半到7点之间就出门了，下午5点半到6点之间会回来，晚饭6点半开始。那是我们家的规律。他的工作对我们来说很神秘。他有一间办公室在一幢蓝色的房子里，里面有一张大桌子。我不明白上面放的是什么。我从来都没有对爸爸妈妈是做什么的感兴趣过，完全没有概念。"

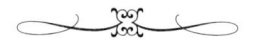

孩子们不知道爸爸工作性质的原因之一是他很少谈到这个问题。一旦他谈了，孩子们就会很困惑，因为同时发生了这么多事情。

最早，芒格主要在缪齐克、皮勒和加勒特律师事务所从事法律业务，用自己的所学所能力求上进。查尔斯·哈金斯是喜诗糖果的总裁，不过和第一个南希的家庭没有任何关系，说他看到芒格作为律师的表现觉得他是那种勇往直前的人。

早年芒格还是初级合伙人的时候接手过一单案子，他知道客户会在某一天过来讨论行动策略。芒格仔细分析了案子，认定只有三种可行的方法解决问题，他对每种方法都认真考虑了一遍。第二天客户到了，讨论了一会儿后要求律师根据芒格意料之中的一种方法跟进这个案子。资深合伙人叫芒格根据要求去草拟一封信函。芒格跟大家说如果他们带速记员来了，他可以现在就把信写出来，这样就免得客户第二天要再过来。芒格几分钟就把信很快地写了出来，客户非常吃惊。后来他们再跟事务所做生意的时候，就指定芒格做他们的委托律师。

芒格特别喜欢资深合伙人乔·皮勒，他是亚拉巴马人，说话用词丰富多彩，和芒格自己的父亲一样是个优秀的猎人和渔夫。从他身上芒格学到了一个自己非常喜欢的新鲜词语"魄力"。

"也难怪我喜欢他，"芒格说，"和我一样，他喜欢要么把一项任务全面交给别人去做，要么就全部自己来做，我喜欢他这种全面放权的管理方式。"

公司最有意思的一个客户是一名富有的工程师哈维·马德，他想在全球开矿，后来还投资创立了全国最好的理工学院——哈维马德学院，是加州一连串小型学院中的一所。虽然芒格没有和马德有很多近距离的接触，却和马德的兄弟西利以及马德的一位军师卢瑟·安德森交往密切。

芒格记得马德会跟他的律师们说："我完全不想知道法律是什么，在不违反法律的情况下我能实现什么。我希望你们能综合考虑所有的因素，帮我把事情做正确就行了。"

作为一名年轻律师，芒格曾经犯过一些错误，包括又一次负责起草一份法令豁免在建大学建筑的财产税。这项法令通过了，不过芒格尴尬地发现豁免范围包括了建筑，但并没有提及地皮。后来另一位合伙人帮忙改正了这一错误。

尽管如此，芒格还是稳步前进。他同时也发现自己有时会因口无遮拦和锋芒毕露而受到惩罚。芒格的朋友告诉他在法律界起步时，正确的途径应该就像一位资深合伙人对他说的那样："你应该始终牢记自己的责任是用恰到好处的表现让每个人都表扬你是房间里第三聪明的人。客户应该看起来是最聪明的，其次是我，然后才轮到你。"

缪齐克、皮勒和加勒特律师事务所的主要合伙人是罗伊·加勒特。虽然芒格欣赏加勒特的法律技巧和吸引重要客户的能力，他和加勒特的关系从来都不像和皮勒那样密切。虽然加勒特让芒格负责一部分他的私人法律事务，芒格说内心深处他知道加勒特并不十分喜欢他。

"罗伊·加勒特喜欢主导一切，我和他天生就说不到一起，"芒格说，"我们认识不久后的一天，他打电话给我，指责我在一些他指派给我的小客户身上浪费了2万美元的收费时间却一无所获。我回答说：'罗伊，你无权这样和我说话，除非我没能开账单给客户并且收回律师费。'当时我们就没再说下去。几个星期后我收到了5万美元。罗伊对我的这种成功反应很复杂。"

在祖父膝头学到的东西是芒格为人处世的准则：首先，最可靠的创建业务的方法就是专心做好手头的工作；其次，压缩开支，存下一笔钱用于投资以保证未来的财富。

"芒格当律师的时候学到了很多经商之道，"巴菲特说，"他参与过万国收割机公司的资产交易和20世纪福克斯的业务。他总是能看清现实，如果发现什么问题绝不会坐视不理。"

即使是那些沾点边的事情也会受到芒格的格外关注，包括一座在

第5章 无巧不成书的第二次婚姻

加利福尼亚莫哈韦沙漠的优质矿产。"我很想拥有那座硼矿,开采成本低,保有量大,"芒格说,"那的确是一座非常值得拥有的矿藏,不过已经被某个知道它价值的人拥有了。"

不幸的是,有些客户并不是芒格想要服务的那种。他开始回忆当他们讨论一个客户——奥马哈汽车经销商格兰特·麦克法登时爸爸的反应。

"我有一次抱怨说他(阿尔弗雷德·芒格)应该多些像格兰特·麦克法登这样的客户,少些像另外某个人那样的客户,"芒格说,"我还记得他装出恐惧的表情解释麦克法登是如何善待自己的客户、供应商和员工的。爸爸说如果他所有的客户都像麦克法登这样,那我们这个律师之家就要饿死了。这是我永远不会忘记的一堂课,即使我发现和其他生意人一样,现在要饿死律师可不像以前那么容易了,这堂课还是有助于我的职业生涯。它让我更愿意为麦克法登类型的客户服务,自己也以麦克法登为榜样。"

芒格感觉到从事法律业务的问题在于,他最喜欢共事的人通常不会有很多麻烦,而最需要他的人总是性格有问题。最重要的是,20世纪50—60年代,投身法律并不一定会让你发家致富。

芒格逐渐通过做律师存了点钱,开始投资证券并加入了朋友和客户的生意,其中有些是惨痛的吃一堑长一智的经历。芒格为帕萨迪纳一家小型变压器制造厂做了一些法务工作,和客户相处得很愉快。芒格希望他们能再来找他。一天早上,当他开车上班经过这家公司办公室的时候,觉得自己太害羞了,其实不应该等客户来找他,应该主动找上门去。他掉了个头开回去。和老板谈了一阵之后,他的确得到了更多的业务。最后,他在这桩生意里占了主导地位,带来了一些关键的资金。芒格的第一位正式伙伴是埃德·霍斯金斯,现在已经90多岁,住在加州中部一个小城市里的一片高尔夫社区里。

"埃德·霍斯金斯是一个很棒的人。他创造了变压器。他的风险投资商想取代他,他不同意。我们为他做了个计划,用大量的信用资本买断了他们的股份。这是一件早期的杠杆收购案例。表面看来是法律问题,其实可以用非法律方式解决。"

公司是一家加工车间,制造霍斯金斯为军用火箭之类的设备设计的高度定制的变压器。因为当时正在打朝鲜战争,南加州有无数的军用工厂。虽然战争带来了无数的机会,生意还是出现了很多问题。一名年轻的主管拖延了很久后死于癌症,他死后所有的财务重担都落到了搭档身上。

显然这家公司必须快速扩张才能偿还因实行收购而欠下的债务。然而与此同时,竞争对手们也看到了战争带来的商机因而快速扩张,很快市场上就供过于求。他们的业务开始变差,这也是芒格离婚前后财务压力巨大的主要原因之一。不过这个故事也有好的一面,那就是芒格和霍斯金斯变成了好朋友。

"埃德每周工作 90 个小时,"芒格回忆道,"他设计了早年的每一款变压器。言语无法描述我们当年有多亲近,也形容不了这个人有多好。我们遇上的问题让他头发都掉光了,苦苦挣扎着。最大的麻烦来自对威廉米勒仪器有限公司的收购。那并不是一个好主意。那家公司生产一种复杂的阴极射线示波器。这项业务始终都没有发展起来过。"

最终产品开始有了销路,霍斯金斯和芒格把公司卖了。这并不能算操之过急,因为很快阴极射线示波器就被更复杂更先进的磁带记录技术取代了。

"最后我们只剩下变压器业务,"芒格说,"战争结束后这门生意就不好做了。我们的财政非常紧张。在财务主管哈里·博特尔的帮助下,我们最终决定踢走所有不能让我们赚钱的客户,把规模缩小为一家小型公司。当时心里挣扎万分,很痛苦。我们几乎失去了所有。最终我们还是成功了,虽然算不上是一鸣惊人,不过我们最终的投资回报率还是相当可观的。"

芒格和霍斯金斯的合作伙伴关系始于20世纪50年代,1960—1961年终止。和霍斯金斯一起的那些年,芒格在学习经商上有了一个良好的开端。有一件事,"我从来没有再回过高科技行业,因为我尝试过一次发现有很多问题。我就像马克·吐温的猫一样只要有一次不好的经历就永远不会再坐到火炉上,哪怕是已经冷掉的也不行"。

芒格热爱并尊重科学,这变成了他的原则。此外,他开始意识到购买优质资产有很多好处:"收购一家注定破产的公司,寄希望于在它破产前能清偿所有债务并有所盈利可不是什么好玩的事情。"

他还学会了如何界定优良企业:"好企业和差企业之间的区别在于,在好企业里你会做出一个接一个的轻松决定,而差企业的决定则常常是痛苦万分的。"

第6章
赚到第一个100万

> 兔子跑得比狐狸快,因为兔子是为了性命在奔跑,而狐狸只是为了一顿晚饭。
>
> ——摘自理查德·道金斯的《自私的基因》

南加州温暖的 11 月中的一天,温度不高不低,穿单衣刚好。查理·芒格把他线条优美的黑色雷克萨斯 LS400 停在一排车库间,重访这个让他赚到第一笔大钱的帕萨迪纳公寓项目。

操控这辆车并不像看起来那么容易。晚年的芒格左眼失明,另一只眼睛的视力范围也很小。他摸索出了一种观察交通状况的方法,可以确切知道自己什么时候能切进切出车流。强劲有力的引擎让他得以随心掌控。

芒格沿着洛杉矶郊区工薪阶层云集的街道一路走一路辨认,30 年来这里并没有太多改变,他找到了阿尔罕布拉绿色家园,这是他最大的房地产开发项目。30 年前的今天,芒格看着修剪整齐的草坪、打扫得干干净净的 SPA 和游泳池，几位老年妇女正在湛蓝的池水中游来游去锻炼，心情非常愉快。

"那些橄榄树，"他指着草坪那头说，"我们每棵花了不到 100 美元，是从一片快要被砍光的橄榄树林里面弄来的。"就像在池中游泳的女人们一样，这些橄榄树也退休很久了，不过它们还是相当壮的。

离开这个社区后芒格想找个地方吃午饭，于是加大油门开往一条商业街，那里的有些设施显然已经用了好几年。那里仍然不像休斯敦大街那样繁华，但到处都是购物的人。他找到一家咖啡店跟店员说："哦，随便让我们坐在哪里。"随即又改主意要求卡座。一位快乐的年轻拉丁裔服务员过来热情地向他介绍炒鸡肉沙拉、三明治配薯条和炒大杂烩。"这些都是我的最爱。"加布里埃尔说。芒格要了一份总汇三明治配薯条和一杯冰茶。"留点肚子吃派。"热情的侍者还建议道。吃完饭后，虽然芒格没有提出要求，加布里埃尔还是给了他长者优惠。

芒格哈哈大笑："我还没那么老呢。"

芒格抓起账单走到结账处，加布里埃尔冲过来说："先生，您不用亲自来，我会帮您的。"

这个年轻的侍者完全不知道这位穿着布裤子和粗呢外套的男人建造了咖啡店对面的整片社区。他也不知道自己刚刚为一位亿万富翁送上了一份三明治，显然即使他知道也不会有什么区别，他会为任何人提供同样优质的服务。

"你是负责我们那桌的服务生吗？"芒格忽然脱口而出。

"是的，先生。"

"哦，那就把这些找零留下吧，"芒格边说边塞了两张 10 美元到账台里去付账，而那张账单绝对不会超过 15 美元。接着芒格就走向门口。

"我不看服务生的脸，所以永远都认不出，"芒格咕哝道，"这种习惯很可怕,非常令人尴尬。"

那他为什么不看别人呢?

"我总是在想其他事情,忘记了东张西望。"

"芒格全神贯注的本事很大,"奥蒂斯·布思说。他是芒格头两个房地产开发项目的合作伙伴,"当他集中注意力的时候,任何事情都不存在了。"

1998年的伯克希尔年度大会上,一位股东问巴菲特和芒格为什么不涉足房地产投资,"在这个领域里我们几十年来有着几乎完美的记录,"芒格说,"我们在差不多所有接触过的房地产项目运作上都显而易见地犯了傻。每次我们有多余的地块,却不想接受有意向开发这块地皮的开发商的出价,我们要是接受了这个价格然后在自己擅长的销售环节多做点文章,后来的境况就会好很多。"

的确,伯克希尔很少把自己投入房地产行业作为被动型投资,虽然在芒格说了这番话后,巴菲特投资了一笔数额不明的资金到红屋顶连锁旅店运营的汽车旅馆里。虽然很有可能伯克希尔在管理房地产方面的确记录欠佳,使得这变成了公司正常运营中多余的一项。但如果把芒格的谦辞当作他个人在房地产业的失败,就完全错了。

实际上,情况完全相反。一开始芒格被工业公司所吸引,却发现通过制造产品赚钱充满危险。另外,20世纪60年代人们以每周1 000人的速度迁往洛杉矶。看到了南加州爆发式的人口增长和充裕的土地储备,芒格预见到做土地开发商会赚钱。

"这事的起因也是个有趣的故事,"芒格回忆说,"我有一个客户——确切说是两个,一对父子。布思父亲的父亲拥有加州理工学院对面的街区一角。布思父亲认为这份产业毫无用处,所以我们计划遗嘱检验完成后卖掉它。"

这两位客户就是奥蒂斯·布思和他的父亲。奥蒂斯·布思是哈里森·格雷·奥蒂斯的曾孙，哈里森于1894年创立了《洛杉矶时报》。布思称自己为钱德勒家族①的"末代子孙"，最近把报纸卖给了拥有《芝加哥论坛报》的论坛报业公司。布思的父亲是一名石油投机商兼农场主，一度在一家云母矿业公司工作。和芒格一样，布思毕业于加州理工学院，获得工程学学位。虽然专业不同，他和芒格却是同届，不过不认识彼此。后来布思去了斯坦福大学商学院，也许在那里遇到过第二个南希，不过不是很熟。

20世纪50年代后期布思第一次见到芒格，当时他想买一家印刷厂，于是去咨询他父亲的律师罗伊·加勒特。"罗伊说：'我这里有个和你年纪差不多的年轻人，你不如去找他问问。'"当时芒格和布思都35岁左右。

"那时的芒格和现在一样，"布思说，"更跃跃欲试、更雄心勃勃。我们两个一起忙碌，完成了交易，买下了一家照相凹版印刷厂。那家印刷厂的主要客户是《洛杉矶时报》的周日版，后来改名为《家居》杂志。"

因为布思在《洛杉矶时报》工作，而它又是厂里的头号客户，他当然要告诉老板自己的打算。布思计划退出《洛杉矶时报》专心运作印刷厂。因为《洛杉矶时报》没有工会而印刷厂有，布思认为报纸的管理层不会想要收购这家印刷厂，宁愿让他以服务可靠的供应商身份拥有这家印刷厂，服务于自己曾经任职过的报纸。

"不过在《洛杉矶时报》的历史上那正是集团开始多元化经营的关键时刻。他们请来麦肯锡的人提供咨询意见，麦肯锡负责此事的是

---

① 钱德勒家族，以新闻起家，是美国西海岸最显赫的家族之一。——译者注

杰克·万斯。杰克看了一遍合同的条款说：'天啊，你不是买，根本就是把这家厂偷走了！'他接着说，'我们要买这家厂，你最好合作一点。'《洛杉矶时报》这么做相当疯狂，不过他们真的买下来了。我后来有幸又从他们手里收购了回来。"布思说。

"在交易过程中，我开始越来越了解芒格。我们去和厂长谈判过好几次。我们越来越投机，不知道芒格什么感觉，至少我发现我们两个的想法总是不谋而合。一旦他开始说点什么，我就知道他接下来想说的话。"

芒格夫妇把布思介绍给了他现在的太太杜迪。"几年后，我约他去加州俱乐部吃午饭。我说：'有件事我想你第一个知道——杜迪怀孕了。'我想在第二次婚姻里再要一个孩子，那年我44岁。芒格咧开嘴笑着说：'我觉得有件事应该让你知道，南希也怀孕了。'"

布思的太太生了个女儿，芒格则有了个儿子，取名菲利普。两对夫妇互为对方孩子的教父教母。从那时开始，布思和芒格就一起在新西兰、澳大利亚和其他遥远的地方一起垂钓。芒格每年都去布思在科罗拉多西南部找到的一家钓鲟鱼俱乐部玩。为了庆祝2000年他们去南美洲尽头的火地岛，芒格在那里抓到一条重达18磅的褐色鲟鱼。

"他是我在这世界上最好的朋友，"布思说，"很好很好。"

1961年左右布思去找芒格处理遗嘱检验的问题，芒格当即建议布思保留并开发这块土地。

"我跟布思说，你自己造一片公寓吧。"芒格说，"你不该把这两幢占据整个街区尽头的房子拱手相让。你把它们买下来，拆掉，重新规划重新建造，然后销售自住式的公寓。布思说：'芒格，要是这个主意这么好，你也确信能成功，为什么不投点钱进来和我一起做呢？没有你我做不了这个项目。'"

"我要是连自己的建议都无法实行，那可真是自取其辱了。"芒格笑着说。

此前不久加州刚兴起自住式公寓的风潮。

"芒格和我一起做的这个项目，"布思说，"我们各出资一半，买下了街区中靠近加州理工学院的那一半土地，现在还在那儿呢。"

芒格和布思开始从事房地产开发和建造行业的时候，对于他俩来说都是一种全新的经历，不过芒格参考了以前其他行业的从业经历。

这片加州理工学院对面的住宅区已经35年多了，它和周围的绿化融为一体，黯淡得像一块背景板。不过在这个房产有时也是可弃物的国家里，这个项目依然存在于那个高尚社区里。

"我们给住户提供更多的土地和更大的使用面积，结果人们都真的很喜欢这里。更何况我们的地段很好，"芒格说，"项目非常成功。"

"项目进展相当缓慢，因为当时经济不景气，我们必须等低潮过去，"布思说，"不过最后利润相当可观——400%！我们投入了10万美元，最后收回50万。"

1967年加州理工单元售罄后，芒格和布思接着开始在帕萨迪纳一条宽阔的橘子林大街进行开发，这条街上的上上个世纪的房屋已经几乎被公寓楼蚕食。在这个项目上，他们吸收了加州理工公寓项目的经验和教训，赚得更多更快。

芒格和布思注意到在第一个项目中底层的公寓很快就售完，但是高层的单元却卖得极其缓慢。他们决定下一个项目造平房，标价也和低密度土地使用率相对应。虽然价格很高，单层的平房还是很快就卖完了。芒格在第三、第四、第五个项目都坚持单层计划，不论地产市场潮起潮落，他们的房子总是能挣钱。

芒格仍然从事法律，在开发地产的同时还参与了其他项目。很多年里除了投资一个接一个的项目外，他都不怎么花钱。芒格说在整个过程中他从布思那里学到了很多，布思则说他也学到了很多，特别是从芒格身上。他开始理解芒格沉默寡言的天性。

"芒格并不是故作神秘,"布思说,"他只是在与人沟通方面有些隔阂,遵循'须知'原则。"

芒格的继子哈尔·博思威克指出,如今律师们很少涉足客户的生意,因为公司怕被指控玩忽职守,不过20世纪五六十年代,这样的事情司空见惯。

"人们之间的关系更为和谐,"他说,"和现在是两个完全不同的时代。"

因为有那么多项目在进行,芒格的空闲时间变得非常有限。"孩子们有时和爸爸一起待在工地。我们喜欢从电箱上捡金属插头,好像小硬币一样。"小查理说。

布思和芒格共同完成两个项目后,芒格开始了第三个项目。布思没有参与,因为他认为土地拥有权的条款可能会引起麻烦。芒格也看到了风险,不过觉得自己能解决。

"有个打牌老是输给我的客户,一天跑来咨询。他在阿罕布拉有一座购物中心,又承租了街对面帕萨迪纳市政府名下的一块闲置地皮,"芒格解释说,"他希望阻止其他购物中心的建设来保护自己现有的这座,于是聘请我处理其中的法律问题,不过我不喜欢他的处理方式,于是说我拒绝担任他的律师。他反击道:'把你的想法写下来给我看看。'我说:'如果你转租给我,我会负责所有的开发、融资等工作,然后我们对分利润。'"

相较于分享利润的计划,这名商场业主宁愿收现成的租金,事实证明他做了个错误的选择。一半的利润大大高于租金。

芒格和他的搭档在阿罕布拉两块地皮上建造了442幢单层的自住式公寓。这是芒格项目中最便宜最低端的一个,每个单元售价20 000美元左右。公寓又一次大卖。到那个时候,芒格觉得自己知道客户想

第6章 赚到第一个100万

要什么了。他和建造商在设计和施工细节上绝不偷工减料。项目施工完成后,他们还要保证绿化设计让人满意。

"郁郁葱葱的绿化,"芒格说道,"那是卖点所在。你在草木上花钱,回报达3倍。在绿化上省钱的建筑商绝对在玩忽职守。"

芒格开始阿罕布拉绿色山庄项目时起用了一名新伙伴,让看似不胜任的阿尔·马歇尔担任销售经理。芒格认识马歇尔是因为南希和马歇尔的太太在洛杉矶乡村俱乐部一起打高尔夫。芒格和马歇尔加入了她们,参加夫妻锦标赛。那时加利福尼亚还是一个相当小的州,在那里住上一阵的家庭常常发现他们之间有某种联系。事实证明,石油工程师马歇尔是南希第一任丈夫在斯坦福的同学。

芒格和马歇尔在第一开球处互相认识了。第二个洞的时候,芒格问:"你做什么工作?"马歇尔曾经为壳牌石油和一些小型独立石油公司工作。当时石油行业处境相当艰难,马歇尔不想让人知道自己失业,于是他告诉芒格自己正在投标几项石油开采权。第三个洞的时候,芒格问马歇尔打算怎么投标。马歇尔大致说了一下,芒格回答道:"你这样是完全错误的。"

"我说好吧,要是你这么聪明,不如你来负责法律和财务部分的工作,剩下的我来做,怎么样?"马歇尔说。芒格以信托基金的方式起草了合约,这种避税方式当时从法律上来说是完全合法的,不过因为备受指责后来就被宣布为不合法了。不过马歇尔说他们的信托基金运作得很合理,没有出现问题。

"至今我还每个月从那个基金里面得到两三千美元。我们每个人投入了1 000美元,大概每个人都赚到了50万美元。"

马歇尔一家还持有那些股份,不过芒格已经给了自己的孩子。

阿罕布拉项目开始的时候,芒格问马歇尔是否有兴趣投入15 000美元和他一起做项目。马歇尔当时还在到处面试,虽然手头很紧,他

79

还是同意了。

"他所在的行业正在下滑，而他却有五个孩子要抚养，"芒格说，"我知道他是个好人，需要做点别的事情。我让他负责销售，告诉他'建立你自己的部门'。他以前从来没有做过这样的事情，不过很有天分。他喜欢自己所做的事情，取得了巨大的成功。"

马歇尔总是和芒格开玩笑说要把阿罕布拉项目的广告语写成"下水道小茅屋"，因为这块地原先是帕萨迪纳污水处理厂所在地。

布思选择退出是因为土地不是自有的，只获得了市政府49年的租约。通常贷方不会给租期少于50年的开发项目提供贷款，不过芒格并没有被这个情况所吓倒。他知道一家本地的借贷银行——国家保险公司通过将存折手续费从1%提高到1.5%，迅速得到了6 000万美元。他们急着要把钱贷出去好赚利息。马歇尔说贷方除了问他们是不是需要再多借点钱之外，什么问题都没问。

芒格处理情况的手法让马歇尔确信，芒格对未来的事情会通过独立思考，得出和别人不一样的结论："而且我从来没有看到他错过。"

芒格这样看事情："我和巴菲特各自从学校毕业进入商场，发现一些习以为常的事情其实极端不合理，这些不合理的事情显然对我们要做的事情非常重要，但教授从来没有提起过。要理解这些不合理的事情很不容易——我几乎在违背自己意愿的情况下去学了人类误判心理学：我认识到自己的抗拒态度会让自己浪费很多钱，还会降低对自己所热爱的事物起到的帮助作用。"

芒格处理商务问题的独创性让马歇尔大为安慰。

"和芒格一起工作有一件事情很好，"马歇尔说，"那就是对谁是老板毫无争议。"

马歇尔同意负责阿罕布拉绿色山庄项目的销售和市场部后，他警

第6章 赚到第一个100万

告芒格他对销售几乎一窍不通。马歇尔说他甚至不愿意对潜在买家说任何并非真实的事情。一旦顾客问起土地承租权的事情，49年后会怎么办，马歇尔跟他们说他也不知道，这事情要由业主和市政府共同协商解决。大概有三分之二的潜在顾客因为这个问题而退缩了，不过房子还是很快就卖完了，更值得一提的是洛杉矶当时正在经历史上最严重的一次房地产衰退。

单层房屋是一个卖点，不过另一个优势是这个地理位置离市中心只有20分钟车程。市政府也及时变更了政策，将地皮卖给了业主联盟。

虽然芒格的房地产投资有着这样那样的问题，但相对来说都是些小问题。自住式公寓从来没有任何法律诉讼或者要长期跟进的问题。一旦售出，财务交割完毕，整个项目就结束，和他就没有关系了。

在开发过程中，芒格还发现自己有建筑师天分。他的洞察力和热情可以转化为耐用舒适的空间设计。芒格喜欢做开发和建造，不过担心自己如果要做成功的建造商，对借贷的依赖程度会越来越严重。芒格和马歇尔又开发了一个项目，不过决定那将是他们最后一个项目。

在最后一个项目中，芒格把一小部分单元放在了一条主路上。那块地实际上属于阿罕布拉，不过离高档住宅区很近，看起来似乎是一个更加理想的住所。房子又一次一眨眼就卖完了。辛勤的工作最终有了回报。芒格从职业生涯中的房地产阶段抽身而退，带着足够的钱开始投入自己的独立投资生涯。

"结束的时候，我在房地产开发中一共赚到了140万美元，"芒格说，"当时那可是一大笔钱。有些是从买房子的人那里拿到的汇票。后来这些积压了很久的汇票也都兑现了。我一共做了5个项目，然后就收手了，因为不喜欢时常跟别人借钱。当然，还有一个原因，这是一项涉及许多细节的工作，每个细节都很重要，全职做都很不容易，更何况是兼职。"

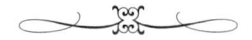

芒格开始做项目的时候并不完全是个建筑业新手。他刚到洛杉矶没多久就在艾芝伍德大道造了自己的房子，1960年又收购了汉考克公园两块大型地块上的一幢大厦。他拆除了大厦，以相当可观的利润出售了其中一块地皮。在另一块上则为新家庭建造了一幢房子。芒格一家至今还住在那里，只是扩建翻新了好几次而已。

埃米莉·芒格是家里最小的女儿，她出生时芒格一家住在罗斯科马尔大街的房子里，那是南希结婚时带来的。1岁的时候家里搬进了汉考克公园的六月大街。新房子让芒格家的生活轻松很多，因为芒格再也不需要在高峰时间开车穿越洛杉矶往返办公室和家之间了。

"我们骑车上学，也在居民区里骑来骑去，"埃米莉说，"现在这里是市中心，那时候看起来就是一个小镇。我家附近有8个女性朋友。我是非常幸运的人，从小周围总是有和我年纪差不多的孩子，还有快乐稳定的家庭和好朋友。"

六年级前，埃米莉都就读于家附近的第三街道学校。七年级到十二年级间则去了私立学校。"我妈妈读的也是那所学校，我很喜欢，到现在还有一群女性朋友整天在一起玩。虽然偶尔有一两个电影明星的小孩来就读，但并不是真正的好莱坞学校。它更传统。我有一个很棒的生物老师，因此很喜欢上课。"

芒格和南希仍然认为六月大街的房子是他们的根据地。

"你到了40岁回去，老房子还在那里，这感觉相当与众不同。我的大多数朋友都还在。很多家庭可能已经分崩离析，或者至少也搬家了。孩子们能在同一个社区是天赐的礼物。"埃米莉·芒格说。

巧的是，巴菲特的子女们长大成人的时候也住在奥马哈相对朴素的房子里，他们也表达了与埃米莉相同的感受。

芒格乐于看到自己的工作有一些实质性的成果，因此还是很喜欢参与建筑项目。芒格总是跟别人说："我不相信做任何事都可以不用亲自动手，也不想像拉塞尔·塞奇（早期财政家）被人们记住的那样只有买进和卖出小纸片的本事。"

在星岛，几乎永远都在改造一个房间或者新建一个码头。戴维·博思威克和妻子莫莉要买下英格兰一幢乡村小屋前，他们跟芒格咨询了很久才做出决定。芒格用为莫莉设立的信托基金帮助她修建了房子，还抱怨温迪不愿意用同样的方式处理她在南帕萨迪纳的旧大宅。她喜欢自己家现在的样子，觉得和周围社区很相称。

位于哈佛-西湖中学的芒格科研中心在设计过程中芒格给予了很多意见。他和建筑师们会面，反复讨论多次后最终做出了最适合那个场地的设计。看起来芒格可以在不强迫设计师和施工方改变意见的情况下让自己的愿望得以实现。

"不，他不会得罪人，"布思说，他也是哈佛-西湖中学的校董，"他可以把话说得巧妙而有趣。"

芒格在规划芒格科研中心项目时发挥了这种技巧。当他看到男女厕所的面积一样大时，问道："你们打算在这幢教生物的大楼里面这样做吗？"

布思说校园里还有另外一栋建筑，是体操馆和艺术馆的综合体。经常把设施在体操用途和剧院之间改来改去费时费力，人们在讨论是不是花点钱索性变成单功能的建筑。芒格对董事会说："你们看，男人只有一个器官同时有两种功能，而且常常惹麻烦。"

芒格也同意幽默很有用，尤其是反对专家们在自己领域中的意见时更是如此，不过他觉得自己有时候还是得罪人了，要时时警惕别太过火。

之前不久他做了另一个商业开发项目，是威斯科金融公司在圣巴巴拉的一项物业。威斯科金融的前身互助储蓄1996年时买断了这块沿海未开发地块。

这个开发项目的正式名称是海边牧场，但是电影《美好人生》里出现了"波特山庄"后，巴菲特就管它叫"芒格山庄"。"他常常要把芒格山庄里的东西卖给我。"巴菲特埋怨道。

芒格山庄位于圣巴巴拉南端的一个高价亲水社区，夹在太平洋和沿海山脉之间。这一带到处都是柑橘树林、桉树、橄榄树、夹竹桃、洋槐和金钟等植物，这一切都为早期加利福尼亚式的房产项目增光添彩。

当地建筑管理部门和加州海岸委员会讨价还价了好几年才就海边牧场项目的规划达成一致意见。只有一半的房子有无敌海景。芒格说私家路、排污设施、各种其他费用，包括高昂的考古义务成本都很高，房子会卖得很贵，而开发的利润却相当有限。"为获得土地完全使用权，我们向圣巴巴拉郡出让了土地总值的很大一块。"他说。

"我要开发那块地是因为我不想让地区政府用他们的方式敲诈我。现在我知道如果我当时让他们敲诈我，经济上来说我会收益更高。"

1989年芒格向股东们汇报说："对这块地的合理开发已经搁置了14年，始终在取得土地使用法许可的过程中。不过，令人惊叹的是，土地上有8幢房子和一些休闲设施都处于不同程度的完工阶段，是已经获得批准的32幢房子中的一部分。互助储蓄计划在各个方面都把这个项目做到一流，尤其是景观设施，更会非常特别。"

用今天的标准来看，这块地，在报表中记录为200万美元，的确物有所值。实际上，芒格和南希现在经常去度周末的那幢房子所在的两个地块也花了 210 万美元。

布思相信芒格对行政要求的回应是很有创意的。"圣巴巴拉的海边牧场项目做得很漂亮。那块地受限于太多条款，他一定要有想象力才能解决这个问题，他成功突围了。"

虽然芒格山庄有很多卖点，销售情况却欠佳，很多买家还都是芒格自己的朋友和同事。居民名单看起来就像是芒格以前的律师事务所的通讯录。

布思也在芒格山庄买了房子，不过是饱受威胁后才买的。"我买是因为芒格让我日子很难过。其实我根本不需要另一幢房子。"

当芒格开始在高风险的房地产开发行业挣自己的第一个 100 万美元时，尚未与他见面的沃伦·巴菲特也在奥马哈给自己打基础，为巴菲特合伙事务所累积资产。那时，卡罗尔·安格尔博士参加了巴菲特的夜校投资课程，和丈夫威廉·安格尔一起投资了巴菲特合伙事务所。比尔·安格尔和他弟弟约翰·安格尔，现在是林肯镇监护人人身保险的执行官，都是芒格在密歇根大学的至交好友。他们共同的朋友越来越多，不过各自的轨迹还是没有交错到一起。

第 7 章
巴菲特和芒格的首次碰撞

> 我看得到,他听得进。我们是绝妙的组合。
> ——沃伦·巴菲特如此评论自己的搭档兼朋友查理·芒格

在内布拉斯加州奥马哈,商人李·西曼常常和查理·芒格的父亲阿尔弗雷德·芒格一起在奥马哈周边的沼泽、湖泊和河流中猎野鸭。李也会和家里的另外一位成员鲍勃一起去打猎。鲍勃是一只红毛混种大型犬。阿尔弗雷德有很多朋友,不过鲍勃是最亲密的一个。李说阿尔弗雷德称鲍勃为受过大学教育的狗,它还有一些其他的天分,从而在打鸭子方面特别有优势。要是这只狗错过了一只鸭子,阿尔弗雷德会说:"鲍勃,那儿还有一只呢。"鲍勃就会四处张望然后奔出去,当它带着鸭子回来时,阿尔弗雷德就会温和地责备说:"像你这样受过高等教育的狗怎么会漏掉一只鸭子呢?"

鲍勃有许多小把戏。客人到芒格家来拜访的时候,阿尔弗雷德会说:"鲍勃,要是我跟你说去地下室你该怎么做?"鲍勃会冲到地下室

第 7 章 巴菲特和芒格的首次碰撞

去，过一会儿慢悠悠地走回来，在主人椅子边躺下。然后阿尔弗雷德会再说一遍同样的话，只不过更快些。"鲍勃，要是我跟你说——你该怎么做？"鲍勃就会跳起来跑向地下室。最后阿尔弗雷德只是说："鲍勃，要是——"鲍勃就会一溜小跑走开。

有一天，李、阿尔弗雷德和几个朋友一起去奥马哈附近的一个湖边狩猎。"那天冷得要死，"李说，"鲍勃捡回来很多鸭子，其实它已经年纪很大了。水很深，我们不得不用绳子绑住捕猎用的圈套，风也刮得很大。鲍勃抓到最后一只鸭子后就被绳子困住了。阿尔弗雷德快发疯了，他爬到船里面去救它——那个时候阿尔弗雷德年纪也不小了，心脏病还发作过一次。他把船划向鲍勃，不过阿尔弗雷德既不强壮也不灵巧，等他划到那里趴在船边去拉鲍勃的时候，船翻了。他瞬间就被冰淹没了。我也急了，不仅担心鲍勃，更担心阿尔弗雷德。他们紧紧抓住船，我把船翻回来，鲍勃爬了进去。它和我们配合，不过看起来更像是好玩。我们把阿尔弗雷德也拉进来，他一上来就说：'千万别告诉我太太这件事。'"

狩猎团中的其他成员跑回岸边停车的地方，发动车子让暖气供应起来。他们谁都没有告诉他的太太发生了什么，阿尔弗雷德安然无恙地度过了这次事故。

"阿尔弗雷德爷爷 1959 年去世了，他就像是诺曼·罗克韦尔（美国著名插画家）笔下的爷爷形象，"温迪回忆说，"他带着无边眼镜，有一个小珍宝盒，每个孩子都可以从里面挑一块糖。"

父亲的离世给他留下痛苦的空虚感，不过阿尔弗雷德生命的终结却打开了芒格人生的新篇章。他回家乡去料理父亲房产时，经人介绍认识了年轻的沃伦·巴菲特，那是一次会改变很多人命运的见面，也是芒格常说的那种成功组合的绝佳例证，几个好点子凑到一起爆发出惊人的结果。在这件事中，就是两个智力超群、价值观相同的人走到了一起。

"巴菲特和我一开始就相处得非常融洽，自此以后就一直是朋友兼商业伙伴，虽然之前我们各自的多项投资之间并没有什么重合之处，"芒格说，"以我的背景，怎么可能错过一个乐意读书、考虑为杂货店开展送货上门服务、可以从任何读过的东西中有所收获的人呢？他甚至可以从他祖父留下的名为《如何运作一家杂货店以及我所了解的钓鱼技巧》这样的手写稿里学到有用的东西。"

第一次在奥马哈谈过后，巴菲特和芒格继续通过电话进行讨论，常常一谈就是几个小时。虽然芒格和几个朋友正打算开一家新的事务所，巴菲特却催他放弃法律做一个专业投资人。在巴菲特著名的演讲《格雷厄姆和多德式的超级投资家》中，他说自己刚见到芒格就对他说："法律作为兴趣爱好挺不错的，不过他可以做得更好。"芒格在工业公司和房地产开发中的经历让他在生意上胃口大开，虽然当时还没有完全准备好放弃法律事业。

由于巴菲特的朋友和老同事本杰明·格雷厄姆退休后移居比弗利山庄，巴菲特和苏西渐渐熟悉了加利福尼亚，很喜欢当地的气候和他们所认识的那些人。他们一有机会就过去。

"见到芒格没多久，我去加州见本杰明·格雷厄姆和埃斯蒂·格雷厄姆，然后我去和芒格碰头，当时他们还住在罗斯科马尔大街。南希被我的饮食习惯吓到了。"

她的确被吓到了。

"我记得芒格回来的时候说他遇到了一个非常聪明的人，"南希说，"他对于见到巴菲特很兴奋。大概一个月后，他就来我们家吃晚饭。我准备了牛排做主食，还有三种蔬菜。我注意到巴菲特一种都不

第7章 巴菲特和芒格的首次碰撞

吃。我们的甜点是冰激凌，他很高兴。"

巴菲特第一次去芒格家的时候埃米莉还是一个婴儿，当她注意到巴菲特是一个非常重要的客人的时候年纪也还很小。"我记得他的来访，心里想爸爸和巴菲特怎么那么像，"埃米莉说，"他们的声音、笑声都很像。他很挑食，非常爱喝百事可乐——对于我们小孩子来说，看到一个大人这样爱喝可乐觉得很滑稽。"

芒格的大女儿莫莉说自己记不得巴菲特进入他们生活的确切时间："我还记得，爸爸整天都在和巴菲特打电话。"

爸爸和巴菲特关系突飞猛进的这段时间里，莫莉也开始自己做主了。首先，她不顾爸爸的反对决定去一所没有任何朋友、学生多来自低收入和少数族裔家庭的高中。芒格后来让步于自己这个任性的女儿，对她说："莫莉，你这样做就等于是自己照顾自己，也拜托你照顾好自己。"

高中毕业后，对于是否去东海岸读一所常春藤盟校，她面临着压力和不确定性。她毕业于拉德克利夫学院，后来又待在新英格兰完成了哈佛法学院的课程。莫莉回到加利福尼亚的时候，家里发生了好几件重要的事情。爸爸已经年过五十，拥有好几百万美元的资产，他的商业生涯和巴菲特密不可分。这看起来对两人都是一种相当合理的长期安排。

"爸爸总是在买小公司，"莫莉说，"和巴菲特一起，他们手头有太多资金可用。"

芒格已经和好几个搭档合作过了，巴菲特却基本都是孤军作战。"我们看到双方都有些怪脾气，不过恰巧相当合拍，从此以后就以这样那样的形式成了伙伴，"巴菲特说，"我们不是非常正式的合伙人，不过精神上我们从来都是合伙人。"巴菲特有时候称芒格"世道好的时候是初级合伙人，世道不好的时候就变成资深合伙人"。

89

虽然见面后不久他们就决定合作，基于信任和双方对彼此智力的深深尊敬，这种合伙关系逐步推进、水到渠成。

"在蓝筹印花的收购案中我们毫无疑问是合伙人，"芒格回忆说，"在成立多元零售公司以低于固定资产价值的价格收购百货商店的时候我们也无疑是合伙人，那是典型的本杰明·格雷厄姆的手法。"

从 20 世纪 60 年代到世纪之交，这两人总是通过电话分析商机，一个星期要聊上很多次。每当一笔交易成交的时候，他们就同时出现在一个地方。一旦有一方不能到场，另外一个人也可以单独执行。"我们都太了解对方的想法，即使另外一个人不在也不会出什么问题。"巴菲特说。

巴菲特遇见芒格的时候才 29 岁，不过已经在投资方面很有经验了。他从小就听做股票经纪的爸爸说这些事情，在霍华德巴菲特大厦里的经纪办公室玩耍。金钱让巴菲特着迷，投资是他从小就迷恋的事情。在内布拉斯加州立大学念书的时候，巴菲特读到了一本书，是本杰明·格雷厄姆写的《聪明的投资人》，这为他指明了前进的方向。那是 1949 年，格雷厄姆算得上是华尔街智囊团团长，是全美最成功最知名的财务管理专家。巴菲特考上了哥伦比亚大学的商学院研究生，格雷厄姆在那里上课，后来他在格雷厄姆的纽约投资公司里短时间工作了一阵。格雷厄姆退休后结束了生意，巴菲特回到奥马哈设立自己的投资公司。他的第一批客户都是那些已经知道他有多聪明的亲戚，还有一些是格雷厄姆以前的投资人，他们在寻找下一个本杰明·格雷厄姆，觉得有理由相信巴菲特就是那个人。

芒格为这个财富组合带来了法律观念，不过以他在商业世界中短暂尝试获得的经验，他也理解业务是如何运作的。"芒格能比世界上任何人更快更准地分析和评估任何一项交易。他能在 60 秒内看到所有可能的缺陷，是一个完美的合伙人。"巴菲特说。

第7章 巴菲特和芒格的首次碰撞

在研究和收购像蓝筹印花和喜诗糖果这样的零售类商店和公司时，芒格和巴菲特都在督促自己去更广阔的天地有所作为。同时他们也在学习如何做一对高效率的合伙人。

"一个理想的合伙人应该有独立工作的能力，"芒格解释说，"你可以做一个主导合伙人、从属合伙人或者一直都是地位相同的合伙人，这三种我都做过。人们不相信我会忽然变成巴菲特的从属合伙人，不过的确有人对于做从属合伙人没有意见。我并没有特别放不下的自尊。总有人在某些方面比你厉害。要做领导者，你就要先学会跟随别人。做人应该学会扮演所有的角色，在不同的人面前你可以有不同的身份。"

和李克·古瑞恩一起工作的时候，芒格与他之间的关系就和他与巴菲特之间的不一样，即使做的事情是差不多的。实际上，古瑞恩有时是芒格和巴菲特促成的一些交易中的另一位合伙人。

"芒格年纪比我大，又有法律经验，"古瑞恩说，"你也许会说他是资深合伙人，但他总是乐于倾听、思路开阔。要是你说：'芒格，别说了，听我说我的想法。'他一定会听的。"

有一位朋友曾经评论道："在你能够观察的那些方面，芒格和巴菲特是非常相像的。巴菲特的一个优势就是他非常擅长说不，而芒格比他更擅长。巴菲特将芒格作为最后的检验。如果芒格也想不出任何理由不做某件事情，他们就会放手去做。"

巴菲特称芒格为"讨人厌的不先生"，不过卢·辛普森说这完全就是个笑话。芒格一点都不是个消极的人。"芒格没有思维定式，他的想法与众不同，常常得出一些有趣的结论。他能把注意力集中到那些对决策非常重要的事务上。芒格会提出很多否定意见，不过他和巴菲特最终会得出相似的结论。"

他和巴菲特思路相近并不总是一件好事。"如果有一个错误我们

91

中的一个人没有想到,那很有可能是两个都想不到。"芒格说。

芒格和巴菲特之间的关系并不仅仅是商业合作。虽然芒格任性、固执己见、行事鲁莽,巴菲特说:"他是我能找到的最佳拍档。"

在这个智慧组合中有一个要素,虽然不太显眼却深深根植于他们的内心,那就是老一代投资专家本杰明·格雷厄姆的存在。正因为格雷厄姆现在和芒格住在同一个城市,那两个人才得以熟识起来。从某种方面来说,巴菲特的两位最亲密的伙伴之间有惊人的相似。两个人都崇拜而且刻意模仿本杰明·富兰克林。这三位,富兰克林、格雷厄姆和芒格,他们各自挚爱的大儿子都因病去世,而那种病几年后都变得可以预防或治愈。

格雷厄姆(于1976年去世)和芒格都擅长讽刺性的幽默,两人都有一种傻乎乎的幽默感会时不时地发作。他们都对文学、科学和教育后代很有兴趣,两个人还都喜欢引经据典。芒格最喜欢的一句话是亚里士多德说的:"要避免嫉妒,最好的方法就是让自己的成功实至名归。"

和芒格一样,格雷厄姆出了名的正直、忠于目标和尊重现实。他常常告诫自己的学生要在华尔街成功就必须做到两点:首先要正确思考,其次要独立思考。

芒格也非常推崇独立思考:"如果在你的思考过程中你完全依赖他人,总是购买别人的专业意见,一旦离开你自己的小天地,就会大难临头。"芒格认可在需要保健建议的时候应该请一名医生,必要的时候也需要一名会计师或是其他专业人士。不过他不会全然听信这些专家的意见。他斟酌他们所说的,然后自己研究,看是否有其他可能,最后才得出自己的结论。

第 7 章 巴菲特和芒格的首次碰撞

正如卢·辛普森所指出的那样，芒格可能并没有意识到自己的思考方式和格雷厄姆是如此相像。不过话说回来，芒格和格雷厄姆之间在某些方面的确相距甚远。格雷厄姆一生都绯闻缠身，而芒格则没有这种名气。芒格生命中最重要的女性就是他的太太和三个女儿，而随着芒格的职业生涯逐步向前，两人有关投资哲学的分歧也越来越明显。

巴菲特1968年在加利福尼亚的科罗纳多组织了一次广为人知的会议，芒格也参与了。巴菲特的一群投资伙伴和格雷厄姆相会，讨论应对股票熊市的最佳方法。在会上，巴菲特把芒格和他的法律搭档介绍给了他在纽约求学工作期间认识的朋友们。格雷厄姆派系中的人包括红杉基金的创始人比尔·鲁安，美国互惠基金公司特威迪布朗的汤姆·纳普、沃尔特·施洛斯、亨利·勃兰特、戴维·戈特斯曼、马歇尔·温伯格、埃德·安德森、巴迪·福克斯和杰克·亚历山大。这些高水准的投资者让芒格印象深刻。

尽管如此，芒格并不和巴菲特一样对格雷厄姆特别有感情或者特别欣赏。格雷厄姆的一些观点芒格完全不感兴趣。"我认为很多都是无稽之谈，"他说，"完全无视现实情况。"

芒格特别指出："格雷厄姆思想中有盲点。他没有意识到有些生意值得前期投入。"

不过芒格也赞同格雷厄姆最基本的理论，这也是巴菲特-芒格成功公式中的一部分。"对于私人投资者来说，价值的最基本概念就是当你买进卖出证券时，衡量依据是内在价值而不是当时的价格——我认为这种理论永不过时。"芒格说。

虽然芒格对格雷厄姆老派的"香烟屁股"股票理论一点都没兴趣，但他对溢价购买资产还是相当保守的。"我从来不会买超出内在价值的股票——除非在很少的情况下有沃伦·巴菲特这样的人在负责买卖,"芒格说,"很少有人值得你多付一点钱以获得和他之间的长期合作优势。投资游戏总是要同时考虑质量和价格,关键就是用付出的价格得到更好的质量。事情就是这样简单。"

巴菲特一生都和那年夏天在科罗纳多的大部分人保持交往,他跟格雷厄姆吹嘘后来发生在大家身上的事情。"他们当时都称得上条件尚佳,而现在都很富有。他们并没有成立像联邦快递这样的公司,只是一步一个脚印地走下去。这一切都归功于格雷厄姆,就这么简单。"

在科罗纳多的时候芒格正在替代格雷厄姆成为巴菲特的心腹好友和顾问,虽然说不上是显而易见,不过这个过程也已经开始了。《财富》杂志的编辑兼作家卡罗尔·卢米斯评论说,虽然巴菲特仍然尊敬格雷厄姆的意见,芒格却帮助他拓展了自己的生意手法,向前迈进了一大步:

> 芒格遇见巴菲特的时候已经对好生意和坏生意之间的差别了然于胸。他是万国收割机公司在贝克斯菲尔德的经销商主管,看到要挽救一桩内在价值平平的生意是多么的难;作为一名洛杉矶人,他注意到了《洛杉矶时报》的光明前景;在他脑海里没有"便宜货"这一信条。多年来他一直向巴菲特灌输自己对好生意的概念。1972年,后来并入母公司伯克希尔的蓝筹印花以账面价值的3倍买下了喜诗糖果,开创了好生意的年代。

巴菲特也赞同卢米斯的说法。"本杰明·格雷厄姆教会我买便宜货,而芒格把我推进了不要光买便宜货的投资方向。这是他对我最大的影响。要把我从格雷厄姆有局限性的观点中释放出来需要巨大的力量,那就是芒格的意志力。他让我视野变得更开阔。"

巴菲特说他慢慢地在很多事情上和芒格的看法一致起来。"我是逐渐改变的,"巴菲特说,"我并没有一下子从猿变成人或是从人变成猿。"

第7章 巴菲特和芒格的首次碰撞

对于这点，巴菲特还补充了一个简单的评论："好家伙，要是我只听格雷厄姆的话，我可能比现在穷很多。"

说是这么说，巴菲特还是很快就把自己从格雷厄姆和芒格那里学到的东西结合起来。"我开始非常热衷于以合适的价格购买优质业务。"他说。

1968年巴菲特在科罗纳多组织的会议演变成了每两年举行一次的学习小组派对。最早的巴菲特小组由13名投资者组成，现在已经有60多位顶级公司执行官和巴菲特的私交好友参加。巴菲特和芒格会与老朋友阿尔·马歇尔、沃尔特·施洛斯、比尔·鲁安以及新朋友如凯瑟琳·格雷厄姆和比尔·盖茨一起交换意见。

"我们的小组"，巴菲特这样称呼，在巴哈马的新普罗维登斯岛、爱尔兰的都柏林、弗吉尼亚州的威廉斯堡、新墨西哥州的圣达菲、卑诗省的维多利亚都举行过会议，在加利福尼亚的蒙特利更是举行过不止一次。有一年他们把女王伊丽莎白二世号邮轮包下来开到英国去，整个航程中都在下雨。大家轮流做东，谁举办活动谁就可以挑地方。

小组还举行各种研讨会，话题覆盖公共政策、投资、慈善事业、生命中最艰难和最可笑的时刻。有一次芒格做了一个有关爱因斯坦相对论的演讲。没什么人有兴趣，不过大家都觉得有必要去听一下。一位成员回忆说："要是巴菲特在，他可能会听得懂。我觉得其他人都不懂他在说什么。"

第8章
只做最好的律师事务所

有人曾经告诉我,纽约的律师比普通人还多。

——沃伦·巴菲特

"当然父母从来都没特别为学法律而培养我们,"温迪·芒格说,她是一名律师,兼职在加利福尼亚大学洛杉矶分校法学院教仲裁法和谈判技巧。不过她又补充说:"我们的确是一群口齿伶俐的孩子。"

埃米莉·芒格在决定报考法学院时绝对受到了家庭传统的影响。"法律是了解家庭文化的一种途径,"她解释说,"我认为我们都很有分析能力。菲利普没有选择法律,不过他完全有机会这样做。他喜欢阅读、思考和分析,曾经两次作为高中辩手赢得加州冠军。"

虽然并没有什么远大的计划,但芒格家的孩子们在选择职业时都倾向于跟随家族传统。南希和芒格的八个孩子中的四个都成了律师,其中五个和律师结了婚。

莫莉·芒格是兄弟姐妹中第一个这样做的,虽然她选择法律更多的是出于本能而没什么特别原因。"我们家没有什么与众不同的观念——女孩长大后结婚，应该有点事情做，万一你的丈夫去世或者发生了别的事情。这种想法影响了我。我在拉德克利夫学院的最后一年，别的女孩都有了订婚钻戒。我并没有想我要和爸爸一样去读哈佛法学院，不过当我意识到自己没有工作时，认为应该去读大学。读经济专业的话，我的数学成绩不够好。然后我填了哈佛法学院的问卷，里面问你们家是否有任何人曾经在哈佛读书……"

对莫莉而言，这仿佛点亮了一盏明灯。她知道自己这样做是对的。查理·芒格通常不轻易表露自己的感情，这次却以一种迂回的方式让大女儿知道自己对她的决定有何感受。

"圣诞节或是生日的时候，他通常都是写一张支票或者给现金，只有很少几次例外，"莫莉说，"对于他来说上街购物是非常可笑的想法。他总是给我们买他最爱的布克兄弟的礼券让我们去挑礼物。还有一次他忽然对一种公文包着了迷，就给我们每人买了一个。当我大学毕业的时候跟他说：'我毕业了。你要是能给我买块表就最好了。'他从文件堆里抬起头说：'对啊，那很应该。去自己挑一块手表然后把账单给我吧。'当我正准备出门的时候他又一次抬头说：'记得让他们刻上字：来自你亲爱的父亲。'他就是这样一种爸爸。我在法学院的第一年，住在一间破破烂烂的剑桥双人学生公寓里，暖气少得可怜，室友整个冬天都站在火炉旁边取暖。我拆开爸爸寄给我的包裹，里面是四个人的大头照片，装在精致的相框里，分别是我曾祖父、祖父、爸爸和我自己的高中毕业照，还有一行他亲笔写的小字——'来自爸爸的爱'。所以你可以想象我当时的惊奇程度，不由得紧紧抱住了那个相框。"

虽然一开始有些矛盾，莫莉还是愉快地投入了这一职业。她在洛杉矶检察官办公室任公诉人，后来又创办了一家私人公司专门起诉金融罪犯。最后，她又听从自己内心的召唤转投公众利益法。20世纪90年代后期加州有一项撤销学校和政府机关反歧视行动的提案，莫莉领导一个社会联盟对此进行了不屈不挠的斗争，尽管最后并没有成功。她和一些同事以及自己的丈夫成立了一个名为"进步项目"的公众利益法组织。在那里，莫莉继续从事她之前为国家有色人种进步委员会和其他人权组织做的事情。

1962年，巴菲特开始买入处于困境中的新英格兰纺织制造公司的股份，这就是伯克希尔的前身，同年在查理·芒格的帮助下，两家新公司在洛杉矶成立了。第一家是律师事务所，第二家则是一家证券公司，名为"惠勒和芒格"。

一群从缪齐克、皮勒和加勒特律师事务所脱离出来的律师劝说芒格和他们一起成立一家律师事务所，他们很快就以"超级律师团"而声名远扬，这家小事务所的客户不仅在洛杉矶，还遍布全美。芒格在缪齐克、皮勒和加勒特律师事务所工作了13年，然后和另外6名律师一起跳出来成立了自己的事务所，这些人中还包括罗德·希尔斯（后来成了证券交易委员会主席）以及他的太太卡拉·安德森·希尔斯（后来担任了美国贸易代表）。他们的想法是成立一个民主单位，满足最高标准的执行准则，只招收最优秀的人，在各地建立最好的律师事务所。

罗伊·加勒特那时已经患了心脏病，为减轻自己的负担，他为公司聘请了一位高管，这个人被芒格形容为"控制狂"。那些有经验的律师最终厌烦了这个人，纷纷离开公司，芒格也是其中一员。

"当时对缪齐克、皮勒和加勒特律师事务所来说，这个新事务所的成立并不全然是令人痛心的损失，"芒格说，"大家都不想看到弗雷德·沃德和迪克·恩穗德离开,不过很多人都会庆祝另外一些人的消失,特别是罗德·希尔斯和查理·芒格。新的合伙人特别讨厌罗德·希尔斯,因为他常常担任的工作在其他事务所里不会被这么年轻的律师负责。"

南希·芒格回忆起这段叛离的日子,认为是她人生中最令人激动的时期:"房地产开发项目正在进行中,关于建立新公司的讨论多数都是在我们家进行的。芒格还成立了他的第一家投资公司。他和过去彻底告别。我并没有特别害怕,因为我有信仰,所以并不担心。我又生了几个孩子,好好地过着日子。"

她对自己丈夫的了解让她对新项目充满信心:"他看人相当准——哪些可以交往哪些不可以,"南希说,"他避免和那些会惹麻烦的人搅和在一起,这非常有用。"

相比芒格,罗德·希尔斯才是新公司的真正幕后主脑。作为一名有智慧的律师,他语速很快,工作量很大。他出生于西雅图,不过很小的时候爸爸就失去了工作,于是举家迁往加利福尼亚。在途中车坏了,他们一路搭顺风车到了洛杉矶。希尔斯在洛杉矶东部长大,橄榄球打得很好,因此得到了奖学金去读斯坦福。他进入法学院后找到了自己想要从事的职业,毕业后在美国最高法院任职。是芒格把他招进缪齐克、皮勒和加勒特律师事务所的。

"那并不是最难进的一家事务所,"罗德说,"不过他们里面有一些人特别与众不同,比如芒格。3年后,公司升我做合伙人。出于很多原因,我决定拒绝。我们有一个小孩,我妻子是助理地区检察官,有一位资深合伙人我有时总看不起他,于是我决定退出。芒格说那他也辞职,我们可以合租一间办公室。他说他再也不想做律师了,我说可以啊,只要你让我在公司名字里用上你的名字。芒格是我见过的最特别的人。在很多方面他都让我想到了弗兰克福特大法官。两个人有同样的思路，不会凭表面价值判断事务。他几乎对所有事情都感兴趣，因此看事情的角度会和别人非常不一样。他是一个公平的人，能理解别人的偏见和弱点并因此留下余地。他不和别人一样充满批判精神，不是普通的律师。他服务于自己真正关心的客户，有些人是我不肯为之服务的。他以前常说：'你为什么要坚持做一名传统型律师呢？你们是哈佛、耶鲁和密歇根大学的顶尖学生，很多人在联邦法院任职。做一些其他人做不来的事情吧。'"

当他们自立门户的时候，罗德31岁，卡拉·安德森·希尔斯28岁。对于他们而言，芒格虽然只有38岁，行为举止却像个老年人，头发灰白、行事成熟。

卡拉是土生土长的洛杉矶人，考进了斯坦福，在学校里因为打网球而声名远扬。她后来又去了耶鲁法学院。1958年毕业后在洛杉矶担任了两年的助理检察官。

"爸爸和卡拉在工作方面联系得很密切，"莫莉说，"他说她是一名优秀的律师。"虽然莫莉当时没有特别意识到，她父亲对卡拉的赞扬也许同时也是一个他接受莫莉学习法律的信号。

有些律师去新的事务所时会把客户也带去，芒格也不例外。罗德估计早年芒格的客户占到了公司至少10%的业务。此外，罗德说芒格还帮助他们维护已有客户并吸引新客户。

"我们最早的客户有通用航空动力公司和联邦默高，"罗德回忆说，"因为芒格的存在，公司看起来相当有实力，于是他们都把业务转了过来。恰克·里克肖瑟当时在另一家事务所，不过同时也担任加州公司法专员。要不是芒格在，他也不会加入我们公司。因为他的加盟，太平洋海岸证券交易所也成了我们的客户。"

罗德说事务所一开始就健康蓬勃地成长起来，后来越变越好。"第一年我们公司真的赚了大钱，很快我就成了富人。我赚到钱后，有人建议我进行一项合法减免所得税的投资。我说:'芒格,我有一个绝妙的投资机会。'我觉得那真的很好,不过芒格说:'我对规避所得税有一项更好的建议,把钱都给我就行了。'我说:'我倒是很有兴趣知道你打算怎么做?'他说:'我就把钱存起来。反正你早晚会血本无归的。我会把税款付了,永远感激你所做出的贡献。'我听从了他的劝告,没有参与那项避税投资。"

从1962年到1974年,罗德和卡拉都是事务所的合伙人。卡拉积累了反垄断和证券类案件的经验,同时也以客座教授的身份在加州大学洛杉矶分校授课。1973年卡拉被尼克松总统任命为助理大法官,从此希尔斯夫妇开始了从政生涯。1974年2月大法官艾略特·理查森因水门事件中"星期六夜大屠杀"而辞职后,这一职位就无人担当。不过下一任大法官威廉·萨克斯比延长了这一任命。卡拉成了助理大法官,负责司法部民事法庭。1975年,福特总统提名她担任住宅与城市发展部的秘书长。1989年到1993年,乔治·赫伯特·沃克·布什总统在任期间,她是美国的贸易代表。现在她开了一家咨询公司,帮助公司解决贸易争端。

罗德也在白宫政坛平步青云。1974年他离开芒格和托尔斯律师事务所成了福特总统的白宫首席顾问,最终还担任了证券交易委员会主席。现在他有一家咨询公司,多数时间都在处理公司业务,重组或关闭有问题的公司。他最广为人知的政绩就是在垃圾债券丑闻后处理了德崇证券,这家公司现在已经不复存在。最近他接手了联邦默高和废物处理公司的业务。

虽然希尔斯夫妇一度定居在华盛顿,他们仍然与芒格和托尔斯律师事务所保持联系。希尔斯夫妇的四个孩子中有三个成了律师。女儿嫁给了芒格和托尔斯律师事务所旧金山办公室的一名律师。

在最早的那几年,芒格不断地巩固那些他觉得对公司有价值的关系,包括吸引另一名前任最高法院职员恰克·里克肖瑟来做他们的合伙人。芒格和里克肖瑟1965年相识,当时芒格还在兼职做房地产开发。加州颁布了一条有关于共有产权类项目的新法规。这是改变地产法基本概念的一条法令,芒格认为该条款并不合理。里克肖瑟当时36岁左右,在州长手下做公司法专员。

"芒格希望法规的条款稍做调整,于是我对它进行了修改并加以润色。"里克肖瑟说。几年后他们在一个派对上遇见,芒格为芒格和托尔斯律师事务所招揽了里克肖瑟。在早年受委派出国的律师中,罗纳德·奥尔森和罗伯特·德汉姆则最为出名。

罗纳德·奥尔森1966年毕业于密歇根法学院,在牛津进修了一年后于1968年回到华盛顿特区和该法院法官共事。任期结束后他原本决定留在华盛顿,不过他的法学院同学建议他到加州来,与他一起加入芒格和托尔斯律师事务所。

"儿子出生前两个星期我和太太说我要去加州看一看,"奥尔森说,"我回来后和她说我们应该搬去那里。为什么呢?因为我没有见过比这些人更有趣的团体。芒格不在事务所任职,不过他的价值观是公司的重要构成部分。招聘过程中我听到了有关他的故事,时至今日,来应聘的人还会听到查理·芒格的故事。"

奥尔森最终见到芒格的时候,他的第一印象和其他人如出一辙。"天啊,他看起来可真老,"奥尔森心想,"他当时40多岁。多年来他妈妈也许总是在告诫他:'芒格,你的行为举止应该合乎自己的年纪,也就是说你应该更成熟一些。'芒格从我第一天遇见他开始,就是我见过的最有智慧、最成熟、最通情达理的人。现在他的生理年龄终于和自己早年就已累积到的智慧相匹配了。"

诚然,奥尔森说:"他也会暴怒。他可以说是我认识的最健谈的人,从不隐瞒自己的观点。我们的政治观点相当不同,他是保守的共和党而我则支持民主党。我们对如何解决一些社会问题分歧甚大,不过最后会得出相同的结论。"

《加州法律商业》曾经这样形容奥尔森:在艾奥瓦的一个小镇上长大,是全国最优秀的"造雨人"——能为公司带来新业务的合伙人。奥尔森为他的客户美林证券和奥兰治县之间的一宗著名的垃圾债券案件进行调解,最终以4亿美元的价格达成了协议。考虑到县政府要求的赔偿额是20亿美元,这样的结局已经相当不错了,奥尔森也因此赢得了业界的认可。奥尔森为大西洋里奇菲尔德公司、环球影业和迪士尼前总裁迈克尔·奥维茨提供咨询。1998年加州律师举行了内部排名,奥尔森位列最有影响力的律师榜首。

凯瑟琳·格雷厄姆是巴菲特密友圈中的常客,第一次和奥尔森在华盛顿共进午餐时就对他印象深刻。"他很有活力,是个很好的小伙子。当时他已经担任巴菲特的证券顾问有很长一段时间了。他是洛杉矶最优秀的交易专家。为奥维茨安排的那桩4亿美元的和解协议可真是令人惊叹!"

凯瑟琳所说的和解协议指的是迪士尼以前的二把手迈克尔·奥维茨,和最高决策人迈克尔·艾斯纳闹翻后离职。奥维茨的劳动合同利益有时高达14 000万美元,有时则大大低于这个数字,取决于迪士尼的股价如何。

罗伯特·德汉姆于1985—1991年在芒格和托尔斯律师事务所担任合伙人,当巴菲特和芒格叫他和奥尔森去纽约帮忙解决所罗门兄弟的债券丑闻时变成了全美名人。德汉姆在纽约待了7年,离开的时候已经是所罗门的主席了。

德汉姆在得克萨斯西部长大,当他在哈佛法学院读书的时候知道了芒格和托尔斯律师事务所。在学校他和芒格一样赢得了西尔斯奖学金。"1969—1970年,罗德在哈佛授课。卡拉正在撰写一本反托拉斯的著作。他们都是非常有趣的人。希尔斯夫妇邀请我和太太共进晚餐，莫莉·芒格也在场。莫莉当时是拉德克利夫学院的高年级学生。"

和希尔斯夫妇谈过以后，德汉姆决定给芒格和托尔斯律师事务所一个机会，去他们那里做暑期工，他被自己在那里的所见所闻震撼了："这家公司坚持以价值主导的经营思路、坚持诚实经商。芒格坚持什么，公司就坚持什么。"

德汉姆在夏天做实习生的时候第一次见到芒格。"我对他最早的印象是这是一个非常聪明、注意力非常集中的人，有许多真正关系密切的朋友，对朋友非常关心。1971年或是1972年我开始为他处理法律事务时，对他的看法更为全面了。他是一个聪明到异乎寻常的客户，对法律工作和商务事宜相当了解。为他服务很难、要求很高，但却是你能找到的最好的工作，因为你可以从中学到很多。任何一家好的律师事务所从本质来说就是一门出售判断力的业务。这是芒格从事法律工作时的一个重要方面。扎实的法律技术和对商业规律的深刻了解。"

多亏了有芒格的名头和他的人际关系在，德汉姆解释说："我们的招聘工作进行得非常非常顺利，甚至可以说是非精英勿入。很多非常有能力的人都被拒绝了。这是一家天才汇集的公司。"有一位应聘人甚至以"精英、势利、竞争激烈"来形容他们的招聘过程。

不论申请人是谁，都必须牢牢遵循雇佣原则。莫莉·芒格从哈佛毕业后不久申请了芒格和托尔斯律师事务所的一个助理职位。面试她的人是卡拉，不过卡拉并没有给她这份工作，据说是因为莫莉没有参与过《哈佛商业评论》的工作。显然在卡拉的估计中，这意味着莫莉的资质并不太符合他们的标准。

每当应届生去芒格和托尔斯律师事务所面试的时候，他们都会被告知成绩是衡量的最主要标准。"即使是本科成绩也要拿出来看，"一位应聘者说，"上帝保佑，你最好是以优异成绩毕业，而不是良或者中。"

在他们的120名律师中，17名以前是最高法院的职员。2000年的时候增加了7名新合伙人，分别毕业于乔治敦大学法律中心、加州大学洛杉矶分校、南加州大学、密歇根大学法学院、斯坦福法学院以及耶鲁法学院。在多数律师事务所中一名合伙人有两名助理，由助理负责最繁重的工作，而在芒格和托尔斯律师事务所，合伙人必须亲自做更多的事情，因为员工中只有一半是助理。

芒格为事务所所做的最有用的事情之一也许就是把一堆小公司带来作为客户，这些公司后来成了伯克希尔集团。随着伯克希尔的规模不断扩大、影响力和威望不断上升，芒格和托尔斯律师事务所也跟着出名起来。

"伯克希尔对公司有巨大的影响……有能力为沃伦·巴菲特工作、有机会担任伯克希尔的律师意味着什么？"哈尔·博思威克说，"顺便说一下，我并不是在说伯克希尔的业务创造了大量财富。这是持之以恒的工作，不过总体来说巴菲特和芒格的运营方式让公司不惹麻烦。同时，在早期他们收购的业务都有些问题，不过觉得自己可以解决。以蓝筹印花为例，他们取得控制权的时候公司大概有，我不是最清楚，十来个官司在身？他们通过精心计算后认为可以打赢官司或者以很低的价格达成协议。他们做到了。虽然花了些钱，用了很长的时间，但他们做了笔好买卖，不是吗？不过有伯克希尔这样的客户对于公司来说获益匪浅。这是一种认可，有些法律总顾问会说：'你看，如果他们有资格为沃伦·巴菲特服务，我认为我们也能用他们。给我来电话吧。'"

由于伯克希尔的业务以稳定可控的速率增长，芒格和托尔斯律师事务所也得以保持同步发展，根据需要增加人手。今天，芒格、托尔斯&奥尔森律师事务所开设在邦克山两座有着黄褐色大理石外墙的摩天双塔中的一座，占据了七个楼面。办公室对面就是洛杉矶当代艺术馆，周围都是高楼大厦，不过几个街区之外的地方看起来像是墨西哥城的后巷。离高级的卡布奇诺咖啡店和装满了衣冠楚楚的商务人士的电梯不远的地方，街道的氛围却让人联想到墨西哥玉米卷摊的香味、人行道上小摊小贩的讨价还价以及热情奔放的拉丁音乐。

芒格、托尔斯&奥尔森律师事务所如今专攻公司法、证券法、商业诉讼、劳工案、反垄断法、税法、不动产、信托基金、遗嘱检验和环境法。公司在商业诉讼方面的经验特别丰富。

除了自1970年起就是伯克希尔的首席法律顾问外，芒格、托尔斯还代表菲律宾政府向伊美黛和费迪南·马克思追讨资金损失。他们也代表阿拉斯加石油管道服务公司解决埃克森瓦尔迪兹号在阿拉斯加湾发生的原油泄漏事件。在重组一家西部连锁式杂货店 Vons Cos 的时候他们是法律顾问。他们为诺斯洛普公司、利顿工业、南加州爱迪生、美洲银行、优尼科公司以及 MCA 音乐娱乐集团做了大量的工作。事务所为无数的社会团体提供无偿服务，包括西部法律与贫穷中心和洛杉矶流浪者之家。

为了让公司实现精英管理，芒格和托尔斯创造了一套非常独特的民主的薪酬系统，这也让他们声名远扬。因此，只要条件合适，合伙人之间最高和最低收入之间的差距可以高达5倍。

每年1月所有的合伙人会拿到一张选票，上面写着所有合伙人的名字，后面有一个空格。公司前一年的净利润印在选票的最下面一行。每一个合伙人都要填上他认为名单上的每个人应该拿多少钱，没有什么准则，只是总数要等于当年的净利润。对年资长短也没有特别的照顾。合伙人们投票的时候他们可以把年资长短作为一个考虑因素，但也要考虑一个人开发业务的能力和是不是一名成功的客户代表。

"我们的投票是公开的,这样所有人都能看到每个人的投票情况,"奥尔森解释道,"我们并不是一个福利委员会,只会衡量每名律师对于公司而言究竟有多少价值。这是一种完全不同的推动力。罗德、罗伊和芒格最早一起发明了这个制度,它是对你的年度评价检验。"

选票提交后,公司会在一个坐标中填上每个人的名字和数字,让每个律师都能看到自己在别人眼中的排名。福利委员会审核完数字后会和每个合伙人单独谈一次,然后确定分红的数字。合伙人们都说这个系统督促大家在平时的工作中表现得更有礼貌,如果你激怒的那个人会影响到自己的收入,那你一定会三思而后行。

"人们说这种方式一定很残忍,"一位合伙人约翰·弗兰克说,"这是公开的,但并不残忍。你不能在不影响他人收入的情况下把很多钱给一个人,因此这种方式会强制大家变得有礼貌。"

"他们认为相对多数律师事务所来说,他们自己是一群更聪明的人,我的确喜欢那里。"安妮·拉林说,她以前是一名助理,后来成了通用汽车的法务人员。

虽然已经多年没有在那里工作,铜牌上也不再有他的名字,罗德·希尔斯还是断言:"傲视群雄,那是全美最好的事务所。"

芒格当时仍然在做律师,虽然并不是全职。他和杰克·惠勒以及后来的阿尔·马歇尔一起运作惠勒和芒格证券公司。位于太平洋证交所的惠勒和芒格证券公司办公室非常拥挤,要是芒格接到一个客户的机密电话,他会叫阿尔·马歇尔和他们的秘书维维安都出去。他们就在大厅里站着,不停地从一个脚换到另一个脚,等他打完电话。

在成立芒格和托尔斯律师事务所后的三年，芒格退出了。1965年他最终离开公司，因为相信自己再也不需要依靠律师费过日子了。他把公司里自己名下的余额都转到了一名英年早逝的合伙人的遗产基金里，显然，芒格计划逃离法律界已经好一阵了。

阿尔·马歇尔说芒格有一次这样概括律师生涯："如果你为了满足一个很难对付的客户完全将自我抹杀，最后得到了满分，你的回报只是把这一切在另外一个难对付的客户面前重新来一遍，这种情况司空见惯。"虽然芒格热爱自己的父亲和祖父，也尊重他们的工作，但离开法律界对于他来说的确是一种解脱。

"我聘请律师、管理律师，离开法律界并不意味着我不使用法律武器。不过我有强烈的意愿放弃以律师身份为人服务，"芒格说，"我有一个大家庭，南希和我要抚养8个孩子，而且当时我并没想到法律业务会在一夜之间就红火起来，我离开没多久法律界人士就开始赚大钱。我宁愿用自己的钱来做决定、下赌注。我总是认为自己比客户懂得多，那为什么我还要按照他的方式来处理事情呢？所以做出这个决定一方面是因为我的个性强烈，另一方面则是因为渴望获得足以独立的资本。"

芒格希望能在感觉安全的时候运用自己的财富来模仿自己的儿时偶像本杰明·富兰克林。"富兰克林能做出这么多贡献是因为他财务自由。"芒格开始了解要变得真正富有，就必须对业务有所有权。

"我的岳母说过这样经典的话，"哈尔·博思威克说，"她说，律师们的生活方式总是很让人羡慕的，孩子们在学校读书，住在高尚社区的好房子里。当然，你的生活水平应该和你的客户一样，对不对？可是你忘记了你的客户在创造资产，而作为他们的律师你却没有。你的工作不会产生固定资产，所以有一天你退休了，收入就消失了。你变得一无所有，也许还有一幢房子，于是你不得不把房子卖了搬到沙漠或是其他偏远地方去。"

芒格转行了，律师这个职业也在变化，不过即使他留在这个行当，也很有可能并不如意。现在律师赚得比以前多得多，不过享受的时间大大减少了。

"我认为许多律师现在对自己和工作之间的关系又爱又恨。毫无疑问如今你必须非常努力地工作才能保持和客户之间的传统关系，"哈尔说，"因为在法律业里情况变化很大。如今在这个行当，你一定要同时是个优秀的律师和商人才能生存下来，以前你只需要做一个有良好价值判断能力的好人就行了。"

哈尔，是加州俱乐部里芒格帮中的一员，说20～25年前，午饭后俱乐部酒廊里到处都是打牌或者玩多米诺骨牌的人。现在下午一两点的时候几乎没有人。律师、经纪人和其他专业人士常常在自己的办公桌上吃午饭，一旦要出门吃午饭，一定是去参加一个商业午餐，然后急忙赶回办公室。"现在世道完全不同了，"哈尔说，"绅士风度消失殆尽，你必须在有限的时间里做到最好。"

虽然芒格不再从事法律业务，但他和自己以前的事务所之间的联系还是非常紧密的。

"你知道吗，即使他大概已经有35年没有从事务所得到任何收入，他的名字还是挂在门上，他总是在这里或那里有一间办公室，"哈尔接着说，"他把很多业务都交给事务所负责。所以说他只是改变了与事务所之间的关系，从律师变成了客户。"

罗纳德·奥尔森说律师们认为芒格不仅是一名客户，更是一项资源。每周有三次，律师们齐聚在办公室的餐厅里，星期一他们会请一位来自事务所外的人士给他们做讲座。演讲人包括洛杉矶市长、电视节目编剧罗伯特·肯尼迪，当然还有芒格。"他会定期被邀请来给律师们讲话，大概一年一次。我们每年举行一次静修活动来讨论一些长期计划，他会作为评委参加。他是我们社交生活中的一部分，每年的假日派对也都会来参加。"

因为伯克希尔在那里租了间办公室给芒格用，"他真人也在这里，触手可及。他的房门总是打开，他喜欢这样，可以为他带来灵感。他热爱思考各种问题。"

至于说到芒格的名字仍然挂在门上，罗伯特·德汉姆说："从公司的立场来说，去改变这一点完全是疯了。对芒格而言，这样让他相当满意。"

随着芒格律师生涯的淡出，他放弃了一些生命中不再重要的东西，致力于那些自己认为真正有价值的事物上。和同事间的关系仍然是他成功的重点所在。

当莫莉·芒格回到洛杉矶开始她自己的法律生涯，她说："律师事务所已经建立并运作起来了，而且还非常受人尊敬。我很快就发现这是一家很热门的事务所。我的整个职业生涯都因为自己名叫莫莉·芒格而受益匪浅。工作中遇到的人没有一个不知道我爸爸就是创立芒格和托尔斯律师事务所的人。"

莫莉曾经有一次感谢芒格和托尔斯律师事务所的管理者建立了这样一家受人尊敬的事务所，即使她都没能进去工作，却让她能自豪地走在事务所的聚光灯下。

"这没什么，"帮助她的律师说，"早年芒格让我参与了他的业务，我认为我们扯平了。"

第9章
正式踏入投资领域

办公室的拥挤程度常常和公司的财务状况相反。

——查理·芒格

"我们常常随机组成4人2组高尔夫对抗赛。你知道芒格可以表现为一个多么风度翩翩、魅力无穷的人。"他的一名早期合伙人阿尔·马歇尔说。芒格和他会认识一些新的朋友，然后4个人愉快地打一场高尔夫。"第二天我们在办公楼的电梯里，一位高尔夫球友走进电梯和我们打招呼，芒格却目不斜视地看着前方。"

"你干吗不和那个人打招呼？"马歇尔问。

"哪个人？"

"昨天和我们一起打高尔夫的人呀。"

"噢，我根本没看到他。"芒格回答说。

"这种情况甚至在他的眼睛动手术之前就已经出现了。"马歇尔说。有时因为芒格表现得像是特意忽视他们的存在，很多人会因此而生气，特别是加州俱乐部或是洛杉矶乡村俱乐部的会员，因为他们通常都不会被人冷落。马歇尔会向那个被冒犯的人解释芒格并不是故意那样做的，他只是沉浸在自己的世界里想事情，不过这种解释很少有人会接受。不过，马歇尔也承认，芒格有时候也会故意有针对性地去嘲讽某人。

"我们有一次和一个军官打高尔夫，这家伙毕业于西点军校，"马歇尔回忆道，"那天的天空清澈湛蓝，这个军官正准备开球，芒格忽然开口：'我不敢确定，不过觉得在军队适当实行一点共产主义可能效果不错。'这个西点军校毕业生的脸红了，推杆也跟着失败了。"

20世纪60年代来临的时候，年轻的约翰·肯尼迪成了新当选的美国总统，越南战争还只是五角大楼礼堂中的流言。查理·芒格36岁，开了一家律师事务所，同时还在开发几个前景乐观的房地产项目。他和财富管理专家沃伦·巴菲特相识已久、关系密切，巴菲特跟芒格保证他也可以以独立投资人的身份谋生。不过芒格意识到，那样他要冒巨大的风险。

芒格说，当他开始涉足房地产业的时候，看起来风险很小。"我从来不觉得自己会失去一切。房地产项目的确采用杠杆工具，不过开发过程中的风险总是非常有限的。大额贷款中的确有条款说我们要保证项目完工，但如果完成的项目售价低于成本，我们则不需要还钱。"一旦共管公寓卖不掉，银行会收回房子的产权，芒格的实力会有所减弱，但不是灭顶之灾。不过，芒格并不满足于同时兼任一家律师事务所合伙人和房地产开发商两种身份。1962年，芒格开始利用自己的部分时间，以专业投资人的身份运作别人筹集到的资金。他迈出的这一步正是巴菲特多次建议他去做的。芒格和他的扑克牌友兼律所客户杰克·惠勒成立了惠勒和芒格证券公司，他们的投资合伙人形式和巴菲特的很相像。惠勒毕业于耶鲁，是一名股票交易场内经纪人，在太平洋海岸证券交易所有两个特别席位。

惠勒和芒格得到了两个特别席位，位于交易大厅内，是接受买卖指令并完成交易的地方。这些席位用于缓和市场，确定挂牌的证券都有买家和卖家随时准备着。通常一个席位就是一个特定股票的独家交易商，因此，拥有一个席位就能大赚特赚。这个席位和芒格从家人、朋友和以前的客户那里募集来的资金结合在一起赚到了很多钱。芒格的任务就是在律师合伙人罗伊·托尔斯的帮助下对多余资金进行投资。

惠勒和芒格证券公司和太平洋海岸证交所里的许多人一样都是小型经纪人，他们通常购买会员资格以便将交易利润最大化。

"20世纪60年代采用的是固定利率制度，"李克·古瑞恩说，"要解决这个问题唯一的方法就是成为证交所的成员，然后你的交易就不用交任何佣金。这笔小投资的收益是巨大的。"

他们采用了一个低成本、凑合着用的方法。惠勒和芒格在证交所很小的夹层办公室里工作，周围都是大型金融机构，同时也非常靠近洛杉矶的贫民窟。芒格和他的合伙人合用前面的一间管线毕露但空间较大的办公室，秘书则在后面一间非常狭小的独立房间里办公，就在厕所隔壁。整个办公室里只有2扇窗，每扇看出去都是一条肮脏的小巷。它符合芒格的要求，因为租金便宜，每个月150美元还包括了所有的公用设施费。

这种锱铢必较并不是很有必要，因为惠勒和芒格证券公司成立的时候芒格已经积累了约30万美元，是他个人年度花费的10多倍。其中有相当一部分来自证券投资。

芒格开办惠勒和芒格证券公司的时候，他和巴菲特常常聊天，讨论各种方法，在对方的启发下想出新的投资建议。然而，杰克·惠勒才是芒格在证券行业的第一位正式合伙人。此前和此后芒格也和其他人非正式地合作过，其中就包括李克·古瑞恩和罗伊·托尔斯。他认识古瑞恩的时候正和惠勒一起着手建立自己的业务。

"1961年一个朋友来电说他打算买入一家洛杉矶市中心的交易公司，因为有人正在出售。"古瑞恩说。古瑞恩决定他也要加入这项投资并帮忙管理公司。

卖家正是杰克·惠勒，他当时正在处理自己在惠勒和克鲁特登证券公司中的股份，因为打算和查理·芒格一起开一家新的财务管理公司。古瑞恩到那里处理交易的时候，芒格也在场，他们于是交谈了起来。"我去参加那次会议只是进行收尾工作。我要去把支票交给他们然后拿回股票交易资格证书。我正在和芒格开玩笑的时候我的脑中忽然灵光闪现：'我在这笔交易中站在了错误的一方。'"

古瑞恩意识到自己想去的是惠勒要去的地方，而不是现在的位置。古瑞恩的直觉是正确的。在某种程度上，惠勒出售的是自己的兴趣，因为他和自己本来的合伙人看法不一致。投资合伙人之间的关系非常微妙，建立在才智、判断力和互相信赖程度的基础之上。如果合伙人之间在上述任何一个方面无法调和，即使是一件小事，也会让人觉得像鞋子里有一颗石子那样难受。芒格建议惠勒干脆结束和前一任合伙人的关系，全心全意地投入惠勒和芒格证券公司。古瑞恩用了自己当时仅有的4万美元买下了已经分崩离析的合作关系中较差的那一半，后来就全军覆没了。

"不过到了那个时候，"芒格说，"他已经学到了很多而且干得相当不错。"

随着惠勒和芒格证券公司的成立，芒格的商业生涯开始了一个新的方向，社交生活也是。

"芒格开始每天很早就到证交所报到，"巴菲特说，"首先他会看公告牌，然后和朋友们一起丢骰子决定谁请客吃早饭。在证交所大楼顶楼的证交所俱乐部吃早饭是他们每天的仪式。古瑞恩在那里有一份相当稳定的工作，不过经常听他们高谈阔论。从某种意义上来说，他是在听课。"

古瑞恩的确在学习，而且和芒格一样，他也交了些新朋友。古瑞恩成为芒格众多"最好的朋友"中的一个，不过是最不像芒格的。"我的母亲是一名裁缝，就像铆钉女工那样。"古瑞恩解释。她死于酒精中毒的时候古瑞恩还是个10多岁的小孩。古瑞恩受过空军培训，不过后来退出了，多年后却开上了自己的飞机。他在IBM待过3年，后来又当过五六年的股票经纪。

"我花了整整三年时间才从前一次合伙人关系中解脱出来，"古瑞恩说，"芒格和杰克·惠勒从某种意义上来说成了我的精神导师。后来我找到了属于自己的合伙人，并以巴菲特和芒格之间的合作关系为榜样。"

J.P.古瑞恩证券公司在任何方面都模仿了惠勒和芒格证券公司，包括运作一个特殊席位。在他的著名文章《格雷厄姆和多德式的超级投资家》中，巴菲特描述了李克·古瑞恩的投资记录。"表六是一个家伙的记录，他是查理·芒格的朋友，又一个非商学院出身的人。他在南加州大学学的是数学，毕业后去IBM做了一阵销售。我找到芒格后，芒格找到了他，"巴菲特写道，"这里碰巧有一份李克·古瑞恩的投资记录。1965—1988年，相较于标准普尔指数（S&P）316%的综合回报率，古瑞恩创造了22 200%的投资回报率，这也许是因为他没有受过商学院教育，只关心统计数据是否漂亮。"

古瑞恩的确和芒格以及巴菲特一起做交易，不过也进行一些独立投资。他后来成了太平洋西南航空的大股东兼总监，这家公司1988年并入了全美航空公司。古瑞恩说他从芒格那里学到了如何进行交易，不过也开始深入思考个人价值的重要性。

"我认为自己深受芒格的影响，"古瑞恩说，"我天生明白这些价值并立刻做出反应，不过他塑造了我。在芒格和巴菲特身边让我变得更优秀。古瑞恩明白要保持道德规范、理性和诚实显然非常合理。"

与巴菲特同年，古瑞恩和一个比自己小26岁的女人结了婚，他们有一个5岁的儿子。古瑞恩还有一个42岁的女儿。他和妻子一共有7个孩子——5个女儿和2个儿子。芒格、古瑞恩和奥蒂斯·布思仍然在洛杉矶乡村俱乐部打桥牌，牌友圈中有时还包括市长理查德·里奥丹。此外，芒格和巴菲特有一次在附近的山顶乡村俱乐部和当代喜剧大师乔治·伯恩斯一起打桥牌，乔治当时快100岁了。为了照顾乔治的雪茄要求，山顶乡村俱乐部不得不贴出一条这样的规定："95岁以下人士不得抽烟。"

芒格欣赏山顶乡村俱乐部长久以来一直坚持在接受会员申请时必须要有慷慨的慈善捐赠记录。"我听说很久以前，有一位一流剧院的主人想要加入，送来一本发黄的简报，上面报道了他的一家剧院在第二次世界大战时期举行了储蓄债券大会。"会员资格委员会的答复说，"这是非常有用的纸片。例如，你可以用来擦屁股，不过我们不会让你进入俱乐部。"

房地产生意结束了，律师事务所生意不错，那个时候芒格去找了阿尔·马歇尔问他是否愿意来惠勒和芒格证券公司担任业务主管。芒格已经发现自己的风格和杰克·惠勒不太一样，身边需要有一个更合拍的人。

第9章 正式踏入投资领域

"惠勒不是来自奥马哈,但他是一个非常聪明的人,"马歇尔说,"有一次他告诉我他去上了一堂关于匿名交易及其管理的课,这在今天当然是完全不合法的。他花销很大,日子过得大手大脚。对于自己所做的事情非常擅长,不过时不时地也会遭遇重大翻盘,但芒格对此无动于衷。"

最后芒格劝服惠勒将惠勒和芒格证券公司的运营权交给马歇尔和他自己,他们会把惠勒的收益一次付清。"他们之间没有发生任何激烈的冲突,"马歇尔坚称,"惠勒只是退休了而已。"

马歇尔最终成了普通合伙人,并没有对芒格第二次邀请他一起开公司表示惊讶。"如果他信任你,就会完全信任。"马歇尔说。不过对于芒格多年来将他列在个人支票账户的签字人名单上,马歇尔还是非常惊奇的。芒格知道他的性格,从来没想过他会卷钱逃跑,当然他也的确没有这么做过。

永远心不在焉的教授——芒格先生,让南希把家里的东西都整理得干干净净的。在办公室里他需要一个像马歇尔这样的副官。"我们有一个叫维维安的秘书,"马歇尔说,"她离职后我们又请过两三位秘书,不过芒格管她们都叫维维安。我总是说他的第二任妻子也叫南希真是件大好事。不然他永远都不会记得她的名字。"

马歇尔喜欢自己的新职位,不过也有一些不足之处。

"我所讨厌的工作之一是紧盯着那些席位专员。"马歇尔说。场内交易员通常都是肾上腺素分泌过头、行事冲动的人。有一次马歇尔的交易员因为反对别人说的话就跳起来打了另一个交易员。马歇尔花了好几天时间来和那位被攻击的交易员谈判,达成一个和解协议并安抚交易所管理员。不过那些交易员也是非常聪明和有创造力的。有一名交易员在某医药公司的股票交易中建立了一套四角套利交易制度,这在当时才刚刚出现。为解决套利交易的融资问题,马歇尔设定了银行账户 200 万美元作为信用限额。不过一度这个数字上升至 300 万美元。有一位银行家到证交所来投资，又一次问马歇尔他们的信用限额是多少。虽然马歇尔解释了老半天，银行家还是稀里糊涂的。三周后这个人提前解约，得到了 60 万美元的盈利。

马歇尔记得有一天晚上他要和芒格讨论一件生意上的事，于是去了芒格的家。马歇尔本人有 5 个孩子，所以可以想象屋子里会有多热闹，不过看到芒格能在那样的情况下保持专心他还是大吃了一惊。芒格坐在一张大椅子里，"一个孩子爬在他的肩膀上，另一个在拉他的手臂，还有一个在大声尖叫。场面一片混乱，不过他并没有把他们都赶出去或是教训他们，因为他们根本就不对他构成干扰。"

惠勒在监管席位专员的时候，芒格致力于将多余的资金投资出去。有时，他、巴菲特或古瑞恩，或者他们三个一起都会投资同一家公司。为了找到合适的交易，他们在交易所和报纸上到处搜寻，和很多朋友聊天以获得信息。巴菲特形容巴菲特合伙公司与惠勒和芒格证券公司都是经典的对冲基金，和 20 世纪 90 年代后期风靡一时的那些基金很相像。

"我们收购一些在运营中的业务，"芒格说，"包括一家制造汽车化工用品的公司。同时，作为一揽子交易，我们还买了一家制造汽车设备的公司以及洗车厂主人名下的贷款。每次下雨，人们就打电话给马歇尔解释为什么他们还没有还钱。那是我最开心的时候之一，所以我们共享了许多经历，好坏都有。"

因为他们收购的很多公司都很小，有时候股权很集中，投资人就会卷入奇怪的事情里。微型汽车化工用品 K&W 就是一个例子。

"我在报纸上看到有土地出售，"李克·古瑞恩说，"我发现这家

第9章 正式踏入投资领域

公司生产一种物质，一旦倒入汽车散热器中就可以把发动机组中的漏缝都填上。产品的发明人一次次地开车去汽修厂，把所有的技师都叫过来，然后在自己的发动机组上钻一个大洞，接着把自己的产品倒进散热器里把洞补上。这种销售方式相当有效地把产品推向了市场，公司赚了不少钱。"

"公司之所以出售是因为控股股东去世了。有谣传说这个老板是一名医生，因为给自己开了过量的致瘾性药物而死。他向自己妻子的姑姑们借钱投资在公司里，公司欠每个姑姑8万美元。这块土地上仅有的资产就是公司的股票。不知道出于什么原因医生把公司留给了妻子，但让自己的情妇担任遗嘱执行人。不用说，这引起了执行人和家里人之间的敌意。姑姑们从来没有收到过利息，多年来也没有收到任何还款。芒格建议古瑞恩和他一起买下姑姑们手中那两张8万美元的欠条。"

"在那种情况下，收购方出价比账面价值低是很正常的。"古瑞恩说。不过芒格坚持付全额。"芒格不愿意趁火打劫。他本可以在她们身上占便宜，但没有这么做。我负责跑腿，找到了那两位老太太。芒格和我成了债权人，后来就用这两张借条来换取那家公司的所有权。"

下一步，和女人打交道时总是尴尬万分的芒格给那位做了执行人的情妇打电话，邀请她到加州俱乐部共进午餐，讨论这件事情该如何解决。当她出现在办公室的时候芒格惊呆了。这位女士有一头火红的头发，带着绿色的隐形眼镜，穿着一套紧身的护士服以凸显她傲人的胸围。芒格一下子就慌了，不过已经不可能不带她去自己那家保守的商务俱乐部吃饭了，虽然她和俱乐部里深色的墙面、皮质的家具和珍贵的加州古董是如此的格格不入。

最终芒格和古瑞恩拥有了公司股份中的一半，公司的管理层则持有另一半。过了一段时间，古瑞恩有点事情需要把自己的投资变现。

119

"我当时还很穷。我们之间有一个不成文的协议,任何一方想退出,另一方就该买下对方的股份。我去找芒格跟他说我要把这笔钱用在别的地方。他说好,你想要多少。"

古瑞恩看了看财务报表考虑了一下。"我跟他说我的股份现在价值 20 万美元。芒格说:'不对,你错了。'我跟自己说:'该死!'因为我需要 20 万美元,而芒格的反应让我觉得自己高估了这笔钱。结果他说:'你那份值 30 万美元。'然后他撕下一张支票填好了给我。有 20 万我已经心满意足了,那一刻我成了世界上最开心的人。对他来说那是一次证明我自己有多笨的机会,"古瑞恩笑着说,"芒格总是说:'你再多想想就会同意我的意见,因为你很聪明,而我是正确的。'"

汽车化工用品业务在 20 世纪 70 年代中期被全面收购了过来,最后成了伯克希尔公司的一部分。伯克希尔 1996 年将它卖给了一群投资者,其中包括那家公司的前主席。

虽然奥蒂斯·布思对芒格的最后一个房产项目太过担忧以至于没有参与,但却相当爽快地投资了惠勒和芒格证券公司。"我成了投资额最大的人,现在仍然是。"

最早参与惠勒和芒格证券公司的业务时,布思对于自己到底在做什么颇有疑虑。"合伙人的利益只有一张纸作为证明。我参与他们是出于信任,他们都是很坦率的人,不过相关文件真的不多。我并不认为会出事,因为我太了解芒格了。"

芒格的合伙人说他对于如何以最有效的方式来组织公司结构非常有天分,还擅长尽可能地延迟交税。在惠勒和芒格证券公司,芒格从巴菲特那里引进了一种模式,而巴菲特则是从本杰明·格雷厄姆那里

第9章 正式踏入投资领域

学来的。

"巴菲特和芒格的合伙关系结构是非常重要的。"奥蒂斯·布思说,"每年年末分配利润,然后重新安排所有权比重。重新分配股权无须交税,利润则是根据前一年年末的股权比例分配。第一个6％由有限责任合伙人和无限责任合伙人平分。然后大部分利润分给有限责任合伙人,无限责任合伙人则得到小部分。如果要交税,所有的合伙人都根据自己拿到的分红按比例缴纳。"

巴菲特说芒格遵循价值投资的原则,不过他的投资组合比起巴菲特在格雷厄姆-纽曼或是沃尔特-施洛斯时的老朋友老同事们来说可就单一得多了,那些可都是传统价值基金培养出来的经理人。

"芒格的投资组合集中在很少的几种证券上,因此他的投资收益记录波动就很大,不过还是基于相同的寻找价值洼地的方法,"巴菲特说,"他更乐意接受投资表现的大起大落,而且碰巧他又是一个精神非常集中的人,只关心最终的结果如何。"

有些分析家可能会认为芒格比格雷厄姆、巴菲特或者施洛斯更愿意承担风险。"是的,"奥蒂斯·布思说,"不过芒格认为自己对风险有更好的洞察力和评估能力,所以才会说:'好的,我会这么做。'其实巴菲特也会买进不受欢迎的股票,比如说美国运通。真正的风险比当时能预计到的要小。"

随着芒格对业务的日益熟练,他发现一种简单可靠的方法让风险变得易于接受。

"我们绝不想像很多赌徒那样进行一些愚蠢的冒险,"布思说,"谁都不愿意,特别是当我们还很年轻、雄心勃勃的时候。他会寻找你身上的每一个微小的优点,比如在证交所有席位,有能力在一片即将开发的区域里拿到期权,诸如此类。"

芒格并不认为自己比巴菲特在投资上更乐于冒险。"凡是和他的毕生爱好投资相关的事情，巴菲特是非常有冒险精神的。碰到伯克希尔的事情，他很乐意尝试新事物。不过对于羊腿还是排骨这样的选择题，他就毫无兴趣。"

莫莉·芒格说他在创业时期就开始敏锐地察觉到税率对资本运作的影响和普通收入是很不一样的。"他在这样那样的交易里赚了很多钱却并没有缴纳很高的税率。他说：'我要是还在当律师，要缴纳的所得税还更多点呢。资本所得税反而更低，在我看来并不公平。'"

在惠勒和芒格证券公司的那些年里，芒格和巴菲特保持电话沟通，不过他们并没有经常买入同样份额的同一种证券，他们的投资组合只有一部分是重合的。他们共同投资了一家零售公司，旗下有两家连锁式零售店。他们还和李克·古瑞恩一起买下了蓝筹印花的实际控制权，在这家加州零售优惠券公司里，巴菲特是第一大股东，芒格第二大。

"我们这一代人都是'土匪'，"古瑞恩评论道，"索·斯丁堡、哈罗德·西蒙斯这些都是。不过我们和他们不一样。"这群人从来没有在未经管理层允许的情况下私自竞标，也从来没有卷入争夺代表权的斗争中。

1965年终止律师生涯的时候，"我对惠勒和芒格证券公司会成功这件事非常有信心，而且我的财富也大大增长了。"芒格说。

"他决定放弃做律师的时候我并没有特别惊讶，"芒格的妹妹说，"这是水到渠成的事情……一个人找到了自己真正喜欢做的事情。"

芒格的继子戴维·博思威克观察到他离自己财务自由的梦想越来越近了。"他必须为自己工作。即使在律师事务所里有相处融洽的合伙人，你还是在为客户服务，他们会让你根据他们的日程表调整自己的时间。"

尼古拉斯·莱曼在他的著作《美国式"高考"》中说推动芒格成为自己的主人的那个偶像不是本杰明·富兰克林，而是丹尼尔·笛福（《鲁滨逊漂流记》的作者）。芒格的祖父母一次又一次地给他读《鲁滨逊漂流记》，在他脑海中植入了这样一个概念："他希望变得富有以得到全面的自由，就像鲁滨逊在自己的岛上，不必理会任何人所说的话。"

不过，查理·芒格还是不得不服务于他的客户们，也就是惠勒和芒格证券公司中的其他投资者。虽然实际上很多投资人都是亲戚、以前的同事或是朋友，但压力却并不小。就好像是命运的安排一样，在惠勒和芒格证券公司存在的那段时间，股票市场忽上忽下，大方向却是单边下跌。到了20世纪60年代末，巴菲特就在讨论退出的事情，最后于1969年清算了他的那家合伙企业。芒格和古瑞恩坚持的时间更久一些，尤其是1972年底得到了来自一家名叫存信基金的注册投资公司的一大笔注资。

罗伯特·德汉姆加入了芒格和托尔斯律师事务所，他最早为芒格做的工作就是收购存信基金。20世纪60年代后期的股市如火如荼。当时有一种很流行的投资名叫"存信股票"，是一种没有在证券交易委员会注册就可以进行销售的证券。因此在正常的股市交易中有一段不得交易的存续期。根据证券法，必须在股票中以附加条款注明投资人不得在证交所注册手续完成前出售，除非公司发生重大事件。

存信基金是一种风险投资基金，它的创始人把它吹捧成了一家即将公开上市的公司，可以给股票经纪们高于平常的佣金回报。第一次募集，他们共筹到了6 000万美元，不过扣除了各种费用和成本后，只剩下5 400万用于投资。

"这就好像,"芒格说,"客户问经纪:'我该怎么去安排自己的钱呢?'而经纪则回答说:'先给我10%再说。'"

因为这个基金是一家经过注册的封闭式基金公司,一旦成立,就不能再出售新的基金份额。基金的成长只能通过合理的投资来实现资产价值的增长。就像一个典型的封闭式基金一样,存信基金的成交价很快就低于净资产。更糟糕的是,市场长期低迷下跌,基金的净值也跟着向下。

古瑞恩和芒格获得了麻烦缠身的存信基金控制权后,对它进行了一番彻头彻尾的改造。他们把它更名为"新美国基金",重组了董事会,投资风格改变为价值取向。他们很快清算了前任基金经理选择的那些资产。古瑞恩担任主席,但芒格的投资理念贯穿整个新美国基金,不出所料,他的哲学思想彻底扭转了局势。1979年,《商业周刊》发表了一篇文章,题目为"股东们的天堂——新美国基金"。

"新美国基金绕开了行业中惯常采用的聘请外部投资顾问的做法,"《商业周刊》这样写道,"取而代之的是由古瑞恩监督内部人员的工作。更让人佩服的是,最近一个财政年度,总监的花费只有25 000美元,所有的工作人员的开销加起来也只有54 950美元。"

"新美国基金表现出了对平面媒体和广播业投资的特别偏好,"文章接着说,"最近几年的战绩相当出色:它的每股净资产从1974年10月的9.28美元上升到了1979年9月30日的29.28美元。和大多数封闭式基金一样,新美国基金的交易价格略低于净资产。11月16日收盘价报每股18.25美元,与净资产24.64美元相比折让了25.9%。"

新美国基金持有的股份中包括大都会通讯公司和每日新闻集团100%的股份,后者是洛杉矶法律类报纸的出版人。无论1979年时《商业周刊》有多么看好新美国基金,惠勒和芒格证券公司买下它的

第 9 章 正式踏入投资领域

时候芒格还是度过了好几个不眠之夜。

在最初的 8 年,惠勒和芒格证券公司战绩骄人,芒格说:"我们之前从来没有管理过一大笔资金,我也从来没有有偿管理过其他人的财富。"

整体来看,1962—1969 年,惠勒和芒格证券公司的平均年回报率,在扣除佣金之前,是 37.1%,大大超过了道琼斯指数的表现。不过,在接下来的 3 年里,截至 1972 年,他们的回报率降到了仅为 13.9%,只比道琼斯指数的回报率 12.2% 高一点。

受挫于表现不佳的市场,巴菲特 1969 年底就清算了自己那家合伙公司的资产。几年里,芒格可能都在希望自己当时也跟着做了。不过芒格没有追随巴菲特,之后的 1973 年和 1974 是一场噩梦。惠勒和芒格证券公司在 1973 年资产缩水了 31.9%(道琼斯指数则下跌了 13.1%),1974 年则缩水了 31.5%(同期道指跌 23.1%)。

"我们在 1973 年和 1974 年的灾难中损失惨重,不仅是基本价值降低,市场交易价格也一路下跌,因为我们持有的那些公开交易的股票必须以真实价值的一半来计值,"芒格说,"那是一段艰难的时光,1973 年到 1974 年过得非常不愉快。"

还有一些人也觉得 1973 年到 1974 年过得很不愉快。例如伯克希尔,当时还主要是一家纺织企业,眼睁睁地看着自己的股价从 1972 年 12 月的 80 美元跌到了 1974 年 12 月的 40 美元。华尔街到处都是前景不妙的新闻,报纸的头版头条会写"证券业之死"。

造成惠勒和芒格证券公司表现相对不佳的主要原因是他们持有大量新美国基金和蓝筹印花的普通股。他们在 1972 年底股市欣欣向荣的时候买下了新美国基金的前身存信基金,支付对价为 9.22 美元每股,比清算价值只低一点,获得了控制权。即使经历了大熊市,《商业周刊》还是留意到 1974 年 10 月基金的每股资产总值为 9.28 美元,比芒格和古瑞恩 1972 年支付的还是略高一点。芒格又何必为此而苦恼呢？说到底，芒格和古瑞恩在弱市时期进行了大笔投资，之所以避免了通常发生的结果，主要是因为本杰明·格雷厄姆的理论要求在收购时必须留有"安全利润"。此外，基金持有的一笔纳税损失会让此后多年的大笔收益无须支付所得税。

芒格的烦恼主要来自有限的合伙人结构，事实上有些借来的钱也用于购买基金股票，不断地削减合伙公司的净值。截至 1974 年，基金的每股交易价非常低，比每股清算价格还要低 50%。不论他乐不乐意，芒格不得不向他的有限投资合伙人汇报，截至 1974 年底，公司持有的大部分基金股票估值只有 3.75 美元一股。

此外，惠勒和芒格证券公司在蓝筹印花公司中的情况也差不多。买入均价是 7.5 美元一股，1972 年底的市价是 15.37 美元一股，但到了 1974 年底却只有 5.25 美元一股。芒格相信蓝筹印花的股票最终会比 15.37 美元一股还要高，"不久人们就会看到，不论股市如何，也不管他们是不是卖掉了更多的优惠券"。然而 1974 年底芒格不得不面对严峻的现实：蓝筹印花的市价只有 5.25 美元一股，内在价值被完全忽视。

随着惠勒和芒格证券公司的投资额坠入谷底，芒格意识到有些合伙人会面临难以承受的巨大压力。毕竟，1973 年 1 月投入的 1 000 美元，如果这个人一直都没有提现，到 1975 年 1 月已经缩水到了 467 美元。相比之下，相同的 1 000 美元在同一时间段如果投在道琼斯指数上，损失就小得多，还剩下 668 美元。更严重的是，因为采用了格雷厄姆和巴菲特之间的合伙关系，惠勒和芒格证券公司的所有股东每个月都可以根据当年年初的公司总值提取 1.5% 的现金。因此每个月的固定分红要扣除，有限责任合伙人的账户金额从 1973 年到 1974 年减少了 53% 之多。

第9章 正式踏入投资领域

到1974年末，经历了股市的灭顶之灾后，整个惠勒和芒格证券公司的净资产只有700万美元。其中61%是价值430万美元的505 060股蓝筹印花股票，当时市价5.25美元，另外还有每股售价3.75美元的新美国基金427 630股。从这个最低点来看，这两只股票接下来的价格走势会如何呢？

新美国基金表现不错。20世纪80年代后期，在最低点时以3.75美元买入的每一股变成了约100美元的现金和股票。从同一个角度来看，蓝筹印花则更厉害。当时价值5.25美元一股的蓝筹印花已经占到伯克希尔公司普通股的7.7%。按照2000年3月伯克希尔普通股的每股售价48 000美元来计算，这就意味着以前持有的蓝筹印花现在市值约3 700美元一股。1974年股市中的1美元到2000年的市场上都可以折合约700美元，这表示连续26年来的复合年收益率是28.5%，而且对始终持有股票的人不会征收任何所得税。更甚者，因为蓝筹印花是以公司名义持有的，芒格和巴菲特无须支付任何管理服务费。

"截止到1974年，在惠勒和芒格证券公司的前13年里，仿照道琼斯指数的方法来计算投资收益的话，把所有收到的红利计算在内，得出的数字也只是比0高一点点。"芒格说。而扣除税、通货膨胀和资金赎回等因素，真正的回报率是尴尬的负数。但惠勒和芒格证券公司在整个生命周期中的表现可要好得多。经历过1973年到1974年的灾难后仍然和他们站在一起的有限责任合伙人都得到了相当不俗的回报，而95%的投资人都选择了这么做。比如奥蒂斯·布思在1973年到1974年仍然坚持合作，并在1975年底芒格的清算所惠勒（Wheeler）发行证券。

不过也有一个让人头疼的重大例外。有一个新加入的有限责任合伙人在1973年到1974年大崩盘之前投入了35万美元，在底部的时候吓得退出了，对于他来说一半的资金就不见了。芒格无法说服这名合伙人放弃抽回资金的决定。"律师应该是劝说专家，我在一次自以为能通过的劝说考试中失败了，"芒格说，"他的性格中混杂了一些因素，承受痛苦的能力较低，却有强烈的愿望要做有限责任合伙人，这也许是我失败的原因。"

在处理自己的财产的时候，投资损失从来都不会让芒格烦恼。对他而言这就好像在一次平常的扑克比赛中输了一个晚上，但你还是知道自己玩得最好，你以后还会赢回来的。不过要汇报在惠勒和芒格证券公司有限责任合伙人账户账面上的暂时损失给他带来了巨大的痛苦。于是 1974 年底，他想出了解决的办法，和巴菲特一样，他不再以有限责任合伙人的形式为他人管理资产。他会在惠勒和芒格证券公司的资产总值恢复到一定程度后进行清算，清算会尽快进行，这样他就不会在主要投资职位悬而未决的时候拿到任何无限责任合伙人的佣金。

1975 年，惠勒和芒格证券公司的确获得了 73.2% 的收益，大大恢复了元气，于是芒格和马歇尔于 1976 年初就清算了公司的资产。即使算上大熊市，在惠勒和芒格证券公司运作的 14 年中，在无限责任合伙人抽佣之前，每个合伙人的平均年投资回报率都有 24.3%。

"当一切尘埃落定的时候，我们家从惠勒和芒格证券公司里赚到了 300 万美元，还有大概 200 万美元来自房地产开发以及其他一些琐碎的投资，"芒格说，"那时这可是很多钱，也是一段美好的时光。我拥有很多优质证券，还有其他一些低价收购来、即将上市的优质资产。"

惠勒和芒格证券公司清算的时候，投资者们得到了蓝筹印花和多元零售的股票。这两家公司后来都通过股权交换并入了伯克希尔。成立多元零售是为了收购一家在巴尔的摩中心区域非常有竞争力的连锁百货商店，从一开始就主要由巴菲特合伙公司拥有，现在的持有人多数都是以前巴菲特合伙公司的成员。惠勒和芒格证券公司持有10%的股权。最原始的收购价格低于公司的清算价,是典型的本杰明·格雷厄姆式的游戏方式。

多元零售在收购巴尔的摩连锁百货商店的资产时一半资金是贷款得来的,开始是银行贷款,后来很快置换成了公司债券,对借款人几乎没有任何契约限制。没多久巴菲特和芒格就意识到巴尔的摩的零售业竞争有多激烈,这是一个错误的决定。于是他们采取了补救措施,以几乎没有损失的价格卖出这些连锁百货商店换取了现金。公司债券也以相应数额的现金抵消了。此时多元零售又付出大笔现金买下了另一家连锁商店。因此,在1973年到1974年的熊市期间,多元零售有了一大笔可投资产业,比当年巴菲特和芒格最初买下股权时的价值翻倍还不止。由于股价很低,巴菲特和芒格在市场上购入了大量的低价证券。"几十年来这次转败为胜的收购战一直让我非常满意。"芒格说。跟随他们的那些股东又一次享受到了丰厚的回报。

"我们并不知道多元零售后来会变成伯克希尔,"奥蒂斯·布思说,"我向洛杉矶自然历史博物馆捐赠了部分多元零售的股份。多年来我费尽心机说服他们保留这些股份。他们现在保留了自己手上三分之二的伯克希尔股份,曾经有1 800股,现在减少到了1 200股。"虽然他的建议并不总是被采纳,布思仍然在博物馆的董事局任职。

布思最终在伯克希尔拥有了1.4%的股份,比芒格的1.5%略少一些,这也使他成了公司大股东之一。芒格朋友圈中的其他人也都富了起来。最早和芒格一起开电子设备生产厂的埃德·霍斯金斯投资了惠勒和芒格证券公司,结果最终得到了一部分伯克希尔的股票。古瑞恩、马歇尔、托尔斯,当然还有芒格,也都如此。

"购买伯克希尔股票的资金表现大大好于其他,"芒格说,"很少有其他人能实现这样的增长率。直到1974年,它的股价还只是40美元一股，到 2000 年 6 月成交价则是 60 000 美元一股。"有一度，伯克希尔的股价超过 90 000 美元。芒格自己持有的伯克希尔股份成本价低于 40 美元，因为他通过交换一些价格更低的股票得到了这些股份。

惠勒和芒格证券公司清盘时，有限责任合伙人得到了新美国基金的股份，芒格和古瑞恩继续运作，直到 1986 年这个基金也彻底清盘。作为新美国基金最终清算的一部分，股东们得到了每日新闻集团的股份。

当这一阶段的职业生涯结束的时候，芒格和马歇尔已经在同一间办公室并肩战斗了近 20 年。对于要负担一个大家庭的年轻律师来说，房地产项目已经是一桩大生意了。芒格说有一个像马歇尔这样好的合作伙伴对于他们的成功必不可少。"这些都是值得铭记的大事情，"芒格回忆说，"和古瑞恩以及巴菲特一起收购蓝筹印花是一件大事。我一生中的合伙人水平都很高，有些是最顶尖的人才。即使他现在如此出名，人们还是低估了巴菲特作为合伙人是多么的好。杰克·惠勒虽然很爱喝酒，但工作起来还是很棒。阿尔·马歇尔无可取代，他在项目上努力工作，在推动喜诗糖果收购案中做出了巨大的贡献。我是从来都不会用任何花言巧语的人，只和有本事的人打交道。"

在他们 20 多年的共事生涯中，阿尔·马歇尔发现自己要不断防止芒格做出各种有违社会礼仪的事情。马歇尔说，每隔一段时间，芒格都会发表一次长篇大论，说得又多又快，没有人能打断他或者换一个话题。一天晚上在一个晚餐聚会上，主人拦住马歇尔，拜托他去另外一个房间把已经喝了好几杯酒的芒格拉出来。"没有人能插上一句嘴。他正

第9章　正式踏入投资领域

在对客人们说不同宗教中对天堂的描述。他称之为千年高潮。"

除此之外，芒格还时常对马歇尔火上浇油。有一次芒格夫妇和马歇尔夫妇一起去南希父母的家乡度假。两对夫妇一起去一家杂货店购物。马歇尔和他的太太玛莎肩并肩站在肉制品柜台面前挑选晚餐用的牛排，后来玛莎走开去看一些别的东西。马歇尔并没有意识到玛莎走开了，伸手去抓后面的另一位女士，当他发现那位并不是自己太太的时候惊呆了。而受害者则愤怒无比，芒格当时站在另外一个肉制品柜台前，大声喊道："要知道他对所有的女人都这么干！"芒格所说的话让那位女士更为生气。

虽然爱开玩笑，马歇尔说这几十年来他和芒格共事的时候从他身上学到了很多。"我学会了如何赚钱，"马歇尔说，不过另外他也开始相信"努力工作、为人诚实，如果你坚持这样做，你会得到一切。"

当芒格经历这段变化巨大、扩张快速的发展时期时，他的家人有时却很难描述芒格到底是做什么的。莫莉·芒格没法跟她的朋友爱丽丝·贝勒德说清楚她爸爸的职业。

"我的大学室友的爸爸是一家费城公司的合伙人，他的祖先是威廉·潘。她爸爸——被我父亲称为弗雷德·贝勒德——后来说：'从芒格对自己的描述来看，我完全不知道他在哪里工作，他很可能是CIA。'我父亲对自己的介绍从来都是前言不搭后语。他在证交所有间非常小的办公室。他在那间办公室里到底做什么，那家律师事务所、他买下的奇怪的汽车化工公司都是怎么一回事情，无人理解。"无论如何，莫莉对自己父亲的信赖毫无动摇。"这对我来说完全没有关系，看起来就好像是'你只是不了解他。即使你现在不了解，将来也会了解的。他是出色的'。"

第 10 章
巴菲特和芒格合作投资的首个大赢家——蓝筹印花

我曾经怪爸爸悲观处世,他有积极乐观向上的一面,不过也有悲观的一面。他说:"不不,我不是悲观。如果有一个好的主意,我会像一条小鲟鱼一样跳起来。"他边说边挥舞着双手。

——莫莉·芒格

小查理·芒格知道要是爸爸来找他讨论一个数学问题,那他的生意上一定有特别的事情发生。小查理正在攻读物理学,他的数学非常好。要计算的是一家加州公司,名叫"蓝筹印花",它有一笔公积金,用于满足未来几年赎回印花的要求。它有一个备用账户,和许多保险公司用的一样,存放的是用来弥补未来可能发生损失的额外费用——这个账户中的资金用于投资,投资回报计算在公司增长额内。每年蓝筹印花的赎回额是可预测的。这会导致公积金的减少,不过接着又会被新发行的印花所筹集的资金所填补。芒格真正想知道的是,在不同

第 10 章　巴菲特和芒格合作投资的首个大赢家——蓝筹印花

情况下，蓝筹印花的可投资资金会减少得多快。

蓝筹印花当时正因为一场纠纷而上了报纸，起因是有一群小零售商想和那些创立该公司的大零售商一样成为该公司的股东。当时李克·古瑞恩刚从杰克·惠勒卖给他的那家公司的损失中缓过来。

"三年后，我把所有资金都取回来了，接下来没有投资计划，我和芒格讨论了很多投资的想法，"古瑞恩说，"我在报纸上看到了蓝筹印花的事情，然后有了一个主意。"芒格对古瑞恩说："我要带你去见一个我的朋友，他比任何人都了解备用账户。"

古瑞恩被介绍给了沃伦·巴菲特，就和他第一次见到芒格一样，古瑞恩意识到自己在和一个非常优秀的人说话。古瑞恩非常高兴，因为巴菲特和他一样立即发现了蓝筹印花备用账户中的潜在价值，光是投资这个备用账户，这家公司也很有价值。巴菲特、芒格和古瑞恩开始慢慢地购入股份，巴菲特同时用他的私人账户和巴菲特合伙公司的账户买入股票。

要追溯蓝筹印花从头到尾的历史，会让人觉得扑朔迷离，但是对于理解芒格、巴菲特、古瑞恩的资金如何成长，以及伯克希尔是如何演变成现在这样来说，非常重要。蓝筹印花在收购喜诗糖果、布法罗新闻集团和威斯科金融公司的过程中充当了载体。同时这三家公司后来成了伯克希尔的文化和金融基础。

首先是公司的历史：20世纪五六十年代有一位常旅客计划的先驱，交易印花，有绿色、蓝色和金色印花，以及蓝筹股，这些都是商家给予顾客的激励，零售商在蓝筹印花存入资金换取印花，公司会运作这笔资金，用于购买人们集齐印花后来兑换的商品。消费者在店内每消费一美元都会得到相应数量的印花，他们把印花贴在本子里，集齐后去换些奖品，比如说玩具、烤面包机、搅拌碗、手表以及其他各色物品。顾客通常要花较长的时间，才能够集齐足够数量的印花来换取商品，而有些人就把印花随手丢在抽屉里遗忘，从来不去兑换，于是就会产生备用金。20世纪70年代初，蓝筹印花每年的销售额约为12 000万美元（折算到今天大约是4亿美元）。它当时的备用金大约是1亿美元。

除了主妇之外，商家同样欢迎印花，因为它们可以刺激销售增加利润。第一家优惠券公司是S&H绿色印花，不过根据公司的规定，在同一地区的每个行业中，例如杂货店、加油站抑或是药房仅有一家可以提供S&H印花。1956年，有9家公司，包括CHEVRON加油站、Thrifty药房，以及最重要的加州连锁杂货店希望获得同样的竞争优势，于是他们共同成立了蓝筹印花公司。公司由这9家发起的零售商控制，其他参与的商店可以通过向顾客提供印花来吸引客流，但它们无权过问蓝筹印花公司业务的运作，也无法分享公司的利润。蓝筹印花成了加州目前为止最大的优惠券公司，而恰恰是因为公司的巨大成功，招致了一场诉讼。小零售商们认为创始人没有给予他们公平的待遇，他们声称创始公司违背了反垄断法，因为小商家不能得到股东应有的权利。

1963年12月，司法部向蓝筹印花及其9名创始股东提出反垄断措施。4年后的1967年6月在法庭上，双方达成了一致意见，公司将全面改制，创始人们将不再对公司实行全面控制。

根据法庭判决，蓝筹印花要向那些原本不是股东的小商家提供约621 600股普通股。股份的数量将和一段指定时期内非股东商家派出的印花数量成正比，每付出101美元现金，就会得到3股普通股和100美元的公司债券。621 600股中没有被非股东类用户认购的部分将会在公开市场上出售。这部分新股票数量相当于整个公司普通股中的55%。为保证新老股东间交割顺畅，新的股份由买卖双方直接交易。

"数以千计的小商家最后得到了蓝筹印花的股票，"巴菲特说，这些股票催生了一个市场。"我们认为这些股票非常便宜，于是买了很多。芒格、古瑞恩和我最后控制了蓝筹印花。"

他们分头购入股份。"我一开始买了80 000美元。"古瑞恩说，那是一个起点。芒格的投资额和古瑞恩相当接近。

"在蓝筹印花，我们最终取得了公司的控股权。那次接管进行得相当友好而缓慢，不过最终还是接了过来。"芒格说。

20世纪70年代早期，巴菲特名下的几家公司成了蓝筹印花的最大股东，芒格排名第二，古瑞恩则紧随其后。他们三人积累了足够的股份，可以成为蓝筹印花的董事会主席。

"蓝筹印花的董事会是'老年人社团'，里面的人都很抗拒新人的加入，特别是那些在他们看来自作聪明的人，"古瑞恩说，"芒格率先加入了董事会，然后说服他们接受了我，最后巴菲特也进来了。"

很快，他们在蓝筹印花中的持股结构就变得非常混乱。1971年，巴菲特夫妇个人名下拥有13%的股份；巴菲特持股36%的伯克希尔公司则持有蓝筹印花17%的股份，巴菲特持股42%的多元零售公司也持有蓝筹印花16%的股份。此外，多元零售也拥有伯克希尔的股份。芒格的公司则持有多元零售10%的股份以及蓝筹印花8%的股份。古瑞恩的公司也拥有蓝筹印花5%的股份。最终，在增持了蓝筹印花的股份一段时间后，惠勒和芒格证券公司清算了资产，多元零售则并入伯克希尔，伯克希尔的总持股数达到了60%。伯克希尔、巴菲特和芒格加在一起拥有蓝筹印花已发行股票中的75%。

有好几年，买卖印花仍是蓝筹印花的主要业务。1970年，处于高峰时期的蓝筹印花销售额高达1.24亿美元，不过很快买卖印花的受欢迎程度开始走下坡路，到1982年的时候销售额骤跌至900万美元。20世纪90年代末销售额更是只有20万美元一年，只有一些保龄球馆还向顾客提供印花。

成了董事后，巴菲特和芒格就得到了公司投资委员会的控制权。于是在印花交易业务日益受人冷落期间，投资委员会就致力于开发蓝筹印花的备用金账户中的价值。

巴菲特和芒格通过蓝筹印花进行的收购投资中，最大的一单是收购陷入困境的资源资本，这是一家成立于1968年的封闭式基金公司，由声名狼藉的"冲锋队式"基金经理弗雷德·卡尔管理。卡尔一度是个响当当的人物，但很快就因为20世纪70年代早期起伏不定的股市表现而毁了名声。卡尔退出资源资本的时候，它的资产净值是18美元一股，但交易价只有9美元。这种情况和存信基金很相似，只是卡尔离开后接手的基金经理相当有天分，投资思路与芒格和巴菲特很相似。蓝筹印花买入了资源资本20%的股份，芒格成了董事，他和负责的基金经理相处得很好。资源资本仍然是一家独立的公司，至今仍在纽约证交所挂牌交易。芒格和巴菲特在接下来的几年中为资源资本介绍了很多高端客户。

巴菲特和芒格的多数收购意向都进行得相当顺利，不过他们并没有买到所有想要收购的资产。1971年，蓝筹印花试图溢价收购报业企业《辛辛那提问询报》。这份报纸当时每天的发行量为19万份，星期天特刊则为30万份。由于美国司法部控告它非法垄断了辛辛那提市场，斯克里普斯公司不得不出售报纸业务。蓝筹印花向斯克里普斯及其附属公司斯克里普斯-霍华德出价2 920万美元，但被拒绝了。现在，《辛辛那提问询报》隶属于加内特公司。

到了1980年，蓝筹印花旗下有5类业务：仍在运作中的买卖印花业务、喜诗糖果、威斯科金融、《布法罗晚报》以及精密钢业。

在此期间，蓝筹印花对威斯科金融的收购引发了一场令人不愉快的事故，而证券交易所的反应让巴菲特和芒格重新评估了自己运作业务的方式。

第 10 章　巴菲特和芒格合作投资的首个大赢家——蓝筹印花

故事始于 1972 年夏,有一位中间人向巴菲特和芒格出售一部分威斯科金融的资产,它是总部位于帕萨迪纳的互助储蓄借贷联盟的母公司。威斯科金融的股价不过 10 美元出头,还不到它的账面价值的一半。巴菲特和芒格都认同这是一桩有利可图的生意,于是通过蓝筹印花买入了 8% 的威斯科金融股份。即使在蓝筹印花公司历史的早期阶段,200 万美元的投资也是相当小的一笔生意。

然后在 1973 年的 1 月,威斯科金融的管理层发表声明,计划和另一家借贷公司——圣巴巴拉财务集团合并。巴菲特和芒格认为威斯科金融此举无疑是将自己清仓大拍卖出去。这笔交易会让威斯科金融的股东们将自己手中定价过低的股票拿出去换回财务集团的那些定价过高的股票。芒格和巴菲特不觉得这桩生意有利于威斯科金融股东们的利益。

巴菲特说:"我读了一遍条款,简直难以置信。然后我跟芒格说了一遍那些条款,他也不敢相信,但的确白纸黑字地在道琼斯的公告牌上写着。"

芒格要多买些威斯科金融的股票来避免收购,但巴菲特不想。芒格占了上风,6 周内,蓝筹印花买下了他们能找到的每一股威斯科金融股票,总计占公司股权的 17%。如果没有明文批准,他们不得持有超过 20% 的股份,而这类批文通常要很久才能拿到。

芒格去拜访了威斯科金融的总裁路易斯·文森特,看他对自己这个不满意的大股东有什么说法。没费什么口舌,文森特就说只要喜欢,蓝筹印花完全有权利投票反对合并,也可以去游说其他股东做同样的决定,但结果由股东们决定,而不是文森特自己。这是芒格喜欢的那种直截了当的谈话。他立即对文森特产生了好感,后来巴菲特也一样。

为了让股东们投票阻止合并,芒格和巴菲特就一定要说服伊丽莎白·彼得斯。她是一名住在旧金山的女继承人，在那帕山谷拥有一片葡萄庄园。他们还必须让她的兄弟们也一致同意。彼得斯的父亲成立了 S&L 并在 20 世纪 50 年代将其变成了上市公司，彼得斯家族持有其很大一部分的股份。伊丽莎白·彼得斯希望通过和财务集团的合并来提振威斯科金融低迷的股价。蓝筹印花的总裁唐纳德·科普尔试图劝彼得斯改变主意，但他失败了，巴菲特决定亲自试一试。

"我搭飞机过去和她谈，我们是在旧金山机场美联航的贵宾室里谈的。"巴菲特说。

彼得斯坚持必须要采取一些措施来提振 S&L 的市场表现，巴菲特说他愿意亲自来负责。她被他的自信所打动，但还是问了一个问题，同样的问题在伯克希尔后来的成长历史中也一再出现。

"巴菲特先生，如果我相信了你，你却在十字路口被卡车撞死了怎么办？那时谁来拯救威斯科金融呢？"巴菲特跟她保证查理·芒格将随时待命。

巴菲特说服了彼得斯投票反对合并，仍然持有家族的威斯科金融股份，为芒格在即将加入的董事局中保留席位。最后的结果让彼得斯非常满意，因为财务集团破产了，而威斯科金融则由于巴菲特和芒格两位董事的加入变得欣欣向荣起来。

成功阻止了合并后，芒格和巴菲特在合法的情况下只能再买 3% 的威斯科金融剩余股份，于是他们立即着手去做。合并一取消，他们就出价 17 美元一股买下股票。他们知道短期内威斯科金融的股票一定会下跌，鉴于合并是被他们搅和的，出价 17 美元对威斯科金融来说才算公平。"我们在某个堂吉诃德式的时刻做出了这样的决定，认为只有这样解决才是正确的方法。"芒格说。

过了一段时间，他们拿到了批文，蓝筹印花又发起了几次股权收购，最终将自己在威斯科金融中的持股比例增加到了 24.9%。1974

第 10 章　巴菲特和芒格合作投资的首个大赢家——蓝筹印花

年年中，蓝筹印花拥有了威斯科金融的大部分股权。芒格和巴菲特原本打算继续增持，但在80%的时候应彼得斯的要求停止了，彼得斯还是公司的一位单一大股东。巴菲特让彼得斯设定威斯科金融的表决政策，她每年将支出预算上调一些。

然而，自始至终，证交所出于某种原因一直在追踪巴菲特和芒格的活动，同时对威斯科金融的交易存在一些疑虑。

"我一直怀疑某个希望与财务集团合并的家伙跑去证交所告了状。"芒格说。不过他也承认，蓝筹印花错综复杂的股权关系的确看起来引人怀疑。

"当证交所开始调查的时候，发现有三家交叉持股的公司。那只是一个巧合，但很复杂。而且因为很多人创造了一些复杂的东西来隐瞒欺诈，证交所研究了又研究，最终决定把注意力集中在一件事情上——我们如何收购威斯科金融。人们都假定如果你做的事情非常复杂，那你很有可能在做什么坏事。"

的确，巴菲特、芒格在一堆关系错综复杂的公司中都拥有股份，古瑞恩也多少沾点边。这三个人的投资以这样那样的方式增长了起来，无论他们采用什么样的结构，在当时都是合法而公平的。对证交所来说，这种结构有点太杂乱无章了，不过还存在一个法律问题。

证交所关心的是蓝筹印花是否以某种方式违法操控了威斯科金融的股价。证交所正确地总结出了芒格和巴菲特以明显偏高的价格收购了股份，并由此怀疑这是出于某种强制收购的目的，而不是他们自称的仁慈。巴菲特对这种询问的回应是：寄了三大箱文件、备忘录、股票交易文件等等去华盛顿。巴菲特的反应相当平静，然而，芒格却不耐烦起来。

证交所的调查成了蓝筹印花日常业务运作的障碍。1974年秋天，芒格写信给他的律师说："我希望目前正在进行的调查能让证交所的人都满意,如果不,请你确保我及时收到任何回音,最好是直接打电话给我,以便于解决任何问题,让我们的收购圆满结束。"

取而代之的是,证交所对巴菲特的投资公司展开了全面的调查:《关于蓝筹印花、伯克希尔和巴菲特的调查》,编号:HQ-784。

"蓝筹印花、伯克希尔、巴菲特,单独或与他人联合……可能直接或间接地参与了某些行动,制定诡计、阴谋、欺诈或在一份材料中提供一些并非事实的陈述或遗漏某些要点……"

同时,在华盛顿特区盛传芒格以前的律师搭档罗德·希尔斯将会被任命为证交所主席。当时担任巴菲特律师的里克肖瑟给罗德打了电话,希望他能拒绝这个职位。里克肖瑟认为一旦罗德接受了任命,为避嫌,证交所对蓝筹印花案件的调查很可能会变本加厉。根据一些报告,芒格给罗德打了好几次电话,痛骂他不站在老朋友这边,不过罗德说芒格从来没有为这件事给他打过任何电话。他们当时和后来都没有讨论过这件事。无论如何,罗德没有理会里克肖瑟的非分要求,最后还是接受了任命。

证交所并没有停止对威斯科金融的调查,还将调查范围扩大到了资源资本身上。此时巴菲特和芒格意识到他们的财务关系过于复杂,很难向证交所解释清楚,于是他们决定进行重组,把事情简化下来。芒格已经结束了惠勒和芒格证券公司,以5万美元的年薪在蓝筹印花担任主席。巴菲特则关掉了自己的合伙公司,把注意力集中到伯克希尔身上。

1975年,芒格在证交所就蓝筹印花事件出庭作证,竭尽全力想使那些官员相信他和巴菲特在合并计划流产后出高价收购股份只是出于公平的考虑。证交所认为公司投资者的工作是为股东赚取利润,而不是在股票交易中让那些无名卖家获利。芒格解释说,他和巴菲特希望那样的行为能够证明蓝筹印花的公正性,从而提升公司的声誉,最终

第10章 巴菲特和芒格合作投资的首个大赢家——蓝筹印花

会对所有的股东有利。不过这一解释收效甚微。芒格和巴菲特特别希望给路易斯·文森特留下好印象，他们希望他能够留在自己的老位子上做 CEO，他在那个位子上已经待了很多年了。这样的考虑在证交所中没有得到任何积极的回应。

经过了一系列标准的流程后，证交所将文件归档，同时对蓝筹印花提出一项法律诉讼，指控公司购买威斯金融并不只是作为一项投资，而是为了阻止合并。同时也断言，蓝筹印花在合并计划流产后，人为地将威斯科金融的股价推高了好几个星期。巴菲特和芒格既没有承认也没有否认，只是同意再也不会犯同样的错误。蓝筹印花被要求向威斯科金融的股东支付 115 000 美元，因为证交所认定他们在那次商业行为中受到了损失。

那是一段压力很大的日子，不过最后伯克希尔成了一家规模更大、结构更简单的公司。在此后的重组过程中，蓝筹印花卖出了它在资源资本中的股份，当时已经翻了一倍。威斯科金融由于持股比例已经达到 80%，出于税收的考虑与蓝筹印花合并。多元零售和蓝筹印花都并入了伯克希尔，让芒格最终得以在伯克希尔中有一个正式的职位。芒格得到了伯克希尔 2% 的股份，并担任副主席，薪水仍然是 5 万美元。罗伯特·德汉姆参与了这些法律事务中的一部分，他说："在同一集团下设立公司的结构，消除了几乎任何表面上的利益冲突。在合并前蓝筹印花和伯克希尔的股东不同，一旦一项真正的有利可图的投资项目出现，很有可能巴菲特要以牺牲一方股东为代价让另一方股东获得收益，这种情况再也不会发生了。"

直到合并前，蓝筹印花的股东们都会收到他们自己的年报，附有一段芒格的话。当合并完成后，巴菲特和芒格一起写了一封致股东们的信："管理合并后的企业对我们来说简单很多，成本也降低了。同时，简单让我们更了解自己在做什么，因此也有利于实现更佳的表现。"

伯克希尔和蓝筹印花合并的时候,伯克希尔持有蓝筹印花60%的股份。1983年7月28日,伯克希尔收购了其余的40%股份。每一股蓝筹印花都换得0.077股伯克希尔股份。合并后的公司总资产约16亿美元。股东们在奥马哈相聚,确定了新公司的结构。巴菲特夫妇持有足够的股份,自己就可以决定合并的事情,不过他们告诉其他股东要对合并进行投票表决,只有在大多数其他股东都同意的情况下才会执行。

多年后,芒格说合并是正确的选择。"现在的情况简单得多。从那以后我们有一个最简单的结构。在最高层只有一家大公司——伯克希尔。不过结构图的下面,还是有点复杂。有些公司是100%持股的,有些是80%,有些只是持有一大笔股票而已。"

回想这一切的时候,芒格发现最有趣的是用不到4 000万美元的资金创造了几十亿的财富,在这个过程中真正重大的商业决定却并不太多,不会超过每三年一次。"我认为这样的记录显示出的是一个不同寻常的聪明人的优势,他不是只追求自己的利益,取而代之的是将无比的耐心和果断坚决结合在一起。"

芒格的继子哈尔·博思威克对芒格帮助蓝筹印花解决很多问题给予了高度评价:"早期继父做了很多非常艰苦的工作。那些人都是固守思路的投资人,你知道的,他们一直都在找便宜的资产。继父帮忙解决了这些问题。"

"我们在20世纪70年代开始的时候只有一项业务,那就是买卖印花,最后业务注定衰退成了昔日规模的一个零头,以前的股东手中的一堆证券、抵消印花赎回的负债,如果留到现在就会带来灾难性的后果。"芒格1981年在致股东的信中这样写道。

第 10 章　巴菲特和芒格合作投资的首个大赢家——蓝筹印花

"在我的管理下买卖印花的销售额从 1.2 亿美元下降至不到 10 万美元，所以我的管理失败率是 99.99%，"芒格说，"即便如此，公司在其他方面的投资表现却非常优异。不过从一家印花交易公司的角度来看，我是完全失败的。其他人也都是。现在在美国没有剩下一家大型印花交易公司了。"

"不过我们没有料到印花交易业务会成为大赢家，这一天到来的时候它就开始走下坡路了。与此同时，我们收购了喜诗、《布法罗晚报》和威斯科金融，并且运用备用账户和其他资金在证券市场进行了相当成功的投资。财源滚滚，就像发了疯一样。"芒格说。

1972 年，蓝筹印花的资产负债表上的净值约为 4 600 万美元；而到了 1981 年底，增长到了 16 900 万美元，10 年间增长了 267%。股东在这 10 年间的年投资回报率是 15%。

后来，据芒格说，回报更为丰厚。如果蓝筹印花仍然是一家独立公司，它今天会是一家发电厂。它以前运营的那些子公司税前收入超过 15 000 万美元。此外，威斯科金融有超过 20 亿美元的证券在手。时至今日，蓝筹印花自己的价值则高得多。

虽然深埋在伯克希尔的文件柜里，蓝筹印花仍然是一家完整的公司。如果人们在厨房抽屉的角落里仔细找一找，或者打开过世的母亲留下的箱子发现了印花，他们还是可以拿去兑换。

"大部分印花交易公司直接消失了。蓝筹印花仍然存在，保留了很小一部分印花业务——兑换 1961—1962 年间发行的印花，"巴菲特解释，"上面的数字表明是 30 多年前发行的。我们保留了这家小兑换公司，还有一本很漂亮的目录，提供的价值和 25 年前一样。"

他和芒格决定把蓝筹印花公司一直开下去，只要他们认为还会有相当数量的未兑换印花会出现。想到伯克希尔成了那些曾经为争取在公司分一杯羹而斗争的小商家一生中最好的投资，他们就心花怒放。

"很多年前，在我和巴菲特买入股票之前，蓝筹印花寄给几位加油站老板少量的公司股份，作为小商家们打赢了反垄断官司后的解决方案，"芒格说，"我太太告诉我她时常去修车的那家汽修厂老板，有一天在她刚下车时就紧紧拥抱她并送上香吻。所以也许我们该再买一门日落西山的业务进来。"

证交所的麻烦最终平息了下来，不过伯克希尔和蓝筹印花之间的问题却还没有完全解决。剩下的问题涉及那些在20世纪70年代收到过股份的加油站和其他小商家老板。20多年后，有一小群忘记有这些股票或是遗失股票记录的股东忽然间发现自己错过了这么重要的一件事。

这些股东称他们的股票在交易经纪人的记录中遗失了，致使他们没有意识到自己现在持有伯克希尔的股份。根据加州法律，在一定时间后这些股份要么充公，要么会转交州政府保管，也就是伯克希尔交易经纪所执行。在一些案例中，州政府会继续持有这些股份，那样的话价值就已经增长了近100倍。还有一些案例中，州政府会卖出伯克希尔的股份，以最初蓝筹印花股东的名义保存这笔钱。

1993年，加州通过了法律，允许州政府通过卖出它所持有的无人认领的股份来降低管理成本。州政府然后就将资金存入有编号的账户，以信托基金的方式保存这笔钱供后人认领。1995年11月，加利福尼亚州政府以31 177.77美元一股的价格售出手上所有的伯克希尔股份。当这些忘记股票在何处的蓝筹印花股东知道发生了什么情况时就提出了诉讼，当时伯克希尔的股价是37 950美元一股。

有一家在纽约和圣地亚哥都有分部的律师事务所以擅长处理股东共同起诉案件而出名，状告伯克希尔未尽全力寻找400名早期的蓝筹

第 10 章 巴菲特和芒格合作投资的首个大赢家——蓝筹印花

印花股东,让他们知道自己现在拥有的是伯克希尔的股份。他们希望公司补偿股东们在州政府售出股份后未能获得的价差。

"问题是,他们应该给我写封信让我知道。"61 岁的原告约翰·德威特说。他拥有几家加油站,在加利福尼亚的南埃尔蒙特地区销售汽油。"我们从 1972 年开始就在同一个地方了。"

虽然没有被列入被告名单,芒格和巴菲特夫妇还是在申诉中被提及了。

"那些小商家所说的根本就是假的。"巴菲特说。他认为有时股东们只是忽略了自己收到的信件。最后,"他们拿到了钱。他们只是因为州政府出售了伯克希尔的股份而发了疯。我们还发现了从 20 世纪 30 年代就开始持有伯克希尔股份的人,他们现在都是百万富翁了。"

法院驳回了股东们的诉讼请求,认为已经过了诉讼时效。要是这次诉讼真的跑满全程,伯克希尔可能一点责任都不用担。有些股票在伯克希尔收购蓝筹印花之前很久就"掉了",无论如何,对那些无人认领的股票,该走的程序都走了。

"有些股东老是容易'掉',也就是和公司交易经纪失去联系。由此产生的不可避免的结果就是所有商业化程度高的国家都有无人认领法,"芒格说,"伯克希尔比多数公司都要积极地督促交易经纪去找到那些失踪的股东。"

就像前文中暗示的那样,巴菲特、芒格和威斯科金融的首席执行官文森特之间的关系就像他们所希望的那样好。文森特曾经是帕萨迪纳最好的商务律师之一,后来成了自己最佳客户的 CEO。"他聪明、有原则、果断,还很节俭,"芒格说,"而且他做了很多年 CEO,热爱这门业务。最后他得了阿尔兹海默症。那个时候我们非常喜欢他,只

要他来上班就算他在履行 CEO 的职责，一直到他再也来不了为止。贝蒂·彼得斯也很高兴地参与了这个非同寻常的决定。"

伯克希尔从蓝筹印花那里继承得来的股东中包括传奇投资人菲利普·卡雷特。卡雷特自 1968 年开始就持有了蓝筹印花的股份并以 400 美元一股的价格转成了伯克希尔的股份。卡雷特参与投资组合管理长达 78 年。最早一批最成功的对冲基金之一——先锋基金就是由他成立的，这个基金从 1928—1983 年在各种经济环境下都一直在运作。在此期间先锋基金的平均年投资回报率是 13%，而标准普尔 500 指数则是 9%。

菲利普·卡雷特生于 1896 年，于 1998 年 5 月 28 日去世，享年 101 岁。前一年他还参加了伯克希尔在奥马哈召开的年度股东大会。虽然坐着轮椅，卡雷特还是用了几乎一天的时间和其他投资人交谈。去世前两个星期卡雷特还在工作，至死都保持清醒的头脑。

从他们开始买入蓝筹印花到这家公司并入伯克希尔的这段时间里，巴菲特和芒格缓慢而稳妥地巩固了他们的合伙人关系。从来都没有一份书面的合同来定义他们合作的条款。芒格和巴菲特只是凭着信任一路向前。

"对我们这些成为律师的人来说，"温迪·芒格说，"从他的经商生涯中学到的宝贵一课就是不要和自己不信任的人做生意。如果没有信任，经济条件如何根本就不相干。大多数人只会考虑经济问题，认为当自己和一个不信任的人交易的时候合同会帮你把关。你一定要和高水准的人做生意——和他打交道的都是这类人。"

芒格也用这种方式说："永远不要和一头猪玩摔跤，因为如果你这么做了，你们两个都会变脏，但是猪会乐在其中。"

第 11 章
促巴菲特对阵格雷厄姆

通常而言，我并不支持社会对那些没有为改进制造业的工艺做出贡献、没有发明出更先进的系统的人给予丰厚的回报。当然你可以说我在自己骂自己。我能回应的是，这几乎是全世界都有的现象。

——查理·芒格

芒格家族的成员在星岛度假区齐聚一堂，准备在新建成的"超级大客厅"中享用第一顿晚餐。这间房由成年子女们合力设计，爸爸则慷慨出资。随着芒格家族的日益壮大，越来越多的另一半和孙辈都加入了进来，要找到一个地方能让所有人坐在一起吃晚饭、玩游戏或是散坐在壁炉边闲聊变得益发困难。这间屋子里的各个房间可以发挥这些功能。巨大的用石头砌成的壁炉上是敞开式横梁的天花板，房间的另一边有一张全尺寸的台球桌，已经围满了十几岁的孩子们。屋子里有为大人们准备的两张宴会桌，还有一张小的晚餐桌，是给孩子们的。大多数的夜晚，芒格家的孩子们都会一起吃晚饭，不过是在别的地方。他们在芒格的一个船坞附近支起了他们自己的野餐桌。在湖边更凉快，虫子更少，还没有父母。

回到主屋，大家正在为这幢新房子的落成举杯庆祝，感谢那些通过传真、电子邮件和电话协同规划了这个宽敞得像森林一样的房间的人。晚餐采用了自助的形式，有各种烧烤、新鲜的奶油玉米、意大利什锦饭和沙拉。甜品则是冰激凌。大多数人都把手盖在酒杯上防止昆虫进去，那些没有采取措施的人就吃到了一嘴的小虫。不过没关系，大家都在热烈地交谈，享受愉快的时光。

莫莉·芒格坐在爸爸的身边，她扭过头轻声感谢他为这次家庭聚会提供了必要的条件，特别是建造了这个了不起的超级大客厅。芒格直视前方，对她的话完全没有反应，连眼睛都没有眨一下。

"你听到我说的话吗，爸爸？"莫莉小声而坚持不懈地问。"听到了。"他咕哝着说，双眼仍然直瞪瞪地看着前面。

忽然，芒格家的一个孩子带着一大盒喜诗糖果出现在大家面前。在大部队到达之前，有一个箱子就已经从厂里运到了岛上。客人们纷纷在盒子中翻找自己最喜欢的奶油夹心糖或是饴糖，时不时地停下来看摸到的这颗是什么夹心的。芒格的家人和他们的客人都太客气，不过有些人却被这件事吸引住了。南希·芒格从桌子的另一头向她的丈夫喊道："亲爱的！"她向她身边的同伴说："他老是不听我的话。"接着她又叫得更响了一些："亲爱的！告诉他们管子的故事。"她终于引起了他的注意，"就是喜诗糖果工厂里管子的故事。"

现在他终于回到了现实中，开始讲故事。当年喜诗糖果公司新请了一位经验丰富的糖果技师，有人带他去生产糖果的厨房。"这名新员工花了好长的时间在四周张望，显得非常困惑。于是去问经理水管在哪里。这个人只能找到两根管子，一根写着'奶油'，一根写着'喷射奶油'。他惊讶地发现他们在制造喜诗糖果的时候根本不掺任何水，厨房里一根水管都没有。"

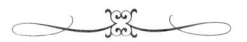

喜诗糖果在洛杉矶召开了一个午餐会庆祝公司成立75周年，来宾们见到了两位令人惊讶的客人。有一个人穿着白色的跳伞服、戴着护目镜和一顶古董式的皮头盔，开着哈里·戴维森摩托车到了舞台上。背景是喜诗糖果20世纪20年代黑白两色的商标。骑士跳下摩托车，摘下帽子，脱下跳伞服。同时另一个人从边车上跳了下来，站在大笑的观众面前的是驾驶员沃伦·巴菲特和他的乘客查理·芒格。

"今天能来到这里我特别高兴，"芒格对齐聚一堂的员工、供应商和顾客说道，"它给我一次机会让我看起来比我原本的样子要敏捷很多。要是你把一个家伙像弹簧一样按住，然后把他放在一个小的容器里，他就会像一个孩子一样跳出来。刚才我在那个小容器里的时候，想到了自己最喜欢的一个商业比喻——一只小老鼠说：'把我放出陷阱吧，我不要那块奶酪了。'世界上有千万个商业陷阱，你有可能会冲昏头脑、自我膨胀、晕头转向，不知道自己该怎么做。而要把一件事搞砸则有千万种方法。我最推崇的一个例子是，一位女士在71岁的时候创立了公司，并且尽一切可能陪伴公司生存并繁荣起来。这是一个绝妙而令人惊奇的案例。喜诗糖果历史上躲过了很多的陷阱。"

"普通的糖果公司在太多的商店中铺货，"芒格接着说，"你在七八月的时候，积压了太多的存货，在圣诞节的时候供应量却不够。但是喜诗糖果始终了解自己的业务状况，不过顺便说一句，这对于员工来说是很严酷的，圣诞节的时候店里面有大量的喜诗糖果供应，但这只是公司的秘密之一。"

"当然狂热追求产品的质量和优质的服务是公司业务的精髓所在。我非常欣赏今天在座的都是我们的长期客户和长期供应商。你有优秀而值得信赖的供应商，同时你也如此对待你自己的客户，这样你就成了一张无形的信任之网中的一部分。这才是全世界应该运作的方式。对于其他人来说更有示范作用。这样才是建立一个国家或者一个文明社会正确的方式。了不起的是，我们在职业生涯的早期就开始了这种合作关系，完全是出于一种基本而牢固的文化认同。这再一次证明了本杰明·富兰克林的商业哲学，这么多年后在喜诗糖果里仍然行之有效。"

夏天对于糖果制造商来说是最难熬的季节，因为没有一个围绕糖果而设立的节日，在洛杉矶的工厂，夏天员工人数减少到 110 人左右，而到了圣诞节至复活节的这段时间，员工总数会膨胀到 275 人以上。

夏天的糖果工人们都是长期工、职业工人，很多都是西班牙裔，喜诗糖果为自己有一种家庭感而自豪，让妈妈、女儿和外孙女，妻子和丈夫，兄弟姐妹肩并肩地工作。南部的工厂生产 40% 的糖果，主要是硬糖，剩下的都在南旧金山的工厂里生产。工厂里的工人拿的是小时工资，同时拥有全额的医疗保险，这是他们的工会——面包及糖果工人联合会为他们谈判得来的。有几百个员工已经在这家公司工作了 15 年甚至更久。在洛杉矶工厂 1999 年的颁奖晚会上，有 21 名工人被授予了长期服务奖，服务年数从 30 年到 50 年不等。

喜诗糖果的座右铭是"质量百分百"，这更像是芒格精神的代表，而不是晚餐后的一道佳肴。收购喜诗糖果是他和沃伦·巴菲特一起做的最早几桩交易之一，这也是他们第一次公开收购的公司。不过最重要的是，喜诗糖果给芒格和巴菲特上了一课，让他们的投资风格大为改变。

1972 年，巴菲特和芒格利用蓝筹印花的公积金账户，以 2 500 万美元的价格收购了一家洛杉矶的小型公司——喜诗糖果。这对芒格和

第 11 章 促巴菲特对阵格雷厄姆

巴菲特来说是很重要的一步,因为那是当时他们进行的最大宗的收购行动。

在加州,喜诗黑白色调的糖果店是当地文化的一部分,曾经出过一桩大新闻。16 岁的雪儿在喜诗糖果工作,遇到了索尼·波诺,于是辞职搬去他家里做了他的管家。后来他们组成了著名的索尼-雪儿乐队。

1921 年玛丽·喜诗 71 岁的时候,开办了这家洛杉矶社区小糖果店,在此过程中得到了她儿子查尔斯·喜诗的帮助。

查尔斯·喜诗曾经在加拿大担任药剂师,不过当一场森林大火席卷了他所在的城镇,毁掉了他的两间药房后,就转行了。他当上了巧克力销售员,梦想着有一天能开一家属于自己的糖果店,店里的糖果都采用他妈妈自制的配方。1921 年,他和他的家庭,包括丧夫的母亲一起从加拿大搬到了帕萨迪纳。这个美丽优雅的洛杉矶郊区,后来成了查尔斯安家的地方。20 世纪 20 年代,洛杉矶是一个蓬勃发展的城市,有 50 万居民。因为市场上有数以百计的竞争对手,喜诗糖果的路并不好走,喜诗糖果及其合伙人决定集中精力用高质量的产品来建立声誉。

1929 年股市崩盘,大萧条开始,喜诗糖果被迫将一磅糖果的售价从 80 美分下调到 50 美分。由于说服了房东降低租金,跟他说低租金总好过没租金,喜诗糖果得以存活了下来,不过也看到了扩展自己市场的机会,因为其他的糖果制造商纷纷破产。第二次世界大战期间,因为糖的紧缺,出现了第二次危机。喜诗糖果决定根据配方,利用公司能得到的资源,尽可能地生产高质量的糖果,而不是通过改变配方来降低质量。顾客们在店门口排起了长队购买限量发售的巧克力,一旦当日的供应售完,他们就关店。不管店铺几点关门,销售人员仍然得到全天的工资。事实证明这是一项明智的市场策略,排队的人群让糖果店得到了更多的配额。

1951年查尔斯·哈金斯加入公司的时候，喜诗糖果已经30岁了。公司总部设在洛杉矶，但哈金斯最早是在旧金山工厂开始工作的。

1943年去欧洲参加远征军之前，哈金斯休了个假，第一次见到旧金山，他立刻就爱上了这个地方。"我说，要是我在战争中活下来的话，这就是我要去的地方。"他做到了，然后就读于凯尼恩学院。毕业后，哈金斯搬到了旧金山，他从斯坦福大学人员安置办公室得到了一封推荐信，开始在喜诗糖果工作。

他被派到各个部门工作，甚至糖果生产部。在管理包装部的时候，他大展身手的机会来了，员工们觉得他们工作的流程有问题，不过找不到任何人来听取他们的意见，哈金斯到了之后，采纳了工人们的意见，对流程进行了更改，从而提高了效率。公司一点点地增加了他的责任。玛丽的孙子哈里·喜诗在自己的哥哥死后接管了公司，哈金斯负责扩展公司的业务，哈金斯说哈里"非常享受生活，喜欢到全球各地去旅行，还在那帕山谷建了一座葡萄庄园。没多久，家族就决定卖出公司的股权收回现金。我负责协调联络这件事情"。

"1970年春天我们开始着手进行这件事。我们有一些相当合适的买家，例如来自夏威夷拥有C&H以及其他品牌的四大糖业公司之一。因为喜诗家族对公司索价颇高，吓退了好几个买家。"

"有一家公司开始进行深入的可行性调查，检查我们的业务状况、拥有的许多合同以及其他一些文件，"这种程度即使是哈金斯都觉得他们小心得过头了，"最后一刻，准确地说是这一天的午夜，正在他们应该签署收购合同前的那一刻，他们退出了。这并没有造成什么伤害，只是让我白白浪费了许多精力。我们甚至还保持了多年的联系，他们都是非常好的人。"哈金斯说。

那时，蓝筹印花的投资顾问罗伯特·弗莱厄蒂听到了这家高级巧克力连锁店打算出售的消息，他联系了蓝筹印花的执行官威廉·拉姆齐，后者对购买喜诗糖果非常有兴趣。拉姆齐在弗莱厄蒂的办公室给巴菲特打了电话。

"天啊，拉姆齐，"巴菲特说，"糖果业？我可不认为我们想进入糖果业。"

不知什么原因，电话断线了。拉姆齐和弗莱厄蒂赶紧再打给巴菲特。最后在秘书拨错了几次号之后，他们终于重新连上了。还没开口，巴菲特就很快地说："我刚才看了一眼数字。是的，我很愿意以一个特定的价格来收购喜诗糖果。"

巴菲特立刻飞去拜访哈里·喜诗。

那是1971年11月，查尔斯·哈金斯回忆道，哈里·喜诗热爱夏威夷，"我们正打算在那里开第一家店，我在火奴鲁鲁和美国大陆之间来回往返，忽然接到了哈里的一个电话说：'我们找到了几个非常认真的潜在买家，我希望你能回来帮我和他们一起谈谈。'我们在感恩节后的那个星期六和他们见了面。"

哈金斯匆匆忙忙地搭了一班飞机回去开会，会议在洛杉矶一家酒店里举行。哈里·喜诗、喜诗糖果的首席执行官以及喜诗糖果的律师都已经到了。哈金斯走进巴菲特、古瑞恩和弗莱厄蒂都在的房间，第一次见到了芒格。

"我们坐下谈了好几个小时，哈里介绍了他们是谁，没有任何作用。每个人都认为伯克希尔是一家衬衫公司。没有人知道芒格是谁。古瑞恩则可能有人知道他开发过地产，和蓝筹印花业务有一些关系。巴菲特在会上发表了很多意见，芒格会不时地打断他，插入他自己的看法。古瑞恩则一言不发。我们认识到这是他们的确想收购喜诗糖果的证明。有两件事要解决：收购价是多少，收购后的业务如何运作。巴菲特就对哈里说：'要是我们买下了公司，我们自己是不会来运作公司的。我要知道谁有能力来负责公司的运营。'"

原来的CEO正准备退休，所以这个问题成了一个难题。"哈里在房间里环视了一圈，看到了我，于是说：'哈金斯可以。'事情就是这样发生的。巴菲特说：'那就好。'芒格、古瑞恩和我希望明天能和哈金斯开个会。"

多亏了那些在最后时刻退出的买家，哈金斯对于此类会议已经有了相当的经验。他知道哈里·喜诗肯定已经把喜诗糖果所有好的方面都告诉了这几位可能的买家。

"我准备了一些资料，都是关于公司到目前为止做过些什么的。我打算告诉他们我自己看到的一些问题、正在进行中的工作、我对竞争的看法，以及所有不好的方面。我把我的问题和解决方案列成一张清单给他们看。"

"巴菲特是个非常冷静、脚踏实地的人，"哈金斯回忆说，"古瑞恩从来不多说话。芒格则一直都非常主动。巴菲特和芒格时常同时说话，让我有所顿悟。不过他们三个我都喜欢。他们对做过的事情从不吹嘘。我知道芒格以前是律师。巴菲特就像是一双旧鞋子那样令人舒服。芒格像是一位大学教授或者最高法院的大法官，古瑞恩则让我感觉他对于任何事都无所谓。他看来完全和那两位毫不相干，但事实上有关系。他看上去永远都不太正经，其实却非常严肃。"

巴菲特告诉哈金斯首要的是要解决收购问题，不过，"一旦这件事发生了，我们预计到这样一些后续的事情。首先，我们希望你能以总裁和CEO的身份运作喜诗糖果；其次，我们不希望看到任何喜诗家的人和公司还有关系。有些人会在公司出售后逗留很久，请你安排一下让他们能自行离开。"

哈金斯说巴菲特和芒格希望他能全面掌控。"我们希望你能以道德规范保持公司的生产准则。"巴菲特说。

第11章 促巴菲特对阵格雷厄姆

喜诗家族要求3 000万美元，但由于账面价值很低，巴菲特和芒格决定出价不超过2 500万美元。他们谈崩了，不过后来哈里又打电话回来接受了2 500万美元的出价。芒格和巴菲特于1972年1月3日正式收购了喜诗糖果，付出的价格是账面价值的3倍，这是他们以前从来没有做过的事情。

"我当时在想，芒格住在汉考克公园，巴菲特则要回到奥马哈。"哈金斯说。他担心如何与自己的新老板交流。

巴菲特告诉哈金斯他知道喜诗糖果最繁忙的销售旺季即将来临，因为圣诞节的销售占到了全年利润的一大半。假期过后大家会再碰一次头，讨论下一步的策略。

"我们握了握手，那就是圣诞节前我开的最后一次会，"哈金斯说，"我仍然不太理解巴菲特，摸不着头脑。"自那以后，哈金斯对芒格和巴菲特有了更多认识。

"真正的合同签订日是1972年1月31日，"哈金斯说。一个月内芒格和巴菲特就又到了他的办公室。"我坐在自己的桌子前，他们两个在我面前。巴菲特问问题，芒格则插入很多意见。"

尽管如此，哈金斯还是对喜诗糖果的新主人感觉不错。"我有很强的预感，我们是世界上最幸运的人。巴菲特让我想起了自己非常欣赏的人——威廉·罗杰斯，顾家、值得信赖、非常聪明。就好像他会和我们一样运作业务。芒格也类似——我当时对芒格有一点小戒心。芒格总是'一、二、三、四'这样命令人，不过后来我也习惯了，那就是他的风格。"

不过哈金斯知道不要轻视芒格。"要是你想把芒格从一个立场中拉过来，那你就是在浪费时间。芒格是那种会怒发冲冠的人，在那种情况下你会忘记一切。"

"虽然是蓝筹印花收购了我们，但很显然巴菲特、芒格和古瑞恩才是真正的主人，"哈金斯说，"我问：'你们都走了之后，到底想要我怎么和你们沟通呢？'巴菲特说：'你以前怎么做就怎么做。要是有危险、麻烦的征兆就告诉我们，不过只是让我们知道一下，你自己想办法去解决。如果你能在喜诗家族打下的基础上做得更好，那就最好了。'"

接着巴菲特又补充了一点他对糖果本身的体会："你们的定价远低于市场。"

虽然哈金斯对交易的感受相当正面，但还是出现了一些问题。他立刻面临的挑战就是让忠实客户相信喜诗糖果在新主人的管理下不会有任何改变。

首先，1972年收购案在报纸上公告的时候，人们知道是蓝筹印花买下了它。"要知道，"哈金斯说，"人们对这家公司并没有太多的尊敬。他们才经历了一场反垄断官司，看起来不怎么样，这也令我们很多忠实客户在品尝糖果的时候觉得口感欠佳。1972—1973年，我花了很多时间和那些有疑虑的客户打交道，他们对喜诗家族把公司卖给这样一家会毁了喜诗糖果的公司非常愤怒。一夜之间我们接到了很多投诉信，大家都说糖果的味道变了。"

喜诗糖果的长期顾客在店里买东西的时候通常都是彬彬有礼的，这次他们几乎恐慌了。人们聚集在当地的店铺里表达自己的不满，这些让店员也相应地不安了起来。

哈金斯在公司内部邮件中写道："在公司51年的历史上这段时间看来是变化最深刻的时期。不过更多的事情没有变。我们不会改变与员工或顾客之间亲密的关系。我们希望在前进的道路上不会损失任何一种制造喜诗糖果的关键成分。"哈金斯花了将近两年的时间抚平了因公司出售而引起的骚动。

尘埃落定后，喜诗糖果开始拓展在密苏里、得克萨斯和科罗拉多的市场，甚至还远赴香港。喜诗糖果参加了1982年在田纳西州举行的世界博览会，展览大获成功，以至于喜诗糖果在当地开了一家分店。

然而，20世纪80年代经济衰退来袭，喜诗糖果关闭了州外的很多分店。远方的顾客只能通过产品目录和电话来订购商品。

与此同时，零售业雇员联盟试图组织起店里的销售员们罢工。喜诗糖果一共成功瓦解了四次由零售业雇员联盟组织的罢工行动，主要的手段就是支付比联盟水准略高的工资。后来喜诗糖果碰到的问题是负责运货的卡车司机们的联盟，不过通过劳工谈判得以解除了合同，把工作转交给一家私人卡车公司，那家公司重新雇用了喜诗糖果的大多数老司机。

有一度，喜诗糖果被来自中西部的一家主要糖果制造商所攻击。

"1973年，拉塞尔·斯托弗糖果大举开设他们自己的店铺。他们决定对喜诗糖果展开一场攻坚战，把我们赶出市场。"哈金斯回忆说，"他们的店面看起来就和喜诗糖果一模一样，名叫斯托弗太太。他们抄袭我们的形象，想要攫取我们的市场。当然，我把情况告知了芒格和巴菲特。"

芒格说："如果他们侵犯了我们的商标，我们可以告他们。"

"接着，芒格给了我很多指点，要寻找什么样的证据。"哈金斯说。

哈金斯聘请了一位摄影师，派他去斯托弗店里拍下所有和喜诗糖果商业外观相似的地方，诸如方格地板、格子窗以及挂在墙上的老照片。

"芒格说：'我希望这件事由芒格和托尔斯事务所里的一位合伙人来负责。她出生在加州，在加利福尼亚大学洛杉矶分校法学院教书。我会把这个任务交给她，希望你可以到我办公室来一次和她见一见。'她就是卡拉·安德森·希尔斯。我见到她就很喜欢。30分钟内我就知道她的性格和芒格一样。"

那是一种什么性格呢？"去把那个拿过来，"哈金斯说，手指在空中指指点点，"事情很有趣。结果，芒格告诉他们，如果继续这样做下去，我们打算采取哪些法律措施，把他们吓得要命。他们放弃了，同意不再开设任何新的抄袭店，已有的也会在一段时间内整改。"

喜诗糖果的竞争优势之一是它在自己的市场中是领导者。"在一些行业中，经营的本质就是有一家公司会获得压倒性的优势，"芒格说，"赢者全胜是大势所趋。这种规模优势非常厉害。举个例子，杰克·韦尔奇执掌通用电气的时候，他断言：'见鬼去吧！我们要么就在自己所从事的每个领域中都数一数二，要么就干脆退出。'这是非常强硬的立场，不过我认为要考虑最大化股东的利益，这样做是完全正确的。"

在那段时间里，哈金斯开始认识到芒格是非常务实的人。"对他像本杰明·富兰克林的形容非常恰当。虽然芒格言行鲁莽，可是有了这样的人品，你还想多要求些什么呢？"

哈金斯说他们花了好几年时间才解决了侵权的问题，同时还有一些其他困难。由于理查德·尼克松执行的工资和售价控制，公司不得不换一种方式运行。

当早期的那些问题得到控制、喜诗糖果的运作变得平稳起来后，芒格和哈金斯待在一起的时间少了起来。"最后 10 年我们之间的见面和直接接触的机会逐渐减少了。"哈金斯说，"我怀念这样的机会。现在我和巴菲特定期谈话，每隔 10 天左右我们通一次电话，然后他和芒格交换意见。我不需要同时给他们两个打电话。"

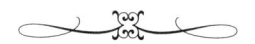

20 世纪 90 年代，喜诗糖果开始了一次更为小心谨慎的扩张行动。这次他们没有开新店，而是在机场和百货商场里开设专柜。

第 11 章 促巴菲特对阵格雷厄姆

20 世纪末，喜诗糖果在全美各地共有约 250 家黑白色调的店铺，其中三分之二在加利福尼亚。公司每年售出 3 300 万磅糖果。其中 75 000 磅是通过公司网站售出的，他们也提供免费电话订购服务。1999 年的销售额是 3.06 亿美元，税前营业利润达到了 7 300 万美元。

虽然比不上年底的节日季，伯克希尔每年 5 月在奥马哈举办的股东大会日对于喜诗糖果来说是一个非常重要的日子。"我们在 1999 年的股东大会上销售额达到 4 万美元，"哈金斯说，"巴菲特对此非常自豪。"

"喜诗糖果，"芒格开始追忆往事，"收购的时候高出账面价值很多，不过还是有回报的。我们收购连锁百货店 Hochschild Kohn 的时候低于账面和清算价值，却完全没有效果。这两件事加起来帮助我们转变了投资思路，开始接受为优质资产付出更高价格的观念。"

收购喜诗糖果的时候，芒格和巴菲特还是捡便宜货专业户。不过随着业务的增长，他们有了新的想法，转变势在必行。"你可以到别人涉足不多的领域里去看看，那里通常有很多机会。"芒格说。

蓝筹印花能以那个价格买下喜诗糖果纯属运气。芒格将此归功于阿尔·马歇尔在最后关头把他们推入了正确的轨道。

"要是他们还想再多要 10 万美元，我们就不会买了，"芒格说，"我们当时就是那么愚蠢。"

即便如此，"当我们收购成功后，除了喜诗糖果，几乎没有人能成功销售盒装巧克力。我们想知道这是为什么，这种成功是否会延续下去。"巴菲特说。

当他们发现喜诗糖果是一桩出色的、不断发展的生意后，芒格和巴菲特认识到，收购一笔优质业务让它继续运作下去要比买下一家价格很低却在苦苦挣扎的公司，然后费时费力甚至费钱去拯救它要容易和愉快许多。

"要是我们没有买下喜诗糖果,我们也不会买可口可乐,"巴菲特说,"感谢喜诗糖果为我们赚到了 120 亿美元。我们很幸运地买下了全盘业务,这件事教会了我们许多。我们曾经收购过风车业务,确切说是我自己,芒格从来没有涉足过风车业务。我还拥有过二流百货商店、水泵公司和纺织厂……"他认为这些和风车业务一样麻烦不断。

芒格说他和巴菲特早就应该认识到收购优质资产的优势。"我认为我们完全没有必要像当时那么傻。"

喜诗糖果的增长速度不快,却稳定而可靠——最棒的是,它不需要额外投入资金。

"我们试了 50 种不同的方法把钱投入喜诗糖果,"巴菲特解释,"要是我们知道有什么方法可以对喜诗糖果额外注资,然后额外得到现有业务回报的四分之一,我们会毫不犹豫地这么做。我们太爱这家公司了。想了无数个主意,但还是不知道该怎么把这笔钱放进去。"

芒格补充说:"顺便提一句,我们真的不应该抱怨这件事,因为我们已经选择了一堆每年都要亏掉很多钱的公司。"

芒格告诉伯克希尔的股东们,在美国有相当数量的公司需要投入大量资金,但扩张情况并不理想。要试图扩张就好比是把钱扔进老鼠洞,有去无回。这样的公司通常不会引起大多数公司的收购意愿,但伯克希尔却会非常欢迎,因为这样他和巴菲特就能把资金拿出来投资到其他利润更高的地方去了。

巧的是,这也是伯克希尔从来不分红的原因。伯克希尔坚持持有现金,因为巴菲特坚信保留赚到的现金进行二次投资能为股东们创造更高的市场价值。

对于喜诗糖果而言,芒格说:"我们学到了你思考和行事的方式必须经得起时间的考验。那些经验让我们在其他地方的收购更为明智，做出了更好的决定。所以说我们通过和喜诗糖果的合作得到了许多。"

虽然喜诗糖果在伯克希尔皇冠上占据荣耀的地位，但它现在的业务量只占伯克希尔非常小的一部分。即使喜诗糖果现在市值有10亿美元，它在伯克希尔的市场资本总额中却不到2%。

第 12 章
支持堕胎的古板老头

从明刀明枪的意义上说,芒格没有真正的敌人。但他的敌人范围更广,通常都是出于嫉妒。他的个性十分独特,不是人人都会喜欢。我知道有些女士在晚餐聚会中拒绝坐在他边上。

——奥蒂斯·布思

英格兰国王称美国殖民地开拓者本杰明·富兰克林为"美国最危险的人",虽然富兰克林 1757 年首次抵达英格兰的时候受到普遍欢迎。在伦敦站稳脚跟后,富兰克林很快就发现英国人对殖民地知之甚少。他不厌其烦地尽自己所能让英国人改变对殖民地的看法。"看看英国的报纸,"他写道,"人们会认为美国一年生产的羊毛都不够织一对袜子;而实际上,美国绵羊的尾巴上长满了羊毛。"

在伦敦的 16 年间,富兰克林的创造力让英国人目瞪口呆。他发明了远近两用眼镜、航海用的 24 小时制时钟,并促成了夏令时的采用。不过真正让伦敦人震惊的是他在泰晤士河里游泳然后全身赤裸地

第 12 章 支持堕胎的古板老头

用哑铃健身。最终,他被驱逐出了英格兰,主要是因为政见不同,小部分原因是有人嫉妒他的名望。

1776 年富兰克林坐船到了法国,成了美国大使。这位最出名的美国人再一次受到了人们发自内心的欢迎。根据法国驻美国大使的描述,富兰克林拥有法国人所崇敬的特质:乐观积极、机智而幽默……有人说他没有被准许参与《独立宣言》的撰写,因为大家怕他在里面藏个什么笑话。

沃伦·巴菲特总是嘲笑芒格常常引用《穷理查年鉴》中的话,到处宣扬富兰克林的道德箴言,他们总是重复这样的经典对话:

巴菲特:芒格年轻的时候看了太多本杰明·富兰克林,他坚信省钱就是亏钱。

芒格:我可以告诉你很多巴菲特的事情,他让我想到本杰明·富兰克林。我可以告诉你很多本杰明·富兰克林的事情。

"我本人是一个传记狂,"芒格说,"而且我认为当你要教会人们一些行之有效的伟大观念的时候,最好和那些伟人的生平以及个性结合起来。我觉得要是你和亚当·斯密成了朋友,那你一定会把经济学得更好。这听来很滑稽,和那些离世的伟人交朋友。不过如果你一生都和那些思路正确的离世伟人交朋友,我觉得会对你的生活和教育都有所裨益。这比只给出一些简单的概念要好得多。"

芒格研究过爱因斯坦、达尔文和牛顿的生平和科学著作,不过他最喜欢的离世伟人从来都是富兰克林,他的这种热情和沃伦·巴菲特的第一个真正的精神导师本杰明·格雷厄姆倒是志同道合。芒格欣赏富兰克林是当时美国最好的作家、投资家、科学家、外交家、商人,同时为教育和社会福利事业做出了巨大的贡献。虽然他也承认富兰克林个性中的确有放荡的一面,也许忽视了自己的妻子。芒格说那些关于富兰克林如何行为不端的故事恰恰反映出人们对富兰克林、他的状况以及他所在的年代认识得相当肤浅。

芒格正是从富兰克林那里形成了一种观念，要变得富有才能自由地为人类社会做贡献。"我从来都对成为一个有用的人兴趣更大，而不是单纯地变得有钱，"芒格说，"不过有时我会游离于最初的目标。"

富兰克林的爸爸是一位蜡烛制造工人，生了很多小孩。很小的时候富兰克林就因为不想在一个无情的哥哥手下当学徒，从波士顿逃到了费城。从那时起他就努力要做一个好人过上好日子。随着《穷理查年鉴》成为风靡一时的畅销书，富兰克林变得既出名又有钱，于是他将自己的大部分时间都投入了社会活动中。

和富兰克林一样，芒格知道他所认为的公正良好的社会并不总是和别人想的一样。虽然旅居巴黎的时候大多数法国人依然觉得富兰克林很有趣，国王却非常嫉妒，他甚至把富兰克林的画像放在送给情妇的便壶底下。

1998年股东大会前一天晚上，沃伦·巴菲特和查理·芒格的几百名狂热崇拜者聚集在奥马哈，他们撞到了令人烦恼的一幕。六七名抗议人士在人行道上来回走动，举着可怕的牌子，上面画着漂浮在瓶子里的婴儿，他们宣称巴菲特和芒格是婴儿杀手，因为长期以来支持人类生育权。有一个标语攻击巴菲特的慈善基金会为RU-486打胎药的测试提供资金。

在伯克希尔的年度大会上，当被问起公司对堕胎合法化的支持时，巴菲特解释说根据公司的捐赠计划，股东们都可以根据自己的意愿指定一个慈善团体，然后公司会根据每位股东在公司中占有的股份比例捐出相应的礼物。"这项政策是由股东们指定的。有一些股东指定了美国计划生育组织。巴菲特基金会也向该机构捐赠。芒格也同样捐给计划生育组织，应该把芒格的名字放到抗议牌上去。"

芒格抗议说："我宁可不引起人们的注意。"

第 12 章　支持堕胎的古板老头

大多数抗议人士都只知道巴菲特和芒格长期慷慨捐赠给计划生育组织以及其他一些有关人口问题的慈善机构。他们很多人都不知道芒格和巴菲特在堕胎合法化运动中是先锋人物。多亏了芒格，加州的堕胎合法化运动才有了影响力，在最高法院审理"罗诉韦德案"之前有了一个关键的法律决定。

"我肯定芒格的朋友们 99％ 都是共和党或是极端右翼分子。他通常也是被人们这样认为的。大多数芒格的朋友也不知道他参与推动堕胎合法化运动的事情。"巴菲特评价。

芒格欣赏并资助 1993 年畅销书《生活在极限之内》的作者加勒特·哈丁，这让那些保守派人士非常困惑，也激怒了宗教右派。哈丁是最早一批对可能出现的人口问题提出警告的科学作者。他和其他一些人指出，直到 1804 年世界人口才达到 10 亿，但从 50 亿跳升到现在的 60 亿只用了短短 12 年的时间。在下一个百年中，光是美国的人口就有可能从 27 500 万成倍增长到 57 100 万。专家预计届时地球上可能有 100 亿人。这样庞大的人口已经给地球的资源带来了压力，比如食物的生产和分配问题。到 20 世纪末，预计有 8 亿人由于恶劣的生长环境或无法买到足够的食物而出现营养不良的症状。

作为一名加州大学人类生态学的荣誉教授，哈丁在生物学、生态学和伦理学方面的著作很多。20 世纪 60 年代，他在全美各地巡回做了几百场拥护堕胎的演讲，因而成了著名的"堕胎先生"。

曾经帮助成立芒格和托尔斯律师事务所的罗德·希尔斯说，芒格第一次注意到生育权这件事是有一天他看到报纸上一篇有关罪案的报道，这个案件即将上诉到加州最高法院。他立刻劝他的事务所同事去帮帮忙。这件案子是起诉利昂·贝鲁斯医生把一个堕胎医生介绍给一位妇女。

"你可以回去查查贝鲁斯案件，应该是 1972 年左右。我们当时总是在谈这个案子，芒格全身心地投入了进去。"巴菲特说。

对于一位忠于家庭、有 8 个孩子的男人来说，支持堕胎合法化这样的举动有些非同寻常，尤其他还是一位政治倾向非常保守的人。但芒格下定决心走下去。

"支持堕胎合法化从情感上对我来说相当困难，因为我的确很尊敬生命，"芒格说，"不过当我全面考虑了后果之后，我发现有必要压制自己的一部分天性。"

芒格认定妇女有权决定是否要做一个母亲后，他便开始运用自己的精力和丰富的人脉关系来寻求变革。他说服了巴菲特，后者在财务上保守但对社会问题却相当宽容，他们一起资助为贝鲁斯医生辩护的法律费用。芒格和他的律师合伙人，特别是罗德·希尔斯和吉姆·阿德勒自发组织起来完成剩下的工作。

"芒格受理了这个案子，从一个都是法律界名人的最高荣誉团体那里得到了一份为协助法庭而对案情所提出的意见书，另外一份是从医学院教授那里拿来的大纲，"巴菲特说，"芒格为此付出了巨大的努力。"

希尔斯是帮助整理两份法庭之友的大纲的律师团成员之一。一份由芒格自己撰写，有 17 位著名律师在上面签字；另一份则有 178 名医学院院长或教授的签名。

在贝鲁斯案件被加州最高法院搁置的那段时间里，芒格和巴菲特赞助了一个"教堂"，名叫普世主义协会，为妇女们提供计划生育咨询意见。这家教堂由一位合法牧师运作，他后来因为时常帮助妇女们在美国之外的地方进行安全的堕胎手术，被安上支持堕胎的名头，因而惹上了麻烦。

"巴菲特和我都是革命家，"芒格说，"我们建造了一座教堂作为掩护，支持牧师提供忠告服务。以前的那位牧师因为帮人堕胎被原来的那家教堂革职了。起先我试图说服教堂让他继续做下去，但失败了。我给巴菲特打了电话，要求他帮我一起建造我们自己的教堂，然

第 12 章　支持堕胎的古板老头

后我们就这么做了。这位牧师运作了好多年。那就是我们的贡献，试图尝试让社会不要强迫妇女生育，这在加勒特·哈丁的理论中被称为'强制母亲'。"

贝鲁斯案件在加州最高法院听审的时候，有一位法官因为堕胎医生是他的家庭医生而不得不在聆讯中回避，这让审判结果变得很不确定。不过1969年9月，贝鲁斯获得了一次标志性的胜利，在美国历史上第一次有一家主要法庭判决反堕胎法违反了宪法精神。换上的法官在4∶3的投票中是一张摇摆票。这次判决从此在加州被当作法律判决先例，"它也炸开了堕胎限制的一个小口。"芒格说。

这个案子的影响在加州审判意见下达的两年后更为深刻。贝鲁斯案在"罗诉韦德案"申诉人大纲中被引用，在这个案子中美国最高法院判决"妇女有决定是否生育子女的基本权利"。

"芒格付出的不仅是时间，"罗纳德·奥尔森说，"他将之变成了一项慈善事业。"

的确，法庭的判决并不是芒格工作的终点。在贝鲁斯案之后，很多年来他都是洛杉矶计划生育组织的信托人兼首席财政官，这个机构提供计划生育服务，必要的时候介绍妇女去可以做人流手术的诊所。

"我们在计划生育组织的全国办公室开始安排人流手术之前很早就这样做了，"芒格说，"计划生育组织洛杉矶分会想开始那项业务，却不知道如何着手。我们合并了我们的教堂和普世主义协会，并入了计划生育组织洛杉矶分会。"

当他加入计划生育组织董事局的时候，只有一个主要捐款人：一位富有的房地产大亨的妻子。虽然她全力付出，机构的财政基础还是相当薄弱。

"我们常年缺钱。"奥蒂斯·布思说，他也和芒格一起在董事会任职。董事会扩大了目标捐助人的范围，不过和平时一样，有芒格在组织里就会起相反的作用。"当时有一场有关全国总会会费的争论。我们对总会说不：'你没有对我们做出任何有用的贡献，我们不会付会费的。'我们最后还是重返了全国组织。"

虽然要经受抗议者的压力，有时反堕胎激进分子还会做出一些恐吓行为，芒格对堕胎和人口控制方面的热情多年来一直没有减退。

巴里·芒格回忆说，有一位洛杉矶广受尊敬的产科医生基思·拉塞尔，他同时也是芒格争取堕胎权斗争过程中的支持者和盟友，在一次为他举行的派对上，有一位病人祝酒时说是为了所有拉塞尔医生接生过的宝宝干杯。芒格举起酒杯宣布："我希望为千百个拉塞尔医生没有接生的孩子喝一杯。"

1990年，芒格怒气冲冲地给《财富》杂志写了封信，说他们在评论保罗·艾里奇和安妮·艾里奇的著作《人口爆炸》时没有说到点子上。据芒格说，书评人认为人类福祉将会继续改善，因为随着人口的增长，科技的发展会更快。"哎呀，事情可没这么简单。在一个有限的世界里，根据物理规律，两个变量（人口和人均福利）不会永远都是一起最大化的。"

芒格说，书评人所说的会有一些现在未知的科技出现，解决诸如污染、水土流失之类的所有问题，完全就是胡说八道。"任何仔细考虑过艾利希夫妇所形容的未来环境问题的人都不会自信地说会出现'良性人口变迁'或者100年内因人口增长产生的问题不会糟糕到极点之类的蠢话。有一件事，科技进步在和平时期必然会导致人口增长，但也会制造出更有效的武器在地球拥挤的时候发挥作用。"

巴菲特的观点也是相当坚定。1994年，巴菲特宣称世界上会少很多问题，"要是你能让每一个出生的孩子都是父母真正想要的……我们能做的最紧要的事情就是参与计划生育组织。除非妇女们有权决定生还是不生，不然我们还是处于一个不公平的社会。"巴菲特说。

第 13 章
用理想支撑一份报纸

你在患难之日若胆怯，你的力量就微小。

——《圣经》箴言

芒格家的孩子们从来没有忘记1977年，爸爸和他的合伙人沃伦·巴菲特买下《布法罗晚报》后的那个夏天。小孩子们在他们的湖边小屋里急急忙忙地到处收集硬币，然后跑到湖对岸船坞旁的电话亭里，帮芒格把硬币扔进投币电话，好让他们能继续讨论运营报纸的策略性问题。

"《布法罗晚报》是一笔大生意。在我印象中真的是笔很大的生意。"莫莉·芒格说。

莫莉说，随着巴菲特和芒格收购了这份东部地区知名的报纸，她觉得他们走上了一个更高的平台。他们的眼界更为广阔，收购范围从小型的地区性公司扩大到了更有名有姓的资产。从那以后，他们开始更倾向于买入广为人知的公司，当她想跟朋友们解释爸爸是做什么的时候就简单多了。

《布法罗晚报》是运用蓝筹印花的备用金账户收购的最有影响力的一笔资产，同时也在此后很长一段时间让他们非常困扰。

布法罗新闻集团成立于1880年，多年来都由一个名叫"巴特勒"的家族运营。1974年该家族一位重要成员去世后，这份亲共和党的报纸作为她的遗产进行了拍卖。直到1977年元旦后的第一个星期六，巴菲特和芒格才飞到康涅狄格州和一位负责这单交易的报纸经纪人会谈。巴菲特首先出价3 000万美元收购报纸，但他的出价被拒绝了。他接着提高到了3 200万美元。考虑到晚报1976年的税前利润只有170万美元，这个价格相当高。不过，这个报价还是被拒绝了。巴菲特和芒格离开了一会儿去商量。他们回来的时候在本子上写了一个价钱：3 250万美元，这个价格被接受了。这一举动非常勇敢，因为收购价占了伯克希尔当时净资产的近25%。

谈妥了价格，巴菲特和芒格飞到西海岸的纽约解决合同的细节问题。他们到达的时候布法罗正经历着史上最严重的暴风雪。对于一个习惯了加州气候的人而言，布法罗肃杀的冬天可能让芒格大吃一惊。在给凯瑟琳·格雷厄姆的一封信中，芒格形容布法罗当地"风刮得很猛，镇上的乔治·华盛顿的雕像上的铠甲都往上翻，而不是垂下来"。

在参观新建的办公室和印刷厂的时候，芒格厉声说："为什么一份报纸需要造一座宫殿作为编辑部？"巴菲特则开玩笑式地称之为"泰姬陵"。

热爱优秀建筑的芒格对这幢楼的设计非常反感，不过当时负责设计的一位著名建筑设计师因为和之前报纸的最后一位负责人驾驶同一款劳斯莱斯汽车而让她印象深刻。他设计了大阳台，这在风刮得很厉害的布法罗不太常见，还采用了一种华而不实的施工方法造成了无法修补的漏缝。这一切都代价高昂，不是芒格概念中的成功设计。

第 13 章 用理想支撑一份报纸

不过到 2000 年的时候，这幢位于布法罗日益老化的中心城区的房子，虽然外表看来方方正正非常朴素，里面倒显得非常宽敞。它显然不比大多数其他大城市的日报厂房豪华太多。

巴菲特曾经在 1973 年向凯瑟琳·格雷厄姆家族的《华盛顿邮报》注入了一大笔资产，就和它一样，《布法罗晚报》也面临过非常艰难的商业环境。在两次事件中，芒格和巴菲特都证明了自己既能促成公平的交易，也能面临艰苦的境况时坚持下来。

蓝筹印花买下《布法罗晚报》的时候，它在纽约州西部拥有稳定的读者群，虽然布法罗正逐渐成为一个典型的锈带城市（即美国中西部一带的老工业区，因制造业的下滑，被遗弃的设备锈迹斑斑而得名）。报纸还面临其他几个难题。和《华盛顿邮报》一样，《布法罗晚报》里有好几个非常激进的工会。同时它和《布法罗新闻快递》之间的竞争也非常激烈，后者是一份历史悠久的报纸，马克·吐温曾经在里面担任编辑。此外，《布法罗晚报》不发行周日特刊。虽然在平时《布法罗晚报》和《布法罗新闻快递》的销量是 4∶1，但利润丰厚的周日特刊让《布法罗新闻快递》一直能够做下去。

新主人知道，长期来看，只有一份报纸能在布法罗地区活下来，他们的新资产要么消失，要么就一家独大。《布法罗晚报》显然需要出一份周日特刊，非常迫切。蓝筹印花一买下报纸，巴菲特和芒格就把"晚报"改成了"新闻"，同时开始发行周日特刊。刚开始特刊免费赠送给老读者，在书报摊上则只卖 30 美分一份。《布法罗新闻快递》和纽约州西部其他报纸的周日特刊则要卖 50 美分。

针对老读者的特别优惠以及大量的广告投放让《布法罗新闻快递》对《布法罗晚报》发起了一场诉讼，声称他们违反了谢尔曼反垄断法。1977 年，一位纽约地区法官认为情况属实，发出强制令，停止了新周日特刊短暂的发行生涯。

"他们买下那份报纸的时候就引来了法律诉讼,"阿尔·马歇尔说,"不过我从来不相信他们会打输官司。"

芒格刚看到的时候就知道这是笔划算的买卖,他敏锐地感觉到有哪些相关的法律要点他们会赢得或者输掉,特别是在他和巴菲特买下《布法罗晚报》的时候。他们非常清楚地知道要新推出一份周日特刊不会很容易,实际上,可能会挑起一场老派报纸间的斗争。

虽然芒格和他聘请的律师尽了最大的努力,强制令还是持续了两年。芒格和马歇尔的一位洛杉矶朋友欧内斯特·扎克也被请来帮助打这场布法罗战役。这场官司非常难打而且费劲,扎克精疲力竭。当扎克感觉疲倦又挫败,忍不住抱怨的时候,芒格劝他说:"哦,这会对你很有帮助的。"

在冗长的法律和商业制裁期间,人们发现52岁的芒格开始出现视力问题。"要是你和芒格一起工作过,去过他办公室,与他谈过事情,就会发现他很擅长阅读文件,"罗伯特·德汉姆说,"很多人不会把文件看得很彻底,因为对他们来说太难了,芒格则会努力读完。对于一个像他这样热爱阅读的人来说,发生这种事一定让他非常担心。"

即便如此,罗伯特·德汉姆说:"他还是表现得相当克制。我认为他会觉得这件事对他来说是个非常大的打击,不过他并没有在其他人身上出气。"

最终芒格不得不承认他不能像以前那样阅读文件了,同时告诫自己的同事们别再指望他能像过去那样把错误一一纠正。他告诉罗伯特·德汉姆从此以后由他来负责仔细阅读各类文件。

在相对而言年纪比较轻的时候,芒格知道自己患上了严重的急性白内障。虽然视力受损可能是因为常年不戴防护墨镜就曝晒在加州明亮的阳光下,芒格怀疑最可能的原因还是在少年时期使用了太阳灯。出于某些原因,芒格说,他非常迷恋那盏灯,在不进行眼部防护措施的情况下过度使用，完全没有意识到未来可能产生的后果。

虽然他的健康问题日益严重，芒格依然继续通过电话议事开展工作，对于巴菲特来说情况看起来一点都不严重，至少一开始的时候。巴菲特很惊奇芒格没有对自己的问题提出任何抱怨。

"情况很糟糕，"莫莉·芒格说，"在他身上发生了可怕的事情。他明明已经把船停进了船坞，却看不到。他很害怕变盲，不过最后还是不得不进行了手术，一点一点地失去了视力。"

与此同时，虽然历经了艰难的五年，《布法罗晚报》的问题开始得到解决。一个上诉委员会推翻了强制令的决定，认为没有证据表明被告有任何真正实质性的伤害目的。

"原先的那位法官认为连续 4 个星期免费派送报纸之类的行为违反了公平竞争原则，"罗纳德·奥尔森说，"那位逆转形势的法官则说他在这起案件中没有发现任何地方违反公平竞争法。芒格非常自信，随时准备和律师一起把官司进行到底。"

《布法罗新闻快递》和《布法罗晚报》都继续亏本发行。1979 年《布法罗晚报》有 460 万美元赤字，这对于两个在内布拉斯加州和加利福尼亚州的小资本运作人来说是一大笔钱。芒格回忆说："我亲自算了一遍，算出了我的股份到底亏了多少钱，还算了算芒格家庭最多能承受多少损失。"

美国在 20 世纪 80 年代初经历了一次严重的经济衰退，让情况雪上加霜。《布法罗新闻快递》在领土之争进行到了一半的时候被出售给了明尼阿波利斯市的考尔斯家族，最终举了白旗，于 1982 年 9 月 19 日正式停刊。

即便在读者和广告商方面的竞争不再那么激烈，《布法罗晚报》的利润还是上升得很慢。随着伯利恒钢铁许多部门的关闭，20 世纪 80 年代整个布法罗地区失去了 23% 的制造业职位。当时布法罗地区的失业率高达15%，导致一家又一家的零售商店关门，从而也压制了广告需求。1981—1982年，运营利润下降了一半，而未来几年的展望也并不乐观。经济衰退对布法罗的冲击比对其他多数美国城市都要严重，而经济还不是唯一的问题。各地的报纸都在电视和其他新媒体的冲击下逐渐失去领地。

芒格当时一直挣扎在可能双目失明的边缘上，他坚持认为蓝筹印花的股东应该对失去的机会成本远高于账面亏损这件事负起管理的责任。1981年他在致蓝筹印花股东们的信中写道："如果没有《布法罗晚报》和它现在所背负的赤字，我们现在应该有7 000万美元的其他资产，每年的利润超过1 000万美元。不管未来在布法罗发生什么事情，我们几乎可以百分之百地肯定要是我们没有进行这项收购，经济情况会好得多。"

然而很快，芒格的预言就被证明是个错误。布法罗的经济开始有了起色，报纸的利润大幅增长。美加双边自由贸易协定也帮助布法罗振兴起来，现在成了很多加拿大公司的美国总部。《布法罗晚报》的利润一涨再涨。

巴菲特在《布法罗晚报》事件中始终站在前线，在解决竞争问题以及与美国报业工会之间的麻烦的过程中一直有他的身影。芒格大部分时间则还是待在幕后，不过他定期和自己的合伙人接触，讨论业务和法律策略。

"芒格在收购《布法罗晚报》的时候参与了很多事情。"斯坦·利普西说。利普西曾经是奥马哈周刊《太阳报》的编辑，这份周刊也是巴菲特所持有的。在利普西的领导下，《太阳报》因为曝光孤儿乐园事件赢得了1973年的普利策奖。利普西在布法罗最黑暗的时期到来，帮助出版人和编辑们，最后留在那里负责整份报纸的运营。

虽然报纸经历了一段颇为艰难的时期，利普西说："我从来没有

第 13 章 用理想支撑一份报纸

见到芒格发火。要是巴菲特和芒格相信某件事的基本原理,他们就不会放弃,即使周围所有人都不赞同。"

《布法罗晚报》是布法罗地区最后仅存的一份都市日报,在纽约州西部的 8 个郡发行,共有 8 个日报版本和 3 个周日特刊版本。星期天有 80% 的人会看,而平时也有 64%,如果只考虑市场占有率,其名列全美报纸 50 强。《布法罗晚报》宣称自己的新闻版面比其他任何主要市场上的日报比例都要高许多。现在公司的每日发行量将近 30 万份,带来 15 700 万美元的收入,税前利润则有 5 300 万美元。据说是美国最赚钱的报纸,投资回报率高达 91.2%。

虽然早期对报纸业充满兴趣,巴菲特和芒格说他们再也不会像以前那样一往无前,因为随着科技的发展,像电视和互联网之类的新媒体已经改变了人们获取资讯的方式,因而报纸业的前景也相当黯淡。事实上,芒格说,互联网会加剧竞争,让所有公司都更难盈利。

在《布法罗晚报》的成功到来之前,温迪·芒格记得她父亲是一个相貌堂堂、衣着考究的男人,视力非常好。"我有一个电影明星一样的父亲——我只是想让人们知道他并不是一直都带着厚厚的眼镜。那只是在手术之后才发生的事。"

虽然《布法罗晚报》的问题以他满意的方式解决了,芒格却在那段时间中失去了一只眼睛以及慈爱的母亲。

1978 年,当情况很明显他将因为白内障丧失视力的时候,芒格在洛杉矶进行了一次他称之为老式的白内障手术。

"这件事发生在 25 年前,"芒格说,"当时已经发明了一种新式的改良手术,不过我并没有太注意。我只是同意进行了医生推荐的那个他会做的老式手术。新式手术的并发症不超过 2%,而我做的那种老式的则有5%。谁做的第一个手术？我不会告诉你名字。他是一个非常好的人，是我们全家的眼科医生。我犯了错误——责任在我自己身上。"

手术后，芒格成了罕见但是毁灭性的后遗症受害者。

"我得了上皮向根端迁徙症，"他解释说，"有一些眼外细胞进入了眼内，这种情况在新型手术中是完全不可能出现的。情况发生的时候，来自外部的细胞迅速繁殖。他们占据了眼内空间，升高了眼压，最后损坏了视神经。"

这种情况和癌症很相似，只是这种生长不会扩散到眼外。芒格经受了巨大的痛苦，他认定只有一件事比失去一只眼睛还要糟糕，那就是有一只会痛的瞎眼。1980年芒格接受了医生的切除手术，摘除了左眼，装上了一个玻璃眼球。

"你无法相信摘除手术给我带来多大的痛苦。好几天我都像一只受伤的动物。我痛得很厉害，还一直作呕，护士来给我洗澡的时候我甚至都无法站稳。"芒格说。

正当左眼经历这一切的时候，白内障也在悄然侵袭他的右眼。芒格非常确定自己不想再经历一次和现在同样的遭遇了。他决定采用一种对右眼风险最小的治疗手段。

"我让医生把蒙雾的晶体摘走，我会戴上一副白内障眼镜。不要植入新的人工晶体。"芒格说。芒格还是孩子的时候很多老年人都带着这种白内障眼镜。

"你几乎再也看不到白内障眼镜。我大概拥有世界上最后一副。"他说。芒格在桌上放了一个文件夹，里面都是医学报告，他在一个本子上写下了自己的注解以及其他情况细节。

除了他的瓶底般厚的新眼镜，芒格说："生活一点都没有变化。我缺少外围视角，但中心视力还是非常好。"1999年的时候芒格检查

第13章 用理想支撑一份报纸

了右眼的视力,带上眼镜后他的视力相当优秀。

虽然有一只眼睛失明,芒格仍然可以开车,不仅学会了如何通过估算在后视镜中看到的车辆的情况顺利切入左道,还知道了跟着哪辆车会产生空档。他开着一辆马力强劲的雷克萨斯,这样就能让他快速行动。他总是做出经典的加利福尼亚式的停车动作,在一个标志处慢到几乎要停下来,看清路况后忽然飞跑起来。这可能和他的视力问题一点关系都没有。

他以前的拍档阿尔·马歇尔坚持说,即使在他视力情况非常良好的时候,芒格也从来都不是一个好司机,因为他总是在考虑其他事情而不是专心开车。

"他总是在后备厢放很多汽油,虽然这一点很不安全,"马歇尔说,"因为他总是不记得去加油。"

芒格和马歇尔在夏威夷度假的时候,芒格开着一辆租来的车子行驶在一条乡间小路上,边开边说,做着手势,还四周张望。马歇尔抬头一看,发现前面有一座桥被冲走了。"停车!"他对芒格大喊,后者还没有放慢一点车速。"为什么?"芒格问。马歇尔惊吓过度,找不到词句来解释,不过芒格最后发现了情况,在到达边缘之前急刹车了。

"失去视力的时候,他以一种务实的态度处理了事情,"奥蒂斯·布思说,"他找了一些盲文书,看看是不是会对他有用。"

当他知道自己会有足够的视力进行阅读,芒格立刻就不考虑盲文的事情了。

即便如此,哈尔·博思威克说:"对于一个热爱阅读的人来说这绝对不是一件令人高兴的事。他是一个如饥似渴的读书人。我们每一处房子里都有好几本书堆在椅子上,还有好几堆在床上。他要读一些特定的书。他并不是一个小说迷,所以看的不是商业类、传记类就是历史类或者科技类,都是以事实为基础的。"

虽然芒格经常打高尔夫、旅行、阅读,但还是有很多时候玻璃眼球成了他的大麻烦。布思说,当芒格去车辆登记局更新驾照的时候,他被要求进行一次视力检查。

"他跟桌子后面的人说他只是单目失明,"布思解释,"检查人员说他一定要得到一份医生开具的证明信。芒格说:'见鬼,我在这里就可以跟你证明。这是一只假眼。你愿意的话我可以取出来放在柜台上。'那个检查员仍然坚持要求看医生证明,一直到芒格要求和他的上级讲话,大概花了半个小时解决了这个问题。"

那段时间里发生了那么多事,芒格的母亲也去世了。图蒂·芒格在丈夫去世后又活了15年。她和埃德温·戴维斯医生的遗孀多萝西·戴维斯多数时间都待在一起,特别喜欢一起去旅行。

"有一次妈妈和图蒂去了法国,"薇拉·戴维斯·西曼说,"回来的时候两个人都病得不轻。她们两个在机场的时候轮流互相推轮椅。"

莫莉说她的祖母一直努力保持智力优势,紧跟不断变化的时代。"有一次我和奶奶还有她的另一位寡妇朋友一起出去吃晚餐。一个说:'今年夏天,我认为是时候重读托尔斯泰了。'她不是那种你会记得她做的点心的奶奶,你记得的都是她说过的话。"

在图蒂的葬礼上,芒格特别留意了奥菲姑姑以及图蒂好朋友们脸上的表情。他记起了自己的父亲和祖父以及拉塞尔一家,庆幸自己的母亲度过了幸福的人生。

第14章
向储蓄贷款业下战书

要是你把葡萄干和粪便搅在一起,得到的还是粪便。

——查理·芒格于2000年伯克希尔股东大会

威斯科金融曾经只是帕萨迪纳地区一家小型的储蓄贷款机构的母公司,从被查理·芒格和沃伦·巴菲特收购的那一刻起,就走上了一条不同寻常的发展道路。多年来,威斯科金融就和自己的大股东伯克希尔一样,从原先的业务转型到一门完全不同的生意上去了。伯克希尔是一块巨大的画布,巴菲特在芒格的帮助下在上面绘制了他的巨幅杰作。威斯科金融则是一幅较小的作品,芒格在巴菲特的帮助下绘制了属于自己五彩斑斓的印记。

1974年蓝筹印花买下一部分威斯科金融股份后不久,另一家加州公司提出了一项让人无法接受的收购要求,巴菲特和芒格就此展开了反收购战。此后证交所对巴菲特、芒格以及其他一些人开展的商业交易结构进行了调查。证交所的调查是件麻烦事,不过最终把伯克希尔从本质上变成了一家控股公司，这对他们是有好处的。

随后，芒格、储蓄贷款机构中的强势人物以及联邦法规制定者三方之间出现了无法调和的矛盾。威斯科金融也全面改制成了结构和伯克希尔非常类似的控股公司。

自1976年起，威斯科金融及其持有人蓝筹印花被并入了伯克希尔。然而，巴菲特说："蓝筹印花仍然拥有我们的威斯科金融股票。因为这样的情况，我们现在拥有的股份比例和20世纪70年代一样，为80.1%。"

根据持有情况的相互关系，可以很清楚地看到，伯克希尔拥有100%的蓝筹印花股份，而巴菲特是伯克希尔的大股东，持股超过35%，他可以控制威斯科金融。不过，和伯克希尔旗下其他公司的情况一样，巴菲特并不直接参与蓝筹印花或者威斯科金融的管理，但是他担任威斯科金融保险公司和精密钢业仓库的总监，后者是威斯科金融的全资子公司。

芒格才是威斯科金融的主席。他住在公司总部所在的地区，更重要的是，贝蒂·彼得斯非常喜欢他，而她的家族创办了该公司。彼得斯家族至今仍拥有威斯科金融1.3%的股份。

芒格担任主席并没有任何报酬，虽然他作为伯克希尔的副主席以及蓝筹印花的主席年薪为10万美元。此外，芒格现在还向好市多公司收取董事金。他一度也从所罗门公司、全美航空公司这些伯克希尔持有大量股份的公司收取董事金。

最近几年，威斯科金融的年度股东大会成了芒格一个人侃侃而谈的皇家法庭，从而远离了伯克希尔股东集会时环绕在巴菲特身上的那些耀眼的金色光环。有很长一段时间，威斯科金融股东大会的举办场所都是一家20世纪50年代风格、装潢破破烂烂的餐厅，位于帕萨迪纳魅力无穷的科罗拉多大街的另一端。随着人数的逐年增加，狭窄的长条形宴会厅里那些已经褪了色的花纹墙纸和又黑又脏的地毯都让空间越发显得拥挤。

1997的威斯科金融股东大会有100多人参加，举行的时间在伯克希尔的股东大会之后两个星期左右。"这群人大多数都是贪吃者或是受虐狂，一旦你吸引到了这样一群人，队伍就会越来越壮大，因为没有人会离开。"芒格抱怨。

芒格是对的。1997年餐厅结业，1998年的会议移师其他场地。麦考密克和施米克海鲜餐厅里又挤满了一屋子的人。1998年人数几乎翻了一倍，1999年则有500～600人参加集会。有许多是忠实听众：比如来自弗吉尼亚州的一对夫妇，来自犹他州的一家人，以及其他一次又一次赶来的听众。许多分析家、投资顾问和机构投资者也露面了。

"我希望就这个房间的过于精巧向大家道歉，"芒格对聚集在餐厅的股东们说，"当我们的股东大会还在互助储蓄老楼地下室的餐厅里举行的时候，你们中的很多人就已经参加了。接着我们搬去自己拥有的另一幢大楼里，那里有一间租给了一家餐厅，面积更为合适。不过他们停业了，现在这幢楼闲置着。"

芒格解释说，要是把清空了的餐厅整理干净，再把家具搬进去，花费会比只租几个小时的房间要高得多。

"不过我知道你们很多人都会对股东大会在这样一间精巧的房间里举行感到失望，即使你们的高出席率创造了每平方米平均站立人数的新纪录。"他开玩笑说。

芒格毫无疑问是威斯科金融表演秀的明星。1999年的聚会中，股东们坐了3个小时，不断地向这位75岁的投资专家提出问题。不过芒格并不是一夜成名的。早在20世纪80年代他就吸引了商业世界以及伯克希尔和威斯科金融股东们的注意力。

巴菲特负责撰写伯克希尔年度报告里著名的"主席寄语",而芒格则负责威斯科金融的。威斯科金融的报告是独立发布的,然后其中的一部分会再印到伯克希尔报告的后面。芒格运用早期的主席寄语做两件事。他会形容威斯科金融并入伯克希尔后的演变路程。同时,他开始警告股东们以及其他任何愿意聆听的人,储蓄贷款业即将面临一场暴风雪。在巴菲特的支持下,他最终发表了一份大胆的声明,引起了储蓄贷款业的注意,不过并未影响到该行业领导者行事方式的改变。

储蓄贷款协会(S&L)在美国的历史可以追溯到几百年前,不过直到第二次世界大战结束,退伍老兵们纷纷开始置业,这个协会才开始变得重要起来。从战后房产兴盛到20世纪80年代中期,储贷业一直非常兴旺,特别是在加州。

在其历史上的大部分时间里,政府允许储贷业比银行的存折、定期存单或是其他储蓄账户支付更高的利息。作为回报,储贷协会必须将大部分资金贷给购房按揭用户。该行业不被允许从事商业贷款或提供其他大多数财务服务。然而,20世纪80年代初,情况发生了一些变化。经纪行和互助基金公司,通常也被称为非银行的金融机构,开始向货币市场提供账户,利率却不受市场控制。当时的总统是里根,他希望能减少政府在商业方面的管制,开始对储贷业松绑。第一步就是扩大行业的借贷和投资权力。

芒格并不拥护政府的法规,他认为政府松绑的时机和措施是非常危险的。芒格对存款保险以及其他有关S&L的规则更改非常苦恼,特别是储贷业的那些新竞争对手——非银行的金融机构的运作还受一定法规的约束,它们的资金及其持有人都不需要购买存款保险,也不像储贷协会那样必须开设分公司。芒格注意到,货币市场基金一年的运营成本比最有效率的储贷机构还要低50%。这些非银行的金融机构正在从一度是S&L的资金来源中夺取利润最丰厚的一块,将储贷机构逼入利润被压缩的死角。同时,存款保险让S&L的管理者觉得,为了缓解这种压力,他们可以承担更高的风险。

1983年的致股东信中,芒格写道:"美国政府的一家代理机构(联邦储蓄贷款保险公司)继续向储蓄贷款业提供储蓄账户保险,如同之前一样。这样的结果很可能导致日益膨胀的存款和投资权力让许多储贷机构做出越来越大胆的行为。在全面竞争的情况下,劣币驱逐良币可能会出现,但是对于储蓄保险机构而言,如果'作风大胆的机构消灭了作风保守的那些',最后可能由于过分的信用扩张而导致大面积的破产。"

芒格和巴菲特开始将威斯科金融和互助储蓄转型,偏离存贷业务,让威斯科金融为未来做好准备。1987年10月1日威斯科金融以1亿美元购买了所罗门公司发行的A类可自由兑换的优先股。这笔投资是一笔总额为7亿美元的交易中的一部分,在那笔交易中伯克希尔出资6亿美元,而威斯科金融则负责剩余的数目。除了9%的股息,1990年10月31日后每一股优先股都可以转换成26.3股的所罗门普通股。只要合同顺利执行,威斯科金融和伯克希尔的换购股价高于38美元时就能获利。

不幸的是,1987年10月19日,股市遭遇了近代史上最惨痛的一天——黑色星期一。所罗门受到了重创,股价跌到了16.62美元的低价。幸运的是,1989年底,回升到了23.38美元。

1988年,芒格和巴菲特又让互助储蓄进一步远离了自己传统的存贷身份。经过3个小时的讨论,这两人决定对互助储蓄在联邦住宅贷款抵押公司,也就是通常所说的房地美中持有的少量股份进行增持。

房地美对按揭市场提供流动资金,通过合并、打包将房屋贷款变成证券出售给投资者。公司通过这种方式赚取手续费和收益差,同时还规避了大部分利率调整的风险。此外，公司为按揭提供保险。房地美1938年由政府成立，目的是通过创造一个房屋贷款的二级市场让更多的人能买得起房子。经过多年发展，房地美的职责发生了改变。根据国会在1970年信用危机的时候草拟的一项特许状，持有人只能是多人贷方，也就是S&L。后来房地美转变成了一家由机构投资者大量持有的私人公司，1988年开始在纽约证交所挂牌上市。

房地美是仅有的两家得到联邦政府许可的公司，能够打包并销售抵押担保证券。另外一家是联邦国民抵押贷款协会，人们通常称之为房利美。房地美得到联邦政府的全力支持这一点让芒格和巴菲特感觉到了最喜欢的那种竞争优势。

通过互助储蓄，威斯科金融以7 200万美元的价格买入了2 880万股的房地美股票，当时只有一家S&L型的公司才能合法地购买房地美的股票，数量也是法律允许范围内对房地美投资的最大数额。这项投资在后来储贷业崩溃的时候在威斯科金融周围筑起了铜墙铁壁。1999年底，房地美控股的市场价值达到了13.8亿美元。

"从储贷业务转型为持有房地美的股票并确定准备长期持有，我们在这件事中的经验说明在生命中的一些时刻，及时合理地行动，做一些简单而符合逻辑的事情常常会戏剧性地改变你的财政状况，"芒格说，"一些像这样显而易见的重大机会，通常会降临在那些不断研究、一直等待的人身上，这些人都很好奇，喜欢分析牵涉其中的多个变量。然后他所需要的就只是愿意全部投入，充分利用以前通过节俭和耐心累积下来的所有找得到的资源。"

当出现一个类似的机会买入房利美股份的时候，巴菲特和芒格犹豫了。巴菲特说他们应该也买入一大笔房利美的资产才对。

"我错过的最大的机会也许就是房利美。我们拥有一家储蓄贷款公司，有权在刚开始发行的时候买下房利美4%的股份。我们这么做了之后就应该出于相同的理由买下更多的房利美股票。我当时在干吗？犹豫不决呗。"

1989年，储蓄贷款业的气氛变得沉闷起来。全国各地的储蓄贷款机构纷纷关闭，乔治·赫伯特·沃克·布什政府实施了大规模的政府救助机制。芒格将这一过程比喻为"永不结束的塞维·蔡斯（美国著名喜剧演员）电影"，他也不会原谅那些行业领袖出于自私自利的原因对华盛顿进行游说，通过延续糟糕的情况来挽回自己的颜面。

"芒格和我的确认为情况非常糟糕。我们不想卷入其中，因为我们都还有热诚。"巴菲特说。

和20世纪80年代大多数S&L型公司一样，互助储蓄隶属于一个强有力的贸易和游说组织——美国储蓄机构联盟。芒格用一封石破天惊的致联盟的信抗议对S&L改制的支持，这封信让整个行业以及将毕生积蓄都放在S&L里的那些普通人都大为震惊。

这封信的签署日期是1989年5月30日，全文如下：

先生们：

这封是互助储蓄借贷协会向美国储蓄机构联盟提出的退会信。

互助储蓄是美国证交所挂牌上市公司威斯科金融集团的子公司，同时也隶属于纽约证交所的挂牌上市公司伯克希尔，本公司不再愿意成为联盟中的一员。

加入联盟多年后，互助储蓄做出这样的决定并非轻率之举。不过我们认为联盟目前的游说行为非常有问题，确切来说是很可耻，致使我们不再愿意继续成为其会员单位。

我们的储蓄贷款业正在创造美国财政历史上最大规模的烂摊

子。虽然这个烂摊子的起因有很多，我们已经试图在上一份股东年报中总结出来，现在又有以下几点让事情变得更糟：

（1）多年来通过联盟的游说活动，持续成功地抑制了政府对于一小撮由骗子和白痴主管的受保机构做出恰当的法律应对措施。

（2）假账让很多受保机构看起来比实际情况要健全得多。

（3）受保的实际资产及资金不足以兑现机构对储蓄账户持有人的承诺。

把国会现在所面临的情况比作癌症，把联盟比作大型致癌中介，这样的比喻不能说是不公平的。同时，就像癌症一样，如果国会缺乏足够的智慧去制止，反而让制造麻烦的这些过程重演，我们目前的问题将复发。

此外，虽然我们需要的显然是真正的、伤筋动骨式的法律变革，联盟最近的游说努力却一直在抵制哪怕是最小的变化。举例来说，联盟支持：

（1）延续会计惯例，允许"公司声誉"作为资本计入。

（2）最小化实际资产数额，将其作为自己依靠联邦存款保险来维持全额运营的条件。

面对一场在联盟的游说活动推波助澜下爆发的全国性灾难，联盟却顽固地坚持继续允许众多受保机构执行松散的会计准则、无须准备充足的资金，以及实际上不全面的管理行为。埃克森石油公司要是自瓦尔迪兹原油泄漏事件后仍然不限制油轮船长喝威士忌的分量，联盟对储蓄贷款业一团糟的情况做出的反应就和他们一样不负责任。

要是联盟以另一个时代中的制造业为榜样，做出明智的选择，向国会致以公开道歉，情况就会好得多。因为联盟显然已经

第 14 章　向储蓄贷款业下战书

误导了政府很久，对纳税人造成了极大的伤害，公开道歉是合乎情理的，不要一错再错。

我们知道现在有一种观点认为同业公会不需要坚持高标准，它们应该像联盟一样运行。根据这种观点，每个行业创建一个同业公会，不是为了在出现异乎寻常的差错后向人们提供真相、原因或者正常人的谦恭，而是为了粉饰自私的废话，为了捞取政治资本来平息事件，为了在法制背景下，继续发表自私自利的谎言和获得其他同业公会的政治支持。不过证据摆在眼前，在联盟的支持下，深入每个选区通过宣传机构和对关键选民施加影响，同业公会的这种行事方式，已经给国家带来巨大的影响。因此，联盟的公众责任应该以完全不同的方式承担起来，就和棒球大联盟在"黑袜丑闻"①后改制一样。此外，由于联盟过去的短视行为，储蓄机构客户的情况更为糟糕，机构客户以后会因为现在联盟的短视行为受到不佳的待遇。

出于对以上事实的认识，沃伦·巴菲特先生和我不仅希望互助储蓄从美国储蓄机构联盟中退出，而且会向媒体寄出此信的几份复印件，希望这个小小的抗议会引起人们的一些注意。

您诚挚的，

查理·芒格

联盟摆出正人君子的样子，还通过政府中的伙伴来加强这一形象。联盟的发言人吉姆·格罗尔告诉《华盛顿邮报》，他不会对芒格的信有所争辩，不过补充说："我认为我们代表了会员们的观点。我

---

① 指 1919 年棒球界黑袜事件。当时芝加哥白袜队是赛事最大热门，人们以为他们可以轻松击败对手，没想到白袜队队员每人收了赌客们 1 万美元贿赂，在比赛中一边打一边与赌徒讨价还价，结果输掉了比赛，一名赌客因不满白袜队的表现，检举了他们，白袜队因此被称为"黑袜队"。——译者注

可以向你保证，因为认为联盟对于改变布什的计划没有做出足够努力而退会的成员更多。"

顺便说一句，芒格对储贷行业的满腔怒火并不表示他反对存款保险这一概念，这和有些政府批评家认为的不一样。恰恰相反的是，芒格说："我自己就购买了银行保险，银行恐慌只能骗那些轻信的人。"

芒格将互助储蓄退出联盟的同一年，国会提案对行业法规进行改革。

第二年芒格写道："去年威斯科金融的年报发表的时候，国会正在考虑整改储贷相关法律。不过很明显，协会很快就被'再次整改'成了另一种模式，在这种模式下不太可能引起新一轮由纳税人来承担的储蓄贷款损失狂潮。引发这种法律行动的是前一次的损失大潮，现在看来总计超过1 500亿美元。这些损失由多种原因综合引起：(1) 由于联邦存款保险允许各家为吸引储户而自定利率，储贷机构和银行出于竞争压力不断扩大存贷利率差；(2) 宽松的资产处置条例；(3) 在没有法规反对的情况下，允许并保留那些骗子和白痴来担任机构的管理人；(4) 在一些特定大型地区中普遍出现房地产崩盘；(5) 由于储蓄贷款业的游说活动以及国会中的某几个人对某些最卑鄙的储蓄贷款业经营者言听计从，政府对不健全的行业持续提供不负责任的保护和巩固措施。"

对于自己发出的那封引人注目且广为流传的互助储蓄致美国储蓄机构联盟的退会信推动了严格的立法行动，芒格多少有些自豪。正如他对堕胎合法化的态度一样，芒再次选择了一条与他的共和党朋友们截然相反的路。美国储蓄机构联盟的领导层里到处都是里根总统的加州支持者。作为一种传统，联邦住房贷款银行董事会主席也是由总统任命的。当时，这个人是里根的一位老朋友，名叫戈登·卢斯，他曾经是一位储蓄贷款业的大亨，同时也是共和党的一名主要捐款人。

第14章 向储蓄贷款业下战书

芒格针对政府和储蓄贷款行业的领导者发动猛烈攻击的时候,他同时也在帮助解决《布法罗晚报》的法律问题。左眼的手术失败迫使他学习用有限的视力来生活。1989年他写下致美国储蓄机构联盟毫不留情的退会信的时候,他钟爱的妹妹在饱受多年帕金森综合征折磨后与世长辞。

在威斯科金融1989年的年报中,芒格说如果业务进展顺利,互助储蓄会继续开展储贷业务,反之则全面退出这一行业。虽然他乐观地预计随着立法变革,情况会有所好转,但事实并非如此。储蓄贷款业务的增长让芒格十分失望。他形容S&L后来新买入证券的可笑程度没有丝毫降低。

"既然我们买的是不动产抵押证券,我们就不会买入任何高风险证券,因为我们讨厌太复杂的事情。我们也担心国家和联邦审查员的前景,他们中没有一个人是物理学博士,却在一个接一个地检查我们的选择是否牢靠,还以成本加额外费用的方式向我们收费,以体现他们所提供的附加值。一些现代金融中的奇迹正在发生,不过我们没有参与其中,因为我们正在走入一个困惑的年代,大多数有理性的人即便努力也无法弄明白到底发生了什么。"

1989年,美国储蓄机构联盟拥有约2 800家储蓄贷款机构会员,最后还是倒台了,芒格关于管制松绑将要付出代价的悲观预言一语成谶。最终,储贷危机成了美国历史上最大的金融丑闻之一。人们花了近10年的时间才解决了这些问题,一些分析家认为总共耗费了纳税人10 000亿美元,换言之,美国的男女老少人人都赞助了4 000美元。

不过,撇开这荒谬的一切不谈,芒格意识到新的联邦法规会给互助储蓄带来负面的影响,因为长期以来,它已经和大多数储蓄贷款机

189

构的业务形式相距甚远了。

根据储贷行业的新法规，互助储蓄将被迫处理掉手上好几个优质公司的优先股，这些股票每年的股息率就高达10.8%。1989年底的时候，这部分资产的账面价值就有4 110万美元。出售这些证券可以为互助储蓄带来870万美元的利润，却不会再有那么高的投资回报率。

根据新法规，互助储蓄必须售出所罗门公司可自由兑换的优先股，这些股份每年可以带来9%的分红，还不需要缴纳税金。这部分证券的收购总价为2 600万美元，虽然芒格知道出售后的利润也相当可观，但他更愿意用自己的方式来玩这一手所罗门牌。

法律规定互助储蓄必须在3亿美元总资产中投入70%持有房地产贷款。此外，储蓄保险的保费也将增加。"到20世纪90年代中期，新的保费比例将会令互助储蓄的年收入减少20万美元，多年来我们一直都按照储蓄额的0.083%来支付保费，现在的新费率上升到了0.23%。"芒格告诉股东们。

1992年，互助储蓄放弃了自己的储蓄和贷款经营许可证，清算了大部分资产。1993年，威斯科金融成了一家金融控股公司，不再受制于储蓄贷款行业法。芒格说储蓄贷款占用了他太多的时间处理资金问题。3亿美元的资产转移到了威斯科金融保险公司名下，后者的办公地点在奥马哈，也就是伯克希尔旗下的国民赔偿公司的办公室。威斯科金融承保大型灾难险。威斯科金融保留了互助储蓄所持有的房地美股份，不过此前互助储蓄已经将9 200万美元的组合贷款和23 000万美元的储蓄额出售给了中央联邦金融集团，该集团还接管了互助储蓄两家办事处的运营。

威斯科金融将大部分资产都投入到保险业后，从资金规模来说，伯克希尔成立的是全球最大的承保资产损失的保险机构。对于威斯科金融来说，这是一项很好的业务，也非常对芒格和巴菲特的胃口。"所以我们为什么不多做点这样的工作呢？更何况这样还简单许多。"芒格自问自答。

虽然芒格将威斯科金融带出了储蓄贷款行业，却并不非常肯定其作为一家控股公司是否容易经营，因为优质资产越来越难找到。

"威斯科金融不参与融资并购，要收购优质资产一直都很难。"芒格说。这种游戏越来越像在明尼苏达州的利奇湖钓大梭鱼。芒格最早的商业伙伴埃德·霍斯金斯和他的印第安人向导曾经就此事有过这样一段对话：

"这湖里有没有抓到过大梭鱼？"霍斯金斯问。

"在这个湖里抓到过的大梭鱼比明尼苏达州的任何一个湖都要多。这里以大梭鱼而出名。"

"你在这里钓了多少年鱼了？"

"19年。"

"那你抓到过多少条大梭鱼？"

"一条也没有。"

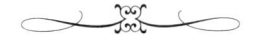

"威斯科金融继续更努力地尝试通过牢记那些显而易见的事，而不是去理解深奥复杂的事情来盈利，"芒格说，"像我们这样着眼长期收益的人，通常尽量不做傻事，也不试图扮演非常聪明的角色，最后获得的收益是非常可观的。俗话说'擅泳者溺'，这句话充满了智慧。"

尽管如此，威斯科金融收购的一些资产并没有表现得很好。其中一个例子就是新美国电气，这家公司是由格伦·米切尔发现的。他是加州理工毕业的一名电气工程师，芒格相信这位朋友的商业能力相当出色。

芒格建议米切尔收购这家公司，并同意和他一起行动。当时芒格手头上的现金不够，所以他让李克·古瑞恩通过新美国基金投资这家生产电源的公司。此后多年，新美国电气一直都向南加利福尼亚的住宅建造商和活动房开发商提供电气设备，是一棵摇钱树。

新美国电气清算资产的时候仍然是棵摇钱树。当时芒格给了米切尔三个选择：（1）将新美国电气的股份分发给新美国基金股东们，这样会把公司变成一家小型的上市公司，由米切尔主导；（2）根据米切尔的意思把新美国电气全盘出售；（3）以巴菲特同意的价格让威斯科金融买下新美国电气 80% 的股份，其中 70% 的股份来自新美国基金，10% 的股份由米切尔提供，他自己还可以留下 20% 的股份。

米切尔选择了第三种方案。不过商业环境很快就变了，米切尔看来并没有做出最佳选择，威斯科金融的选择则更差，只有像芒格这样的新美国基金股东受益。第二年加州就开始了房地产业周期性的衰退，公司市值损失约 30%。

"那次是加州自大萧条以来最严重的衰退。新美国电气被彻底打垮了，"芒格说，"威斯科金融出售时蒙受了相当的损失。并不是说我早就知道这笔交易最后会给威斯科金融带来损失，这样的话我绝对不会这么做的。这件事非常让人难堪。"

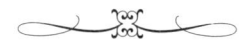

除了房地美股份和一些优先股，威斯科金融互助储蓄年代留下的只有一家小型的房地产子公司，名为"MS 不动产公司"，它有一些零

第 14 章 向储蓄贷款业下战书

星的资产和债务，账面净资产约为 1 300 万美元。MS 不动产公司管理帕萨迪纳市中心的几幢办公大楼以及加州阿普兰的一座小型购物中心。它属于威斯科金融的不动产分部，也是芒格开发圣巴巴拉的"芒格山庄"或者叫海边牧场房地产项目时名义上使用的公司。

威斯科金融发展到今天，可以划分为投资部、保险子公司的证券业务以及自身的金融业务。一年中，威斯科金融 47% 的净收入来自所持有证券的现实增益。

1999 年底，根据市场价值计算，威斯科金融汇总资产负债表中包括了 28 亿美元的可卖出证券。持有最多的是房地美的股份，总价值 19 亿美元。这些股份是 1988 年以 7 170 万美元购入的 2 880 万股房地美股票。第二和第三多的是可口可乐和吉列，加在一起总值 8 亿美元。和伯克希尔一样，威斯科金融也持有旅行者集团和美联航的优先股，还有一小部分美国运通和富国银行的股份。

威斯科金融的业务部分分成两个门类：保险和工业。公司有以下几家主要的子公司：威斯科金融保险公司（总部在奥马哈的大型事故再保险公司）、堪萨斯银行家担保公司、精密钢业以及科特商业服务集团。

1999 年底，威斯科金融保险公司拥有 25 亿美元投资资产。芒格称之为"一家成本很低但实力很强的保险公司……"。尽管如此，芒格经常警告股东们："再保险不是为胆小鬼准备的生意。每年的结果变数很大，威斯科金融保险未来不可避免地会有令人非常不愉快的岁月。"

威斯科金融不断寻找合适的资产进行收购，成果之一就是在 1996 年出资 8 000 万美元买下了堪萨斯银行家担保公司。该公司于 1909 年在堪萨斯州的托皮卡成立，为约 1 200 家银行提供担保，其中 70% 是内布拉斯加州的银行。该担保公司最早主要作为保证金公司。

虽然看起来完全不是威斯科金融的风格，1979年他们开始拥有了精密钢业，这是一家钢铁产品供应商，在伊利诺伊州的富兰克林公园和北卡罗来纳州都有运营。

2000年2月，威斯科金融以46 700万美元的现金买下了科特商业服务集团，这家集团是科特家具租赁公司的持有人。

1999年，威斯科金融5年收入增加率为11.8%，每股收益增长率为27.64%。1999年的总回报率是19.6%，之前3年的总回报率是58.7%，5年总回报率则是27.5%。伯克希尔自己并不分红，不过威斯科金融和大多数由伯克希尔部分持有的公司一样进行分红。

"威斯科金融的分红政策是小股东所喜欢的，"芒格解释，这里的小股东指的就是贝蒂·彼得斯，"至少那些我们认识，带我们进入公司的人是满意的。所以，我们只是尊重了非常典型的小股东的意愿。现在你可以说'那太奇怪了'，这样的说法是正确的。"

巴菲特进一步解释："巧的是，在伯克希尔我们有三四家持股80%以上的子公司，这些公司的利润都只由少数人拥有。威斯科金融则恰恰相反，它的少数股权由许多人共同持有。在各种情况下，我们告诉那20%甚至更少的股份持有人：分红规则由他们来定，一切取决于他们。对于我们来说，分红规则如何不影响纳税情况，而他们则不一样。他们有家有室，要考虑的因素很多，因此由他们来决定分红规则。"

鉴于伯克希尔持有如此高的股份比例，同时创始家族也拥有相当多的股份，威斯科金融的交易非常平静——美国证交所平均每天有1 300股的成交量。一共有约5 000名股东。

虽然芒格不赞成这种惯例，但许多股东都很关注威斯科金融的季报，以此来洞察巴菲特在伯克希尔的投资风格。对于那些试图模仿巴菲特的投资者来说这样的做法很有逻辑，因为伯克希尔和威斯科金融持有很多相同的股票。

分析师有时称威斯科金融是伯克希尔的微缩版,或者"经济舱"版本,因为威斯科金融的股价总是在220～350美元区间浮动,相较于伯克希尔A股每股的40 000～90 000美元,这两家公司的投资方向相当类似,但威斯科金融的股价便宜很多。蓝筹印花买入第一笔威斯科金融股票时的价格为6美元一股,后来再增持的时候就成了17美元一股。

芒格并不喜欢将威斯科金融和伯克希尔进行对比,警告说:"威斯科金融并不是伯克希尔的微缩版,也不因为它的规模小就更容易成长。相反,每一美元的账面价值在威斯科金融所产生的内在价值远低于伯克希尔。此外,近年来,账面价值和内在价值间存在质量上的不一致性,伯克希尔在这方面的优势越来越明显。"

照芒格说来,这从来都不是他们的本意:"我们在伯克希尔和威斯科金融所创造的,从某种程度上来说,是一种个人崇拜。你可以说这是一种良性的个人崇拜,你喜欢加入的这些人,我们也这样认为。不过从另一个角度来看,我们有一些追随者对我们所做的事情有着非同寻常的兴趣,他们觉得投资在我们身上感觉很好。我相信这一点对伯克希尔和威斯科金融的股价也有所影响。"

为了让每个人都思路清楚,芒格违反了伯克希尔的哲学,在年报中为股东们计算威斯科金融的内在价值。1998年底,芒格说威斯科金融的内在价值是342美元一股。当时,威斯科金融的交易价格是354美元,高出内在价值约4%。

芒格完全没有义务在股价高估的时候通告股东。回到1993年,他说:"一只猩猩也能算得出,要是公司清算,现在的股价远远高出其内在价值。我不断地告诉人们这一情况,但他们不断地买入股票。"

1999年6月，芒格告诉股东们他们的普通股现在值294美元一股，比当年前些时候有所下滑。这一变化是因为威斯科金融拥有的那些挂牌交易的普通股价格下挫，从而影响了威斯科金融所持股份的未实现收益。1999年收市的时候，威斯科金融股票的交易价格接近52周低点，收在每股253美元的水平，让那些在当年看到过股价上升到353美元的投资者大为失望。威斯科金融股价的下跌部分原因可以归咎于房地美控股。在历经了连续两年股价实现50%增长后，房地美的股价由于较高利率的影响而下跌。从1998年12月到2000年2月，这只股票在14个月间跌去了30%。

股价下跌并没有打乱芒格的平和心态。"我已经76岁了，"他说，"我经历过很多熊市。如果你活得够久，有时你就不会去追赶投资潮流。"

芒格说，为威斯科金融的股东计算内在价值是正确的，对于伯克希尔的股东们来说则不合适，因为两家公司完全不同。

"威斯科金融易于变现，它的经营业务规模不大，很容易就能计算出资产价值。你可以想得到，要是公司关门大吉，给所有的股东寄回支票，会发生什么情况。"

也许是因为反射着伯克希尔的光辉，也许是因为威斯科金融和伯克希尔持有很多相同的投资，也许是因为芒格非同一般的个性，威斯科金融吸引了一批自己的追随者。

芒格完全反对这种愚蠢的行为，但是他愿意坐上几个小时来回答股东和媒体向他提出的各种问题。观众们看来都很享受他的讲话，逗留在会场一直到芒格真的没有时间，必须去参加紧接着年度股东大会后的董事局会议才离开。

1999年的会议上，当时股价下滑得很厉害，芒格对威斯科金融的股东解释说，眼下有些公司问题看来相当严重，不过很快他们就会发现这是件微不足道的事情。这就是为什么长期投资回报丰厚。"威斯科金融一度将账户从太平洋安全银行转到了美洲银行，因为我们的账户出现了收支不平衡，而银行方面没有人能解决这个问题。我们关闭了自己的账户，让它自行结束，然后做了一些账务调整。5年后，没有人会记得……"

第 15 章
伯克希尔诞生记

如果你打算学开车,只知道如何加速是没有任何好处的。在正确理解系统之前必须要了解四五件事情。我的确相信有些事比其他任何事都要重要得多。我们所在的行业中,就是要理解规模化的优势、经验等级、公司效率、租赁经验以及其他优势。以亚当·斯密所说的别针厂为例,我认为那是一个非常重要的基本概念,不过那也只是所有概念中的一个。

——查理·芒格

一家小型洛杉矶法律刊物状告每日新闻集团有不公平竞争行为,查理·芒格被传唤到法庭作证。为证明芒格具有评估一项业务的价值的经验,辩护律师首先证实了芒格是伯克希尔的副主席、威斯科金融的主席,还是蓝筹印花的前任主席。他的证词为伯克希尔如何成为一家 21 世纪公司提供了一幅缩略示意图。

第15章 伯克希尔诞生记

问：芒格先生，在这些业务往来中，你是否有机会买入或卖出其他公司？

答：嗯，我们买入的比卖出的要多得多。因为我们很成功，能够一家接一家地收购公司。到目前为止我相信我们已经收购了100多家公司。卖出的也许有两家。我们并不喜欢在频繁地买进卖出时采用酒鬼陷阱式的管理行为。我们喜欢买进后持有。

问：你是否能向陪审团说一说在一项收购行为发生前需要对公司进行哪些分析？

答：当然可以。你从会计报表开始，但那只是一个开始。要是你想只在会计报表的基础上做出判断，那你就会犯下一个又一个可怕的错误。我们要理解会计学，还要理解会计报表中的隐含意思，理解透彻后还要问许多聪明的问题让自己能够判断出目前的情况到底如何。

问：这些问题是否帮助你评估那个特定行业或是业务中的总体商业环境？

答：是的。我们有一些这样的行为。不过更重要的是，我们看中单个公司的质量。如果我们非常欣赏管理层，同时也足够欣赏公司的运作方式，偶尔我们也会买下一家整体行业环境欠佳的公司。

问：所以对管理层的评估也是你考虑的一个因素？

答：当然。

查理·芒格和沃伦·巴菲特相遇的时候，两个人都很年轻。芒格35岁左右，巴菲特则30岁不到。南希·芒格注意到，他们都是急性子的人。当他们开始合作后，成功对两人来说都来得更快。巴菲特负责东海岸的客户，其中有本杰明·格雷厄姆和杰罗姆·纽曼结束业务后他继承到的一些，同时也在继续招募新的投资人，大多数都来自内布拉斯加州。芒格开始根据巴菲特的指示负责加州的投资人的业务。

"芒格比任何人都要早发现巴菲特的天才之处。要是我完全相信芒格对巴菲特的评价，我现在会富有很多。"芒格以前的房地产和投资搭档阿尔·马歇尔说。

有一个人真的完全相信了芒格，他就是奥蒂斯·布思，他跑去芒格办公室请他帮忙收购一家印刷厂，最后却成了芒格的合伙人，开发了两个获利丰厚的住宅项目。1963年，芒格建议布思去见一见巴菲特。

"我加入了芒格的合伙公司一两年后，他跟我说了巴菲特这个人，还展示了他从1957年开始的投资记录，"布思回忆说，"1963年或者是1964年，我回到奥马哈，在那里过了一晚，和他讨论投资问题。"

两人彻夜长谈。"那天以后我很快就写了张支票。合伙公司一年招募一次。我记得我当年写了一半的资金，第二年又加了一半，总共是100万美元。第一张支票上写着50万美元，不过那一年赚钱了，所以后面一年投入的资金比50万少一点。我还在芒格的合伙公司投入了100万美元。"布思说。

巴菲特的合伙公司只开了5年多。20世纪50年代末60年代初，巴菲特开始收购一家位于新英格兰的陈旧潦倒的制造商，主要生产纺织品、手帕和西装衬料。和人们普遍认为的恰恰相反，伯克希尔从来没有生产过衬衫。巴菲特最早一批股份是从特威迪布朗这家位于纽约的投资公司中收购的，这家公司和本杰明·格雷厄姆关系密切，因严格遵循价值投资方法而颇具声名。特威迪布朗的办公室靠近中央车站，芒格说，巴菲特"年轻没钱的时候常在那里闲逛"。

第 15 章 伯克希尔诞生记

1969 年巴菲特解散了他的合伙公司，给出的解释是股票市场已经过火，很难找到有投资价值的便宜股票。对于如何处理自己的资金，股东们得到了几个建议。巴菲特建议投资者也许可以加入他的朋友比尔·鲁安管理下的著名的红杉基金（现在已经不接受新资金加入），或者他们也可以像巴菲特处理自己的资产那样进行操作。

巴菲特解散合伙公司的时候，已经收集到了伯克希尔足够的股份来接管公司，他打算将基金中的大部分资产和自己的大多数资金都转到伯克希尔公司名下。这对于投资者来说无异于闭上眼睛纵身一跳，而巴菲特到底打算怎么运行这家公司也并不明朗。20 年来他一直试图在这家公司中同时进行制造生产和其他投资两件事。不过芒格却将伯克希尔形容为"一家规模很小、难逃一死的新英格兰纺织品企业"，他的形容非常正确。

巴菲特称收购伯克希尔是他犯过的最糟糕的财务失误。1985 年，他将业务清盘，全面集中注意力收购并持有其他公司。即使是那些早期的忠实投资者，看到伯克希尔转型后的出色表现也非常惊讶。

奥蒂斯·布思、阿尔·马歇尔和李克·古瑞恩只是其中的三个人，他们大多来自西海岸，由芒格带入巴菲特投资者大家庭。现在布思住在洛杉矶的一幢都铎王朝风格的大宅里，和迪士尼主席迈克尔·艾斯纳是邻居。布思的净资产估计有 14 亿美元。古瑞恩一家住在比弗利山庄的一幢西班牙殖民风格的豪宅中，俯瞰起伏的山脉、茂密的森林以及整个洛杉矶城区。马歇尔和太太退休后就一直住在棕榈泉的高尔夫别墅里。

1976—1986 年间发生了一系列事情，芒格和巴菲特都结束了自己的合伙公司，把蓝筹印花及其子公司并入伯克希尔，事情变得简单起来。作为保险及其他一些附属机构的控股公司，伯克希尔无须像典型的共有基金或者养老基金一样迫于法规压力必须进行多元化投资。公司全资拥有好几家现金充裕的公司，它的股票组合主要集中在一小部分特定的公司身上。芒格和巴菲特已经打下了基础，我们今天所知道的伯克希尔则使其条理化。

即使简化了，一时间还是发生那么多事情，那么多交易重重叠叠，收购的步伐让人眼花缭乱。芒格和巴菲特合作后的两年里，伯克希尔的主要持股包括美国广播公司、政府员工保险公司（GEICO）的普通股以及安可保险公司的优先股。他们很快又全面买下了内布拉斯加家具卖场和奥马哈最好的珠宝商场博施艾姆。还曾经持有过广告代理机构如埃培智市场咨询、奥美以及《波士顿环球报》的股份，这三家后来都出售了。

巴菲特从大学开始就拥有了政府员工保险公司的股票，不过后来卖掉了。1976年他再次买入的时候，GEICO经营状况不佳，它的一位高级管理人员自杀了，公司濒临破产边缘。虽然巴菲特不希望买进需要拯救的公司，但他看到了GEICO业务中最重要的优势，认为只要管理得当，公司就能存活并繁荣起来。1963年他对美国运通也做出过类似的决定，结果很好。1976—1981年间，伯克希尔向GEICO注资4 500万美元，到了1995年的时候价值已经超过19亿美元。最终伯克希尔买下了整家公司。芒格说这其中没有牵涉到任何特别的策略，只是等待并观察各种机会。

"我们的规则是纯粹的机会主义，"芒格说，"我们并没有一个总体规划。伯克希尔有一个总体规划的话，那一定是背着我做出的。我们既没有总体规划，也没有一名规划师。"

1985年芒格和巴菲特以迅雷不及掩耳之势出资31 500万美元买下了Scott&Fetzer公司，当时该公司正面临恶意收购。该公司是世界图书百科全书和柯比吸尘器的母公司。

1989年下半年，伯克希尔完成了三笔大交易，标志着伯克希尔从

第 15 章 伯克希尔诞生记

此成为全球金融界的一个有力竞争者。他们向吉列、冠军国际等总计投入了 13 亿美元。巴菲特和芒格一起与吉列的主席进行了谈判。1989 年，伯克希尔出资 6 亿美元购入了吉列的优先股，所有股份后来都转成了普通股。吉列是一家有着平民化历史的公司，很对芒格和巴菲特的胃口。1901 年由金·吉列成立，当时名叫"美国安全剃刀公司"。公司的第一间办公室位于波士顿海边的一个鱼市里。1904 年公司更名为"吉列安全剃刀"。吉列在全球剃刀市场的占有率高达 40%。除了剃刀业务，吉列还拥有立可白、比百美、华特曼钢笔以及欧乐-B 牙刷等品牌。1996 年吉列出资 78 亿美元收购了金霸王电池，是吉列历史上最大一笔收购。

1985 年吉列的收入增长达到了令人惊讶的 15.9%，不过 20 世纪 90 年代末公司投入一大笔研发资金开发了一款新型剃刀，虽然销售情况不错，却没有达到预期的水平。它的收入最终大幅下降，因此引发吉列股价糟糕的表现，同时也是导致伯克希尔股价下跌的原因之一。

和一些分析人士所宣称的相反，伯克希尔并不是一个封闭式基金。"不，它从来都不是，"芒格说，"我们从来都喜欢运营公司多过买卖有价证券。伯克希尔持有很多有价证券，同时还有很多大型的公司运作业务。我们喜欢这种机制，一切都用现金交易。我们就是以这种方式开始的，买下那些现金欠缺的公司。为什么要改变呢？"

巴菲特在格雷厄姆门下读研究生的时候学到了保险的基本概念，格雷厄姆当时是 GEICO 的主席。巴菲特在伯克希尔里运用了这一特长。回到芒格和巴菲特收购蓝筹印花股份的时候，伯克希尔首次真正尝试保险，以大约 860 万美元在奥马哈买下了国民赔偿公司。伯克希尔的许多非常大笔的投资都是通过国民赔偿公司进行的。

在这一行动期间，芒格一直在为如何收购更优质的公司而焦虑，他想找到那些具有长期良好收益潜力、不会惹来太多麻烦的公司。

"一个人能做出几次成功的投资然后就袖手旁观,得到的好处是非常多的,"芒格说,"你要付给经纪的钱少得多,也会少听很多废话……这样行得通的话,政府的财税系统还会每年给你额外的1个、2个或者3个百分点的返税。"

从喜诗糖果开始,芒格就一再劝说巴菲特为优质的资产多花些成本是值得的。"说到是什么推动了巴菲特进行可口可乐式的投资,也就是能给几代人带来收益的特许经营方式,芒格在这一过程中起到了非常重要的作用,"罗纳德·奥尔森评价,"这与芒格如何经营自己的人生是一致的。他不追求快速致富,而是寻求长期的成功。"

1988年,伯克希尔开始买入可口可乐的股票,6个月中就买到了公司7%的股票。以每股均价5.46美元计算,总投资额为102 000万美元。巴菲特酷爱含咖啡因的软饮料,对可口可乐非常有信心。实际上,巴菲特自己为了支持可口可乐放弃了喝百事可乐。

"很多次,芒格都提升了巴菲特考虑问题的层次,比如去找一家更强有力的特许经营公司。他们两个能在任何层面上进行交谈,"《布法罗晚报》的出版人说,"如果有人在那样的层次上思考并生活,你得到的不仅是智力上的交流,还有互补的想法。"

显而易见,关于私人投资,芒格并不总是和巴菲特看法一致,有时他更占优势。1978—1980年,巴菲特陆续售出伯克希尔持有的大都会通信公司股份,后来非常后悔。然而芒格却保留了他私人名下的大都会股份,表现非常出色。

虽然他们拥有辉煌的成功,巴菲特和芒格也尝试过无数个没有奏效的想法。在买入《华盛顿邮报》集团股份前,巴菲特和芒格致电凯瑟琳·格雷厄姆,邀请她共同参与收购《纽约客》杂志。凯瑟琳根本

第 15 章 伯克希尔诞生记

不知道这两个人是谁,想都没想就拒绝了他们的建议。

"一直都有人介绍项目给我。我只是考虑了一下自己是否愿意成为《纽约客》的合伙人。当时我并不愿意。我认为如果要做,就需要一名新编辑,而我并不知道该如何选择,于是介绍他们去找弗里茨·毕比。"凯瑟琳说。

《纽约客》是一个失去的机会,但也许不是一笔大损失。他们当时经常遭遇失败。"我们在那10年中无论是在产品还是人事上都犯下了一些严重的错误。"巴菲特在伯克希尔1977年的年报中写道。不过,他补充说:"身处的行业允许人们犯错,同时还能实现相当令人满意的总体表现,这点令人相当安慰。在某种程度上,这和纺织品行业恰恰相反,在那个行业中即便有非常高超的管理技巧也只能产生很一般的结果。在经营中学到的重要一课,有时不走运的话要重修一次,那就是你所身处的行业一定要处于上升通道中。"

整个20世纪80年代一直到20世纪末,巴菲特和芒格展示了做好交易的本事。当他们收购一家公司的时候,管理层通常都不会发生变动,收购不会太费心,只要拿到利润,然后将资金最优化分配。

"我们对收购来的业务最主要的贡献就是什么都不做。"芒格说。他们绝对不会干扰那些办事卓有成效的经理人,特别是那些有点性格的人。

"正直、聪明、经验和奉献精神,这些都是一家公司要运作良好所必需的,"芒格说,"我们非常幸运这么多年来能和一群这样优秀的人才一起工作。我认为,让我们自己来管理的话,要做得比现在更好则非常困难。"

约翰·纳斯在撰写一篇有关保险业的文章《一家特许不动产和大型事故承保公司》时说:"巴菲特和芒格解释说,他们只是给予空间,让手下的经理们不受干扰地专注于业务运作或其他事情。不过他们做的不止这些。他们创造了可能是行业里最好的业务运作环境。我所说的环境包括在不需要无数的会议和文件的情况下做出明智的评估、资本接入、关注赔偿以及能自由发挥的空间。"这些方法,据纳斯说,应该引起商界更多的关注。

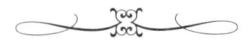

芒格和巴菲特都说他们通过将自己的开销经费降到最低为伯克希尔公司树立了榜样。伯克希尔的总部很简单,工作人员也很少。公司的办公经费只占到了大多数互助基金的1/250。

"我不知道还有谁和我们的规模差不多,经费成本比我们更低,"芒格说,"而且我们喜欢这样。一旦一家公司开始变得独特起来,就很难再停下来。"

"事实上,巴菲特曾经考虑过是否要买一幢楼,他为此苦恼了三个月,想弄明白把公司搬过去会有什么成本。虽然非常诱人,他最后还是认定让大家在这样豪华的环境中工作会让人产生不好的想法。所以我们就继续在非常朴素的地方运营保险业务。"

伯克希尔曾一度因为在一桩收购案中牵涉到"员工股"而受到法院传唤,不过芒格说:"没有股票,因为我们没有员工。"

不过,就像芒格常说的那样,对伯克希尔正确的并不一定适用于所有公司。"我们在公司中职权分散到了只差全面退位的程度……我们的模式并不是对任何人都合适,不过符合我们以及加入我们的那些人的口味。我们并不会对其他公司提出批评,比如说通用电气,他们会根据规划运作,将实际表现和规划进行比较,等等,只不过那不是我们的风格而已。"他补充,"伯克希尔的资产不断积累,不需要在总部一直有聪明人负责。"

伯克希尔是股票市场历史上表现最好的股票之一。34年来只有5

第 15 章 伯克希尔诞生记

年的表现不如标准普尔指数,没有一年账面价值下降过。如果有一名投资者在 1965 年投入 1 万美元购买了伯克希尔的股票,到 1998 年 12 月 1 日的时候,其价值为 5 100 万美元,相比之下,如果买的是标准普尔指数,只能得到 132 990 美元。1999 年佩因韦伯的保险分析师艾丽斯·施罗德估计伯克希尔的内在价值高达 92 253 美元一股。用一种更为保守的方式计算,包普斯特基金的克拉曼对伯克希尔的内在价值估值为 62 000～73 000 美元之间一股。当时,每股价格已经从历史最高点的 90 000 美元跌到了 65 600 美元左右,在回升之前还跌到过更低的价格。

对于有着如此记录的公司,股东们的忠诚度也就不难理解了。有些家族有两三代甚至四代人都和巴菲特一起投资。不仅仅是埃德温·戴维斯和他的妻子从伯克希尔受益,他们的孩子以及各自的家庭也是。薇拉和李·西曼从 1957 年开始就入股伯克希尔。"人家说这只股票股价太高了——我说是啊,它还要升得更高呢。赚钱的方法就是买到一只非常好的股票然后一路持有。"西曼坚持说。

正如伯克希尔旗下的控股公司越来越多一样,每年来参加股东大会的人也越来越多。"我还记得以前伯克希尔的年会没几个人来,"斯坦·利普西说,"巴菲特说:'我们现在开个董事会(实际上就是吃顿午饭),大家都来吧。'"当时就是这么简单。

奥蒂斯·布思 1970 年参加了股东大会,当时他恰好从东海岸回来,巴菲特建议他在奥马哈停一停。"只有 6 个或者 8 个人出席,古瑞恩、芒格以及其他几个人。我们后来还共进晚餐。"布思回忆。

1990 年左右,伯克希尔、巴菲特开始变得有名起来,芒格多少也是。"我第一次听到芒格说他开始担心受人奉承——对电影明星、摇滚歌星的那种奉承。那是 10 多年前，当时我们在博物馆见面。"利普西说。就在同一次会面中，利普西对芒格的性格有了更深入的了解。"我租了一辆正常大小的车，然后注意到芒格租的车比我小一号。"

参加伯克希尔年度股东大会的人数从 1985 年的 250 人增长到了 1999 年的 11 000 人。奥马哈大部分人都会为伯克希尔周末做好准备。巴菲特最爱的牛排馆会多订 3 000 磅牛柳来招待 1 500 名预计在那用餐的客人。

来参加伯克希尔股东大会的观众中有一些人相当出名，但是你几乎注意不到他们也来了。其中包括：联邦通讯委员会前主席牛顿·米诺，微软创始人比尔·盖茨，有时他的父亲老比尔也会来，迪士尼的迈克尔·艾斯纳、阿比盖尔·范·布伦以及芝加哥的亿万富翁莱斯特·克朗。

出席人数不断增加。巴菲特喜欢看到股东们，也喜欢按照自己的方式上演一场好戏。伯克希尔的商业会议只有 5~10 分钟，但是问答环节却可以持续 6 个小时，其间股东们会提出多达 80 个问题。会上芒格分配到的任务是扮演喜怒不形于色的搭档谐星来配合巴菲特的俏皮话。尽管如此，很明显芒格对伯克希尔的影响还是很大的。1997 年伯克希尔的洛杉矶律师罗纳德·奥尔森被任命进入董事局。

巴菲特和芒格主持会议，宣传公司的智慧，芒格喜欢提醒人们直面世界真正的样子。曾经有一名股东抱怨说再也没有像可口可乐这样好的特许经营公司了，意思是说伯克希尔的方式未来会受到制约。芒格回答说："只要做好两三次，就足够让你一家人都毕生富有了。要做到这样的事怎么可能会很容易呢？"

和巴菲特一样，芒格是伯克希尔旗下品牌的忠实拥护者。他喝可口可乐，虽然不像巴菲特那么多。巴菲特滴酒不沾，和他不一样，芒格并不介意偶尔把可乐换成啤酒或是一杯烈酒。1994 年的股东大会

第15章 伯克希尔诞生记

上,芒格为世界图书百科全书做了一段广告:

> 我送给别人的伯克希尔产品中,这项产品比其他任何都多……它是人类智慧的完美呈现。编出这样一套饱含智慧又容易使用的书真是一件非常美妙的事。

虽然芒格可以和股东们一样对伯克希尔的成功洋洋得意,他忍不住要告诉每一个人他们为什么要出席会议。

"我们每年都能来到这里真是太好了,"伯克希尔股东大会的那个周末,芒格在自己举行的晚餐会上对一群朋友说,"不过我们到底为什么这么做呢?是的,开大会很好玩,不过也是一种微妙的方式表示我很有钱,同时也微妙地表达了我很聪明。"

芒格接着说伯克希尔正在面临的问题,许多原始股东年纪越来越大,开始将股份分给各个继承人,这让股东人数增长到了难以控制的地步。芒格建议大家把自己的未婚子女和孙子孙女都带到股东大会上来,举办一场混合舞会,这样伯克希尔的继承者们就可以见面然后结婚,以此来保证股份还是留在少数几个家庭中。这是芒格的又一个半狂想式的笑话。

随着伯克希尔的规模和影响不断增长,芒格也变得越来越富有,他的家庭却幸福地对生活中发生了什么一无所知。对埃米莉·芒格而言,她爸爸是蓝筹印花的主席,蓝筹印花就是你从店里面拿到,然后贴在一本书里面的一张小纸片。

"我不记得什么时候伯克希尔开始发展到一个阶段让他成了另一种人,"埃米莉说,"我认为爸爸妈妈是非常注重隐私的人。他们不喜欢被公众注意。我爸爸是个一旦养成习惯就再也不会改的人,因此所有事情都一模一样。我们从来不觉得自己在一个大富之家长大。"

虽然芒格成了奥马哈的一个名人,但在众星云集的洛杉矶以及西海岸的其他地方他仍然不受人关注。

"很长一段时间,"埃米莉说,"人们看待我们的方式并没有什么改变。直到1989年我上了法学院,发现商学院的一些人认得出我的名字。"

芒格的孩子们对父亲的职业生涯缺乏兴趣,按照埃米莉的说法,"很可能和我们的成人时期是20世纪六七十年代有关。我读的是一家相当自由的大学——几乎没有什么商业气氛,到处都是社会主义者,认为企业是美国之罪。我们的学校更注重于公共服务或是公共政策。和温迪与莫莉上学的时候完全是两码事。"

要是埃米莉·芒格的同学们想到去研究一下伯克希尔和它的商业模式,他们无疑会惊讶地发现这家公司的运作方式和其他巨型企业完全不一样。芒格和巴菲特依然坚定地保持自己的低开销。每个人领取10万美元的薪水,加上从由伯克希尔控股的公司中收取的董事金。1998年芒格的董事金收入为81 300美元。他们的巨额财富来自所持有的伯克希尔股份,虽然这个说法对于巴菲特来说更为贴切。巴菲特的持股比例高得多,但芒格也走了一条略有不同的财务之路。

"芒格的家族净资产中的90%以上都是伯克希尔的股份,"巴菲特说,"我妻子和我则有99%。"

巴菲特说他几乎从来不卖出股份,芒格有时却会这么做。实际上1993—1997年间他售出了价值2 500万美元的伯克希尔股份。此外,芒格还送出了几百股股份。其中有一股送给了《影响力》一书的作者罗伯特·西奥迪尼,仅仅因为他喜欢这个人和他的书。

"过去几年我送出了相当一部分的伯克希尔股份,"芒格说,"我送了很多……因为我认为那样做是对的。而且我还出售股份,因为我还有自己的生意。"

芒格说,从他的个人职业生涯以及伯克希尔的发展历程中有许多教训可以借鉴,而且都是学得会的,只要人们别把简单和容易混淆起来,不过他并不认为每个人都学得会。

"人们低估了一些简单看法的重要性。我认为从一定程度上来说伯克希尔是一个教学式的企业,教会人们正确思考的方式,最主要的一课就是一些好主意真的行得通。我认为我们的这些筛选方式卓有成效——因为它们如此简单。"芒格说。

即便如此,在谈到伯克希尔的时候,芒格说:"我早就知道它会做得很好,不过没想到那么好。"

芒格的孩子们说他们一直都从爸爸的榜样中受益。"这是丰富的一堂课,"莫莉·芒格说,"如果你一直努力前进,不要让发生的任何事阻止你,你的生活将会美好很多。"

第 16 章
巴菲特-芒格王朝战无不胜

投资游戏说到底就是要比其他人对未来做出更准确的预言。要如何做到呢？一种方法是将这种竞争在有限的几个区域中进行。如果你试图预言所有事情的未来，那你的尝试也就太多了，会因为缺乏专长而失败。

——查理·芒格

"芒格关于从事律师工作的一句座右铭是：最好的法律工作来自你的案头。"罗伯特·德汉姆说。这位芒格、托尔斯 & 奥尔森律师事务所的律师处理了伯克希尔的很多法律工作。根据这一哲学，德汉姆说，他和芒格、巴菲特以及伯克希尔之间的工作关系"有系统地增长着"。

实际上，芒格和托尔斯律师事务所与它最重要的客户伯克希尔在 20 世纪七八十年代共同成长。一点一滴建设起来的伯克希尔在 20 世纪 90 年代冒头，其公司个性和在商业世界中的地位都非常稳固。从那时起，芒格和巴菲特总是发现自己不是被人认出就是在聚光灯下。

20世纪90年代早期，伯克希尔拥有一批引人注目的业务以及强势的证券投资组合。业务的运营带来一大笔现金，伯克希尔旗下的保险公司也有一大笔备用金结余——这些钱都归巴菲特和芒格管。收购持续了一段时间，投资的大部分都是优质公司。

"芒格让我关注到了优质业务能带来不断增长的利润这一优势，"巴菲特说，"不过只有当你非常确信这一点的时候才行，不要像得州仪器或是宝丽来那些公司，所谓的赚钱能力都是假设性的。"

巴菲特继续运用他从本杰明·格雷厄姆那里学来的套利技巧，偶尔做一些短期投资。伯克希尔1989—1990年间买过RJR纳贝斯克的垃圾债券，1989—1991年间买过富国银行的股份，1991年收购了H.H.布朗鞋业公司，这是一家北美地区鞋业制造商中的领导者，后来被别家鞋业公司买走。

1992年，巴菲特购入了14%的通用动力股份，他的老朋友，芝加哥的克朗家族是这家公司的大股东。冷战结束后，通用动力的军工业务一落千丈，管理层为了新的、规模较小的业务彻底重组了公司。随后世界上发生了好几件事情，东欧剧变，有一场公司赞助的荷兰式拍卖要将这些股份买回去。通用动力的股票从巴菲特买入时的11美元急升至43.5美元，他后来卖出了股份，收益相当可观。同一年，伯克希尔购入了中央州立保险公司，这是一家信用保险公司。

1993年，伯克希尔得到了联邦贸易委员会的许可，在已有的基础上增持所罗门兄弟的股份到25%。同一年，伯克希尔通过股权交换的方式收购了德克斯特鞋业，从而扩张了旗下的制鞋业务。1995年，伯克希尔收购了R.C. Willey家居装饰和海泽伯格钻石，为家具业和珠宝店业务增添了新成员。

差不多就在那个时候，巴菲特和芒格开始因为能够比其他投资者得到更好的交易条件而招来批评之声，特别是《华尔街日报》。在所罗门和美联航这几笔交易中，交易条款特别优厚，而这些收购都不是在公开市场进行的。在这些情况中，伯克希尔都是应被收购公司管理层的要求来扮演救星，不是将公司从恶意收购中解救出来，就是注入一笔救命的资金。交易都是通过谈判，通常以优先股的形式实现，这些优先股可以得到利息，在特定价格也可以转换为普通股。

芒格为这种类型的交易进行了辩护，说伯克希尔拥有别人得不到的条款是非常正常的，因为伯克希尔"为对方带去的不只是现金"。芒格说，除了提供"耐心"资本让管理层能实行长期策略，巴菲特还会提供忠告和鉴定意见。同时，芒格指出，其他股东也会因为这些公司的股票价格回升而受益。

收购清单中包括了伯克希尔在20世纪90年代早期收购的一部分公司，但足以证明他们的收购模式。伯克希尔坚持只在巴菲特和芒格非常了解的行业范围内行动，对保险业则特别看重。

也许更重要的是，在20世纪的最后一个10年，芒格和巴菲特能够坚守他们理想中的策略，只要有可能，就对公司进行整体并购。一旦伯克希尔拥有了整家公司，他们两个就能以自己认为合适的方式来分配公司的利润。伯克希尔控股的结构进行了一次大规模的调整。1996年初，伯克希尔的股票投资组合占到了总共299亿美元资产中的76%。到了1999年第一季度末，股票只占了32%，而那时总资产已经高达1 240亿美元。这3年中，伯克希尔花273亿美元买下了7家公司。在2000年的年度大会上，芒格和巴菲特解释说，通过整体拥有这些公司，他们能将反复无常的股市或是伯克希尔股价造成的影响降到最低。

伯克希尔持有约3 660万美元的现金及等价物，财务评级为AAA，这些都赋予了芒格和巴菲特强大的收购能力。保险分析师指出，伯克希尔已经成为企业家们心目中"第一号买家"，因为他们既想继续运作自己的公司，同时又不想管筹集和分配资金的问题。买家中包括私人公司或是股权非常集中的公司，它们的主要投资人希望能将自己的资产变现。这就是说，持有人可以用自己的持股来交换伯克希尔的股份，无须缴纳太多税金，以后在伯克希尔的股价到达心理价位的时候卖出就可以了。

伯克希尔更希望支付现金，不过必要的时候也会进行股份交换。许多在公司中持有大量股份的家族坚持要采用免税的股份转让形式，免得将自己财富中的一大部分交给了美国税务局。

"最近伯克希尔的收购都是以股权交换的形式进行并非一种巧合。在这个市场上要进行现金交易非常困难。"芒格说。

"伯克希尔可以做到一有意向就交付资金，不需要经历什么委员会审核流程或者复杂的章程，这意味着好的投资想法直接就提交到了奥马哈，"保险分析师写道，"我们相信伯克希尔对于想收购的资产通常只接洽一次；从来没有人能在第二轮中从伯克希尔那里得到一个更好的价格。这也让公司在收购资产时有很强的优势。"

备用金充裕的优质保险资产仍然是伯克希尔号火箭一路垂直上升的动力所在。正如之前提到的那样，巴菲特最早在哥伦比亚大学的时候就开始学习保险知识，因为他发现自己的教授本杰明·格雷厄姆是 GEICO 的主席。伯克希尔最早于 1967 年进入保险行业，投资额是 860 万美元。到 20 世纪 90 年代末，保险资金高达 100 亿美元。芒格说，保险公司的运作良好，因为采取了保守的业务方式。1993 年的威斯科金融年度大会上，当被问及为什么伯克希尔没有推出更多的保险政策时，考虑到公司的规模，芒格这样回答：

> 人们总是对伯克希尔说："天啊，在说到资金规模的时候你为什么不多写一点呢？其他人都是这么做的。评级机构说你可以将年度规模写成总资金的 2 倍。"然后他们看着我们的 100 亿美

元保险资金说："那就是一年 200 亿美元。你干吗只写 10 亿美元呢？"不过紧接着……另一个人走进来问："为什么去年每个人都死了，就你没有？"也许这些问题是相关的。

芒格承认伯克希尔的重大事故保险部门让公司在某种程度上相当脆弱，不过他认为他们已经成了评估风险的专家，可以合理地处理这些问题。一场加州大地震可能会让公司赔掉高达 6 亿美元的保险金，"那样的情况会让人很不愉快。"芒格说。1994 年加州的北岭地区发生大地震，造成了巨大的损失，虽然公司并没有透露具体金额是多少。尽管如此，当年伯克希尔保险部门的报告中，来自保险业务的利润是 12 990 万美元，还有 41 940 万美元来自投资。

"如果我们遇到了一场真正的灾难，好比说安德鲁飓风结束一星期后又来一个的话，伯克希尔就会有非常不愉快的一年。"芒格说。

芒格和巴菲特都反复警告股东，随着公司资产规模的不断增长，要维持收入增长率变得越来越难，因此股价的增长也不可能和过去 20 年一样。

"规模在一定程度上成了一个锚，会把你往下拽，"芒格解释说，"我们一直都知道事情会是这样。你有 100 亿美元的可交易证券，告诉我当人们拥有 100 亿后仍然能够实现的一个不可思议的复合增长率。"

不过，他们的确找到了保管资金的地方。1994 年 8 月，沃伦·巴菲特因为将大都会通讯出售给沃尔特·迪士尼而有了 20 亿美元现金入袋。他于当月开始和 GEICO 的联合主席路易斯·辛普森谈判，要求购买保险公司中伯克希尔未拥有的那 50% 的股份。有很多棘手的问题需要解决，包括如何公平地管理股票交易，因为 GEICO 分红而伯克希尔不这样做。

谈判持续了 7 个月，还请来了纽约的投资银行摩根士丹利帮助定出一个对 GEICO 公平的价格。采用了现金流以及其他衡量标准，摩

第 16 章　巴菲特-芒格王朝战无不胜

根士丹利说 GEICO 的价值最低 50.80 美元一股，最高则可达 73.43 美元一股。最终，摩根斯士丹建议以 70 美元作为一个公平的价格。巴菲特说他想和芒格讨论一下这笔交易。当天晚些时候，他向 GEICO 的股东们提出了 70 美元一股的现金收购意向。

在这个价位上，伯克希尔花了 23 亿美元买下了 GEICO 的另一半。在 GEICO，伯克希尔仍然保留了路易斯·辛普森的职位，很多人认为他显然就是巴菲特的接班人。害羞的辛普森毕业于普林斯顿大学，一直都负责 GEICO 的备用金投资，收购后将继续做下去。GEICO 的固定收益投资组合现在由伯克希尔总部管理。辛普森至少从 1980 年开始就跑赢了市场，有一份几乎可以媲美巴菲特的投资记录。然而 1997、1998 和 1999 年，辛普森的回报率却不及标准普尔 500 指数，这意味着他不但没有奖金，还欠了伯克希尔钱。

20 世纪 90 年代中期辛普森开始为投资者所知，当时股东们向巴菲特施加了压力，于是 65 岁左右的时候，巴菲特公布了自己的接班人计划。巴菲特随意地提及很多备选人才，其中就包括辛普森。然而，芒格说巴菲特并没有暗示辛普森会接替自己的意思，只是说如有必要，辛普森是可以随时上岗的一个人选。"我们完全可以直接任命一个继任者，不需要通过这种疯狂而迂回的方式来解决问题。"芒格坚持。

收购 GEICO 后的几年，伯克希尔动用 220 亿美元收购了通用再保险公司，此举惊动了整个保险界，奠定了伯克希尔在保险业中的领导者地位。这次巨型收购被一些分析家形容为伯克希尔历史上的"分水岭事件"，而巴菲特自己则说："我们在建造诺克斯堡。"

1998 年巴菲特用股权交换的形式收购再保险巨人的时候，伯克希尔的股票交易价一直都在高位运行。

"巴菲特的时机选择不太精明，"奥蒂斯·布思说，"他买入通用再保险的时候伯克希尔的股价约为80 000美元，这可是一笔股票换股票的并购交易。"

不过，芒格指出，通用再保险公司的股票价位也偏高。然而，市场的这种总体高估行为正要经历一些调整。

在通用再保险公司的交易中，有相当一部分机构投资者加入了伯克希尔的股东行列，因为70%的通用再保险公司股份由共同基金、保险公司和退休金计划所持有。

伯克希尔曾经有意向那方面发展，不过现在主要是一家不动产-灾害事故承保人，79%的收入和运营收益来自保险。根据保费计算，伯克希尔是美国第4大灾害保险公司。每年40亿美元的收入让GEICO成了美国第7大汽车保险公司，同时也在所有保险公司中排名第18位。不过正如它的名字那样，通用再保险主要为保险公司提供风险担保。以保费和公积金计算，通用再保险是美国最大的再保险承保人，全球排名第三，1997年的收益是83亿美元。除此之外，由巴菲特的桥牌伙伴阿吉特·简领导的国民赔偿公司是全国最大的保险公司。

收购通用再保险让伯克希尔的净值达到了560亿美元，是美国公司中最高的一家，同时在股市的资本总值也达到了1 200亿美元。1999年初，施罗德和拉平估算伯克希尔的内在价值，或者说实际每股价值为91 253美元（对于B股而言，则是3 041美元一股）。当然，伯克希尔的保险备用金不断增长。根据估算，1998年伯克希尔来自所有保险类业务的备用金不到230亿美元，到2008年的时候累积到将近530亿美元。

不过，也出现过问题。几乎在伯克希尔刚刚完成对通用再保险收购的同时，他们发现这家保险公司犯了一个保险业的错误，会影响到短期盈利水平。不过芒格和巴菲特并没有畏惧。经验告诉他们，从长期来看，再保险业务仍然是一项绝佳的收购。

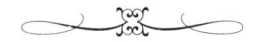

第 16 章　巴菲特-芒格王朝战无不胜

公众对芒格和巴菲特的要求标准高得惊人。他们交易受挫会比一帆风顺的交易引起更多的关注。

1990 年就有这样一个例子。巴菲特和芒格购买了 35 800 万美元的美联航优先股，折算后占该公司股权的 12%。两人都加入了航空公司的董事会。美联航向伯克希尔出售股份的目的是为公司带来急需的资金，同时让公司免受他人的恶意收购。

美联航是由大湖中央航空公司、摩霍克航空公司、皮德蒙特航空公司以及太平洋西南航空公司拼凑合并而成的，合并后算得上是全国数一数二的航空承运公司了。不过，炫目的开端之后，美联航就面临着严重的问题。

芒格和巴菲特真的惹上了一堆麻烦事。1991 年伯克希尔年度大会上，芒格形容一家航空公司就是"长翅膀的边际成本"。芒格的牢骚是针对现在已经不复存在的东部航空公司而说的，这家公司在挣扎存活的过程中把别的航空公司也拖下了水。他认为判定破产的法官早就应该让东部航空关门大吉。芒格解释说，一旦一家航空公司申请破产，它就可以在没有债务的情况下运营，这样就能比那些有偿付能力的公司更具竞争力。

正如对 S&L 的管制放松让行业活跃起来一样，对航空业的限制也逐渐放松，从而引起了一场争夺优势地位的混战。除了要和东部航空的低廉票价竞争之外，美联航还于 1991—1994 年间遭遇了一系列的空难事故，员工士气和乘客忠诚度双双受损。国家运输和安全委员会以一种可怕的科学客观性将美联航 1994 年在宾夕法尼亚州发生的一起导致 132 人死亡的空难形容为"一次不受控制的下降，最终和地面发生了碰撞"。

219

1994年，美联航停止支付优先股的分红。同一年，伯克希尔在公司的投资记录中计入了一笔26 950万美元的税前费用。1995年，伯克希尔以35 800万美元收购来的股份只值8 600万美元了。

两年后，由于疲于应付那些无休止的法律诉讼、运营难题，特别是工会带来的麻烦，两人都从董事会辞职。1995年，公司没有就压缩成本问题得到工会的让步后，芒格和巴菲特双双辞职。

当一位投资者要求芒格解释一下伯克希尔参股美联航后的经济问题时，芒格回答说："很高兴你给了我一个机会来表达自己的一点谦卑之情……我们没有在这件事上发挥出自己最聪明的一面。"

1996年，巴菲特试图出售美联航的股份，幸运的是，他没有成功。紧接着的第二年，美联航发布了航空史上最好的一份季报，虽然这和将泰坦尼克号驶离冰山一样困难，美联航开始了逆转。

"芒格和我离开董事会的时候，美联航的运势忽然就上升了。"巴菲特俏皮地说，暗示要是他们放手不管，事情反而进行得更顺利。美联航最终有了支付拖欠的优先股分红的能力，1998年2月3日，美联航回购了伯克希尔持有的35 800万美元的优先股。

"那是一段令人觉得蒙受羞辱的经历。坐在那里眼睁睁地看着净值消失——1.5亿美元、2亿美元预案——看着那些原本属于我们的可爱的财富消失……那些联盟都只会站在自己的立场上来思考现实。还有那些白痴般的竞争——包括那些已经破产的竞争对手，一边躲避自己的债权人，一边亏钱经营拖累我们的业务。那真是一段非常不愉快的经历。"芒格回忆道，"用一句话总结，这是一门杠杆化程度非常高的业务。所以一旦行业有了起色，就会非常好，包括美联航……对于伯克希尔来说结局不错，不过我们并不想再来一次类似的经历。"

巴菲特一直都说航空业对旅客有利，但却是投资者的噩梦。然而他还是一次又一次地被航空类股票所吸引。伯克希尔最让人们困惑的一笔投资就是持有PS控股集团约20%的股份。有关这笔投资的前因后果可以追溯到芒格在老的太平洋海岸证券交易所里办公的时候，他把自己的朋友李克·古瑞恩介绍给了巴菲特。古瑞恩曾经和芒格以及巴菲特一起参与过对蓝筹印花、喜诗糖果的收购以及其他投资项目。

古瑞恩是太平洋西南航空的大股东兼董事。PS集团是1987年太平洋西南航空出售给美联航后剩下的公司。总资产约7亿美元的PS集团，其主要业务是出租那些美联航在收购时没有买下的飞机。有些飞机又租回给了美联航。PS集团还拥有一家旅行社、一家石油和天然气钻探公司、一家废品回收公司以及一家燃料公司。

1990年，伯克希尔收购了PS集团11.04%的股份，总价为1 868万美元。这603 275股的平均购入价格为30.96美元。第一次买入的4个月后，巴菲特将比例增持到了22.5%。

一些专家认为巴菲特买入这些股份是为了帮助PS集团的副主席古瑞恩脱离困境。多年来，古瑞恩的财政状况时起时落。一度他被迫以较低的价格出售5 700股伯克希尔股份来偿还银行债务。

"巴菲特买入这些股份——大约占PS集团的20%——是因为有一位经纪从纽约打电话来说自己手上有，"古瑞恩说，"看起来很便宜。他相信我是一个明智的人。不过PS集团对于伯克希尔来说是可有可无的资产，账面上只占大概2 000万美元。你几乎都找不到。出于多种原因，这成了他和我最糟糕的一笔投资。"

芒格以前的律师合伙人恰克·里克肖瑟也卷入了PS集团。"我们从航空公司出售中得到了一笔钱，然后投资给了一笔更糟糕的资产。"里克肖瑟说。

伯克希尔仍然持有这些股份，虽然随着美联航元气的恢复，PS集团的业务也开始上升，但还是有很多问题无法解决。PS集团的收益起伏不定，好几次尝试通过现金投资来实现业务多元化的努力均告失败。1999 年，PS 集团的一名董事会成员兼大股东约瑟夫·皮林尼辞职，同时声明反对公司的管理政策。皮林尼建议董事会将公司出售："看一看公司每股的账面价值——13 美元。"纽约的一名会计西弗德说："股价只有 8 美元。"

巴菲特买了一架私人飞机来减轻商务旅行的负担，芒格仍然搭乘经济舱航班，责备巴菲特的奢侈行为。巴菲特将他的商务飞机命名为"站不住脚号"，作为对芒格攻击言论的回应，不过他说自己的确认真考虑过要把飞机取名为查理·芒格。

1997 年巴菲特以 15 亿美元股份加现金成为一家负责飞行员培训的公司——飞安国际公司的主人后，芒格改变了自己的论调。他对股东们说："由艾拔·奎治（公司的创始人）提议，我们打算将公司飞机的名字从'站不住脚号'改为'不可缺少号'。"

飞安国际公司是伯克希尔旗下最大的一块非保险型业务，1999 年因小约翰·肯尼迪在那里学习飞行课程而变得声名狼藉。该公司 1951 年由艾拔·奎治创立，他是一名飞行员，抵押了自己的房子后开始业务运营。总部位于纽约州，飞安国际使用精巧的模拟器和其他培训设备为飞机和船只的操作人员提供高科技培训。飞安国际在全美约有 500 名员工，占有大概 90％的培训市场，还有长期合同作为保障。客户通常是航空公司、大集团以及政府机构。这些客户中包括空中客车、贝尔直升机、波音、英国宇航、雷神、塞考斯基、里尔喷气机、洛克希德、赛斯纳、美国湾流和其他一些航空公司。1997 年的净收入为 8 440 万美元，飞安国际在伯克希尔非保险类业务税后收入中占到了 28％。

20 世纪 90 年代是伯克希尔积蓄实力的时期，公司做出的投资有些是非常精明的，很多看上去也预计得到。1998 年出现了例外。巴菲特当时仍然在发掘价值被低估的资产，人们发现白银市场有所波动，怀疑、猜测、指责，充斥各种反应，不过没有人怀疑这些买入白银的指令来自奥马哈。

除非法律规定，伯克希尔从来都不向外界公布自己的投资情况，但当时白银商品市场上一片混乱，还有人威胁要对白银交易商提起诉讼，向监管机构抱怨说某些交易商正在操纵市场。巴菲特和芒格站出来承认他们一直都在囤积大量贵金属。巴菲特宣布公司从1997年7月25日到1998年1月12日之间已经购买了129 710 000盎司的白银。

公司的新闻稿是这样写的："30年前，伯克希尔的首席执行官沃伦·巴菲特先生就开始第一次购买白银，并预计美国政府即将停止金属货币化政策。从那以后他一直在关注白银的基本价值，不过他管理的任何一家公司都不拥有白银。近年来，大量已发表的报告显示贵金属的存量下降得很严重，因为用户需求大大高出金属生产和回收能力。因此，去年夏天巴菲特先生和伯克希尔的副主席芒格先生得出结论，要达到供求平衡只可能有一种方法，那就是提高价格。"

1998年的伯克希尔股东大会上，芒格解释说，公司动用65 000万美元购买了世界上20%的白银，可能对白银交易市场产生了影响，这代表了一次非典型性的巴菲特式的投资，但是对伯克希尔的盈亏几乎没有影响。

"整个过程对伯克希尔的未来的影响就和巴菲特打桥牌对其的影响是一样的。最终雷声大雨点小，不了了之。"

芒格像往常一样警告说，尽管伯克希尔买入了白银、买入了航空公司的可转换优先股或者做了一些其他事情，但并不意味别人也应该这么做。

"如果假定伯克希尔是全美的正确榜样，那就大错特错了。要是美国的每一家公司忽然都开始尝试将自己转型成伯克希尔的复制品，一场大灾难就要发生了。"

1997年夏天他们以每金制盎司4.6～4.8美元购入白银。1998年2月，价格上涨到了1盎司7美元，达到了9年高点，不过当年年底1盎司的交易价只在5美元左右，自那以后价格就相对平稳。芒格当时不会说伯克希尔在白银市场上处于什么地位，而是说基于当时的价格，"非常明显"他们对银价表现的预期并没有实现。

芒格和巴菲特仍然能够时不时地让投资市场大吃一惊。过去有些时候芒格所做的投资完全是自己的主意，巴菲特完全没有介入。比如说好市多，这家总部位于华盛顿的仓储式商店。

"我非常喜欢这个地方，并因此违背了自己的原则即不加入董事会，"芒格说，"很难想到在我的一生中还有人做过更多的事情来永久改变零售业的运营方式，为顾客提供人性的快乐。"

芒格声称，商店通过以非常接近成本的价格出售有品质的商品，建立起了一个非常忠实的客户群，完全有资格进行特许经营。"如果你迷上了和全家人一起去好市多，你这一辈子都会去这家店。"他说。

芒格喜欢好市多的原因之一是公司的总裁詹姆斯·辛尼格，他的办公室没有用墙分隔开来，员工就在身边来来往往。辛尼格师从加州圣迭戈的哥索尔·普赖斯，这位企业家最早提出了仓储式商店的概念。普赖斯最早在加州开办了费马特连锁商店，然后卖给了一家德国公司。那家德国公司显然没有理解这个概念，无法让门店数量继续增长。随后普赖斯提出了一个比普赖斯仓储会员俱乐部档次更高一些的无包装概念。普赖斯会员店最终被好市多收购，现在是紧随沃尔玛会员店之后的全美第二大仓储式商店。

芒格显然非常喜欢好市多的厨房纸巾的故事，这个故事对于芒格来说代表了令人钦佩的商业伦理。好市多有一条自有品牌线叫柯克兰，承诺会比同类产品中卖得最好的产品质量更好。当发现柯克兰的厨房纸巾没有达到这一承诺时,公司就将其全部撤柜,直到有了更好的纸巾出现。

"他真心地支持我们的业务。"辛尼格说,芒格从来没有错过任何一次董事会。"他热爱这一切。"

巴菲特曾经被问道,既然芒格自己已经参股,还是董事会成员,为什么没有多买些好市多的股份呢?

"哦,你说到了重点上,"巴菲特回答,"我们的确应该多买些好市多的。也许如果芒格一直都待在奥马哈,我们可能会多拥有一些好市多股票。芒格一直告诉我这种销售方式有多棒,大概过了10年我开始注意听他到底在说什么,于是我们用伯克希尔的名义买了一点好市多的股票。"

"我们的确曾经和他们协商再多买一些。我犯下了自己最常犯的错……我们开始买入,股价在上升,而我们没有跟进继续买入……如果好市多保持在15美元一股左右,也就是我们买入的价格,我们会多买很多。但是它升到了15美元多,谁会在明明可以以15美元买入的时候支付15美元多呢?虽然情况并没有太糟糕,但我已经犯过很多次这样的错误了,这让人非常恼火。"

1999年2月,芒格进行了一项相关投资,他和几位家人买下了总部在圣迭戈的普赖斯企业8%~9%的股份。普赖斯企业是一个房地产投资信托基金,由老普赖斯会员俱乐部零售帝国遗留下来的不动产组成。它拥有31家购物中心,其中一些现在由好市多入驻。芒格家族拥有普赖斯2 370万股优先股中的200万股。

巴菲特也为自己的账户做一些独立投资。1999年夏天,他买下了一家小型的加州电子厂——贝尔工业5.3%的股份。2000年1月,刚宣布巴菲特买入该公司股票后的一个月,他就悄悄地卖出,赚了100万美元,投资回报率高达50%。

巴菲特和芒格一直都警告说，伯克希尔和许多其他行业一样，会经历下滑期。他们这样说了太久，股东们和分析家们都不再相信了。然而，他们所说的的确是事实。1998年，伯克希尔的年报显示当年的收益较1997年下滑24%，各项投资的回报则下跌了一半多。那并不意味着伯克希尔实际上在亏钱。净收入下滑，1997年为19.02亿美元，或者说1 542美元一股，相比之下，前一年则是24.89亿美元，或者说2 065美元一股。

纵观公司历史，伯克希尔的短期收益反复无常——部分是因为保险业务的成果是出了名的不稳定，另一部分是因为芒格和巴菲特愿意为了长期收益而放弃短期利润。到了世纪末，通用再保险重新改组，更适合于伯克希尔的哲学，而GEICO则经历了一次爆发性的成长。

伯克希尔的股价在1999年下跌了19.9%，是10年来的首次，同时2000年上半年价格还一路下跌。芒格告诉投资者要谨慎处理自己的财务问题，确保无论市场上发生了多么疯狂的事情，你仍然能够参与游戏。他提醒说，如果你无法承受伯克希尔的股价（或者是自己所持有的任何股票）跌掉一半，你最好别买。股价的下跌让这两个人在公众心目中的形象受到了损害，不过他和巴菲特个人的受欢迎程度如果能有任何降低，对他来说都是一种解脱。两个人都一直被要求发表各类演讲、提出个人建议或者给成百上千个不同的慈善团体捐款。

无论如何，1999年伯克希尔仍然是一家强大的公司。经营性收入在《财富》500排行榜中排名第75位。算收益的话，排名第54位。不过一些投资者担心，由于去年排名第一，按照这样的趋势伯克希尔会经受比较严重的收入锐减。净收入很强势，虽然15亿美元只是1998年的净收入的一半不到。每股的账面资产只增长了0.5%，相比标准普尔 500 指数，这个结果落后了 20.5%。

长期总体看来，芒格对伯克希尔的未来非常乐观，原因很简单。"原则上，我们有很多非常好的业务。我们的备用金数额一直在增加，在证券交易方面的记录也相当不错。以上这些因素都没有消失。"的确，2000 年第一季度，伯克希尔的净收入增长了 49%。

随着公司的成长和定性，芒格和巴菲特之间的关系也略有改变。20 世纪 70 年代到 80 年代间，他们每天要商议好几次。

"我们现在不像以前谈那么多了，"巴菲特说，"25 年前我们讨论的问题更多的是关于未来。一度，我们平均每天都要谈上一次甚至更多，那些都是长时间的对话。现在他经常主要在哈佛-西湖中学和芒格山庄从事慈善事业。这些都不是我们要讨论的问题。芒格只是比我更少地参与伯克希尔的事情。不过如果发生了什么特别的大事，我们还是会商量。他非常理解商业和各种原理。芒格没有和我一样在伯克希尔中收起自己的自负，但他非常理解这一点。"

虽然巴菲特已经年近 70，而芒格比他还年长 6 岁半，他们都没有任何退休的迹象。

"巴菲特喜欢这个游戏，"芒格说，"我也喜欢这个游戏。即使在那些别人认为非常艰难的时候，对我们来说还是充满乐趣的。"

第 17 章
让芒格冒冷汗的所罗门

芒格说，当你年纪越来越大，你对老朋友的包容度越来越高，而对新朋友的则越来越低。

——沃伦·巴菲特

当沃伦·巴菲特接到电话说所罗门兄弟出了点差错的时候，正是晚上十点半，他站在一家餐厅内一个嘈杂的付费电话亭前。查理·芒格，身为伯克希尔的副主席和所罗门的董事会成员，几个小时前也接到了这个消息，当时他正在自己位于明尼苏达州的度假小屋中和全家人一起吃晚饭。

通常，没有什么事能打扰到芒格在湖区的时光。1991年的夏天则有些不同。芒格对电话铃响做出的迅速反应，让家里人知道发生了一些相当严重的事情。

"他没有在孩子们面前表现出受到压力的样子，"温迪·芒格说，"不过他全身心地投入进去，我们第一次看到他在星岛穿上西装。"

第 17 章 让芒格冒冷汗的所罗门

　　这是伯克希尔所遭受的最痛苦难忘同时也是最广为人知的麻烦，而这只是一个开端。新闻报道说所罗门非法"轧空"了约 122 亿美元的中期国库券，而伯克希尔持有这家纽约的投资银行相当数量的优先股。

　　芒格第一次是从所罗门的总裁施特劳斯和公司的内部律师那里听到这一情况的，当时是 8 月 8 日。从最早的那次电话开始，芒格就怀疑所罗门的官方说法并不全面。

　　巴菲特是在和施特劳斯共进晚餐时得知此事的。从粗略的细节和对方平常的语调中，巴菲特并没有把这件事当成一场严重的危机。星期六巴菲特给身在星岛的芒格打了电话，直到那时他才意识到这次违规事件有多严重。所罗门的律师把他们的措辞要点读给芒格听，这是一份准备散发给所罗门高级行政人员的内部文件，让他们在接受媒体访问时可以备用。措辞要点中写着："一部分问题 4 月底以来就已经为人所知。"芒格反对在这里使用被动语态，要求知道到底是谁知道这件事。

　　虽然芒格对措辞要点提出了质疑，律师解释说管理层和律师们担心不同的措辞会威胁到公司的资金问题，影响公司滚动几十亿美元短期债的能力，这笔钱每天结算一次。这样很危险，因为所罗门杠杆化程度很高，实际资产只有 40 亿美元。除了短期债，所罗门还依靠着 160 亿美元的中期债券、银行债务和商业票据。

　　卡罗尔·卢米斯在她发表在《财富》杂志上对所罗门事件的报道中写道："所以所罗门的表演方式是告诉董事和监管者们管理层早已知道莫泽尔的不当行为，但却不告知公众。芒格并不喜欢这样的说法，认为这种行为既不坦率也不明智。不过考虑到自己并不是'融资'专家，他平静了下来。"

　　芒格对于试图洗刷个人过失的行为感到强烈的愤慨，不过这可能是因为芒格和巴菲特对所罗门的首席执行官约翰·古特弗罗因德评价很高，同时感觉和他志趣相投。芒格承认，头一天晚上"巴菲特和我并没有看出古特弗罗因德要垮台"。

不过，芒格从一开始就非常肯定地知道所罗门卷入的是一个大麻烦。说到底，22 000亿美元的国库券是美国财政系统的基础所在。所罗门是美国政府发行的国库券的一家主要承销商，是仅有的40多家可以从联邦政府优先购买国库券、票据和债券并出售给公众的公司之一。美国境内外的个人、机构以及其他政府出资购买美国的国库券，是出于对美国政府及其公共财务系统的信任。然而，这个系统本身的运作建立在一种微妙的信任平衡基础上。一些专家担心所罗门的违规会毁掉美国证券市场在国际上的声誉，从而增加政府债务融资的成本。

芒格和巴菲特继续就这个问题进行了沟通，同时安排在8月14日召开一次电话董事会。在电话会议期间，董事们听到了第二份新闻稿，其中包括三大页的详细信息。当听到一个说法声称管理层将近4个月都没能向监管机构汇报情况是因为"忙于其他业务"时，董事们提出了一致的反对意见。董事会觉得这种蹩脚的借口根本站不住脚。这句话被修改了，最后，芒格和巴菲特知道了管理层早在4月就已经开过一次会，一致认为发生了一些犯罪行为，应该立即报告给监管机构。出于一些无法解释的理由，团队中没有人真正去做这件事。

夏天快结束的时候，《纽约时报》和《华尔街日报》在头版报道了这件事，气氛变得越发紧张。证券市场的反应是大肆抛售所罗门的股票。芒格穿上西装，搭飞机飞往纽约，开始了一生中最忙乱的一段日子。

所罗门成立于1910年，后来成了美国最大、盈利能力最强同时也最让人钦佩的经纪行。巴菲特和芒格与所罗门之间的联系可以追溯

第 17 章 让芒格冒冷汗的所罗门

到很多年前，当时所罗门为伯克希尔提供投资银行和经纪服务。伯克希尔于 1987 年购入所罗门的股份，当时公司成了集团掠夺者——露华浓公司主席罗纳德·佩雷尔曼的恶意收购目标。古特弗罗因德为了避免这一情况的发生去找了巴菲特，希望伯克希尔能抢占财务位置，击退佩雷尔曼的进攻。

伯克希尔的首席律师罗伯特·德汉姆记得那年 9 月的一个周末，他首次接手所罗门项目。德汉姆星期六早上接到一个电话。"他们告诉我说他们已经决定要购买一笔资产，"德汉姆说，"他们问我是否可以立即就开始工作。我去了办公室，召集了其他人和我一起工作，星期一就签订了合同。那桩交易比平时要快得多，不过是典型的和芒格以及巴菲特共事的方式，因为他们两个紧密合作。他们两个是美国历史上最聪明、最有创造力的商人。他们总是在想以新的方式进行投资。他们相互之间非常信任，从来不搞低价竞争。两个人很少有不同意见，如果有，就会说出来。"

1987 年秋天，伯克希尔出资 7 亿美元现金购买了所罗门可赎回可转换的优先股，这是公司当时最大的一笔交易。这些优先股每年有 9％的利息，3 年后可以以每股 38 美元的价格转成普通股。当时所罗门的普通股交易价格为 30 美元左右。如果不能转换，股份会在 5 年后从 1995 年开始被赎回。这单交易还达成了一个 7 年的"间歇期"，在此期间巴菲特同意不再购买任何所罗门的股份。

实际上，伯克希尔得到了所罗门 12％的股份，成了公司的第一大股东。这笔交易安排将伯克希尔的 7 亿美元用于全盘买下矿产和资源集团持有的 12％所罗门股份，这个集团是南非巨型企业集团英美资源集团的一家子公司。古特弗罗因德担心矿产和资源集团拥有的股权会落入佩雷尔曼或是其他恶意收购者的手里。

这次行动让一部分股东非常生气，他们认为应该给个机会考虑一下佩雷尔曼的提议。此外，一些所罗门的高级职员认为伯克希尔利用了古特弗罗因德身处险境的时机，因此占了便宜。不过股东们也从古特弗罗因德和巴菲特的交易中得到了相当可观的收益。这笔交易增强了所罗门的资金实力，为亏损提供了金融储备，同时让古特弗罗因德身处根据自己的选择而建立的关系中。

作为交易的一部分，巴菲特和芒格进入所罗门董事会。

"我们颇有一些先见之明，"芒格说，"当我们在 ABC 和所罗门都买下了相当数量的股份时，巴菲特建议我加入 ABC 的董事局。我说：'你绝对不需要我在那儿。'所罗门会有很多麻烦，需要我们两个都在。"

有经验的华尔街人对伯克希尔向所罗门投资非常惊讶，因为巴菲特和芒格经常对经纪行和投资公司的工作质量进行非难，同时也很轻视那些高管所享受的高额薪水和奢靡的生活。在 1982 年伯克希尔的年报中，巴菲特责备投资银行家们总是提供他们自己能赚得最多的建议，他这样写道："不要问你的发型师你是不是该理发了。"

巴菲特后来解释说，他早就知道对所罗门的投资不会成为他著名的"三垒安打"式的投资，不过当时他找不到合适的项目投入现金，而且他过去和所罗门的合作经历相当愉快，尤其是 1976—1981 年的时候，他们帮助伯克希尔买下了 GEICO 的前一半。

然而，巴菲特和芒格关于业务应该如何运行的看法总是和华尔街惯例有所出入。所罗门开始感觉到中西部人的保守作风带来的烦恼。

"他们进入所罗门董事会的时候，所罗门有一名星级厨师随时待命，"小查理·芒格说，"第一次巴菲特就拿着可乐和汉堡包坐下来，引起了一种文化的改变。"

即使在出现国库券丑闻前，也早有谣传说巴菲特和芒格对古特弗罗因德并不满意。不过 1987 年伯克希尔的年报中巴菲特试图让这些

第 17 章　让芒格冒冷汗的所罗门

传闻烟消云散："我们对投资银行的发展方向或未来盈利能力并没有特别的预期。我们强烈感受到所罗门公司 CEO 约翰·古特弗罗因德的能力和正直人格。"

他说古特弗罗因德有时会建议客户不要进行某些交易，即便那些交易会给所罗门带来巨额服务费收入。"这样的服务高于自我的行为，和那些华尔街式的自私自利相去甚远。"巴菲特说。

1987 年所罗门遭受了巨额交易损失，古特弗罗因德重组了公司，裁掉了 800 名员工，这让巴菲特和芒格印象深刻。当年古特弗罗因德还拒绝了价值约 200 万美元的奖金。还有一次是 1989 年，利润下滑，他自降 50 万美元薪水，只拿 350 万美元。

然而到了 20 世纪 90 年代，混乱和缺乏对流程的关注看来已经成为所罗门的公司文化，巴菲特和芒格开始对这一事实感到不安起来。举例来说，他们忧虑地发现，在董事会上，董事们拿到的是过期的资产负债表。

这些担心在 1991 年 8 月达到了顶峰，在联邦监管机构的压力下，所罗门就自己在国库券竞标中实施的违纪违法行为做出了声明。有另外一家公司投诉所罗门在 122.6 亿美元的票据中得到了高于自己法定比例的份数，然后通过抬高价格来挤跑竞争者，政府就此展开了调查。

保罗·莫泽尔一度声称自己被指控行为不当是不公平的，自己只在 1991 年 2 月的某一次国库券竞标中"一时冲动"才做出了违规的决定。莫泽尔坚持自己被当作了替罪羊。他告诉《华尔街日报》，当他进行交易的时候，只是执行所罗门的政府套汇操盘机构发出的指令，竞投价值 15 亿美元的票证，即便这样，所罗门的竞投数额也远远高出政府规定中所允许的。为了防止像所罗门这样的大玩家垄断市场，联邦曾于 1990 年颁布一条规定，禁止单家公司在任何一次拍卖中竞标超过 35% 的国库券。

后来的调查和法庭审理显示，莫泽尔在 1990—1991 年间不止一次地涉及非法交易。显然是因为怕自己被抓到，莫泽尔早在 4 月就向所罗门的副主席约翰·梅里韦瑟透露了一些违规交易的内幕。而古特弗罗因德以及所罗门总裁施特劳斯听到这些问题后的反应则将公司拖入了更深的深渊。

"事实是梅里韦瑟告诉了古特弗罗因德，并说：'你看，我知道现在有这样一些问题，我有责任汇报给你。'"芒格说，"梅里韦瑟作为主管，其实是在撇清关系，通过汇报给古特弗罗因德将问题上报，保护自己。不过梅里韦瑟还补充了一点：'我希望你能想出一个办法来拯救这个优秀的年轻人（保罗·莫泽尔）。'古特弗罗因德和法律总顾问谈了谈，后者立刻叫他报告给联邦政府，并请求纽约的联邦储备银行的原谅。古特弗罗因德当时犹豫不决——'我该如何拯救公司利润核心、拯救这个员工，等等。'他拖延了这件事，也没有对董事会说实话，直到联邦政府威胁了他——而且直到那时他也没有完全透露。法律总顾问应该这样告诉他：'要是你不这样做，我相信你就会丢了饭碗、名声、在社会中的地位，你的妻子会对你生气，孩子们也会羞于承认你是他们的爸爸。说出实情，全面地、快速地。'他一定会开除那名交易员，不过最终连自己也饭碗不保。"

约翰·梅里韦瑟被认为是一名债券交易奇才，他精通市场的技术运作。作为所罗门收入最高的行政人员，据说他一年的收入高达 8 900 万美元，而古特弗罗因德只有 350 万美元。虽然梅里韦瑟、施特劳斯和莫泽尔都让所罗门失望了，但古特弗罗因德的行为才是最让人困惑的，让芒格和巴菲特尤为失望。

"对于查理·芒格而言，古特弗罗因德唤起了所罗门公司文化中所有高贵的一面，特别是宁愿说实话也不赚昧心钱。他有一种新一代

第 17 章　让芒格冒冷汗的所罗门

执行官所缺乏的壮士风范。"财经作家罗杰·洛温斯坦这样形容。

古特弗罗因德以行事风格严厉而著称,在公司待了 38 年,其中 13 年在机要部门任职。尽管有对媒体缺乏耐心的坏脾气,古特弗罗因德因为将所罗门建设成了一家投资银行发电厂而受到赞誉。他告诉所罗门新招来的人,每天早上来的时候要"准备好打败一头熊"。

不过在这件事情上,相较于勇敢的行动,古特弗罗因德的反应被芒格形容为"吮吸拇指的反应(意为犹豫不决)"。当董事们 8 月开会发现古特弗罗因德一直在隐瞒一些对所罗门的业务运作非常关键的信息时,他在董事会面前的信誉就荡然无存了。

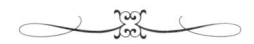

---

8 月 17 日星期六,芒格从明尼苏达飞往纽约和巴菲特碰面。两个人立刻去和古特弗罗因德以及其他所罗门高层管理人员一起开会,直到晚上 11 点。会上把真相揭示得一清二楚,与会者仍然是最重要的那几个人。

"芒格坚持他们应该把所有的事实都说出来,"巴菲特说,"我们不知道会发生什么。他从星期六下午 3 点开始,一直工作到星期天,然后星期一和我一起去华盛顿。"

巴菲特和芒格立刻叫来了芒格、托尔斯 & 奥尔森事务所中最顶尖的律师——罗纳德·奥尔森和罗伯特·德汉姆。他们帮忙应对复杂的法律问题和一群盛怒的、随时准备提出犯罪诉讼的联邦法规制定者。奥尔森说,芒格对将事情置于可控制范围内所起的贡献是"最重要的,因为决定做出得很早,是 8 月 18 日。他参加了关键的董事会议。当天中午,他们决定放弃所罗门董事会和前任律师之间的律师与当事人之间的保密特权,这与为什么所罗门没有受到犯罪起诉有很大的关系。巴菲特和芒格共同做出了这个决定。我们用最快的速度把所有的资料都发给他们。最后，他们决定不起诉。我们重塑了信心，新的领导层会把这里整顿好，他们不会腐烂到顶，也没有卷入这些问题"。

直到巴菲特和芒格见到了证券交易委员会主席理查·布里登，才对整件事有了更全面的了解。他们最终知道了古特弗罗因德曾经从联邦储备纽约分行的总裁杰拉德·科里根那里收到过一封信，信里说违规投标使所罗门和联邦政府间长期的业务关系出现了问题，科里根要求10天内收到一封关于所罗门所有已知的"违规、犯规"。他把信转交给了外面的律师，却没有抄送一份给董事们，芒格在会议上批评古特弗罗因德时说："巴菲特和我卷入那场危机却并不知道所有的事实。我们得到的都是含含糊糊的回应。如果早点知道，我们的处理方式会完全不同。"

联邦储备纽约分行向所罗门发出的信息非常明确，芒格说："以前的管理人员们，你们的时代终结了。我们再也不会相信你们了，我们不能让你们再继续做主要交易商。我们对自己的主权给予关注，随着认知能力的提高，观点也发生了改变。对于古特弗罗因德没有向董事会完整地报告整件事，我们完全无法原谅。"

古特弗罗因德和公司总裁施特劳斯双双于1991年8月18日辞职。这对于古特弗罗因德来说是一次悲剧性的下台，因为《商业周刊》曾经称他为"华尔街之王"。

所罗门被政府暂时禁止进行交易，几乎关门大吉，促使所罗门自己的律师开始制定备用破产计划。一个星期内，所罗门的股价就从36美元狂跌到27美元。所罗门自己债券的下跌迫使公司做出了前所未有的决定：停止自己所有证券方面的交易。要挽回颓势，就必须让公众认为所罗门并没有濒临破产。罗纳德·奥尔森和罗伯特·德汉姆为

帮助所罗门以最小的损失摆脱丑闻做出了主要贡献。

"最起码有5个相关机构对所罗门的问题非常关注，分别是：证交所、联邦储备银行纽约分行、美国财政部、纽约州南部的律师以及司法部反垄断处。"巴菲特在所罗门1992年的年报中写道。

巴菲特说，如果告诉别人公司无法有效地解决法律问题，这样的暗示会非常可悲。"如果我们当时宣布破产，然后关门，10亿美元的交易也无法结清所有该结清的问题。这件事牵涉到了戏剧性、人性以及恐惧，就好像是一台世界末日制造机。"

参议院丹尼尔·莫伊尼汉飞到纽约问他们自己是否能帮上什么忙，因为纽约有9 000个工作岗位岌岌可危。伯克希尔还在莫伊尼汉所在的州拥有布法罗新闻集团。"我们对莫伊尼汉说，纽约联邦储备银行的主席杰拉德·科里根是一个控制欲很强的人，现在正心烦意乱，"芒格解释说，"他会非常讨厌政治人物的介入。我们叫莫伊尼汉回自己的办公室去，不要插手这件事，他就这么做了。"

巴菲特负责处理管理层的问题，并和一些关键人物进行沟通，"芒格得以退一步，想想更广范围内的法律问题，"德汉姆说，"他思考得很快也很认真。在纽约的那一周的最后一天，他们决定所罗门的法律总顾问应该提出辞呈。星期六早上巴菲特打电话给我，问我是否可以担任法律总顾问。"

古特弗罗因德、施特劳斯和法律总顾问的辞职并没有让监管层足够满意。有必要任命一位新的管理者，一个监管层和公众都相信是完全有道德操守、完全值得信赖的。显然巴菲特是最佳人选，不过芒格对他说要是接下这个职位，他就一定是发疯了。这个警告并没有起到作用。

"当巴菲特发现问题出在哪里的时候，他主动提出担任主席，他们立刻接受了，"芒格说，"他声誉良好。尼克·布雷迪（财政部的秘书长)的态度有所软化,这足以成为一个信号。基于布雷迪的态度不再那么强硬,我们知道这样做会为自己挽回信誉。"

和巴菲特一起到华盛顿特区在国会面前就丑闻作证结束后,芒格回了家,从那以后就一直担当远距离顾问,除非必须以所罗门董事会成员的身份出面。"芒格认为我竭尽所能,"巴菲特说,"事情有些不受控制,我们所做的就是希望他们别把我们置于死地。"

德汉姆说,即便是回到了加利福尼亚,芒格还是和他们保持着紧密的联系。"后来,我们依旧讨论各种事务和策略。芒格是一名参与很多的董事。他对于解决问题的最佳方法有真正的想法。"

"在所罗门董事会任职是一段非常紧张的经历,不过看来芒格已经年近70这个事实并没有对他造成什么影响。"另一位董事路易斯·辛普森说。

"健康和年龄问题一点都没有让芒格的行动有所减缓,"辛普森评价,"他从洛杉矶搭飞机过来,一下飞机就直接参加所罗门的会议,提出的问题像钉子一样尖锐。所罗门的会议通常都是下午召开,然后在第二天早上开另一个,再后面一天芒格就动身回家。"

"很多时间我们大家都待在西边的千禧酒店。我们会进行一次董事晚餐,然后走回去。"辛普森回忆。偶尔南希·芒格会一起来,她和芒格会去看望儿子巴里,他是一名自由摄影师,住在曼哈顿翠贝卡街区。南希也来的话,芒格夫妇就住在上东区的卡莱尔地区。

"在所罗门没有太多寒暄的事情,"辛普森说,"相当商务。我们要对付很多问题、考虑很多事情。那段时间对于每个人来说都是戏剧性的。我很肯定巴菲特和芒格遇到的事情比他们原先想象的要多。"

辛普森在所罗门董事会任职5年,其中4年是作为审计委员会的主席,而芒格则是委员之一。"他是一名非常积极、问题很多的委员,"辛普森说,"所罗门的审计委员会是一群非常积极主动、一针见

第 17 章 让芒格冒冷汗的所罗门

血的人。我们每次开会至少3个小时。芒格对于管理层中的很多人来说如芒刺在背。他盯住棘手的问题不放，一次又一次地要求他们解决。有很多很复杂的事情——审计、管理、衍生交易、风险管理。你希望团队中有一个人能指出皇帝没有穿衣服。管理人员总是想呈现积极的一面。要找到能指出缺点、风险等消极面的人越来越难。我怀疑人们都认为芒格是个疯狂的怪人。通常业务进行得很顺利，然后他说：'但是你没有算上这些资产负债表外的交易以及佣金呀。'要理解一项业务的运作非常辛苦，要投入大量精力。我记得无数次纽约和洛杉矶之间的长途飞行，每次都要5～6个小时。他通过对常规惯例的质疑和思考为公司增加了价值。"

芒格同时也为团队打气。"我觉得自己快要被这个案子榨干了，"罗纳德·奥尔森回忆，"然后我就会去找芒格，他说：'你能办得到的。'"

对于所罗门最后得到的处理：一笔相当轻的罚款——29 000 万美元，同时没有任何犯罪起诉，巴菲特认为奥尔森和德汉姆居功至伟。

作为法律处理结果的一部分，所罗门承认在1991年的数次国库券拍卖中，投标数额大大超过总额的35%的上限，从而违反了法规中对每家公司可以竞投的比例限制。所罗门同时还承认在得到客户默许的情况下，用其客户的名义进行投标，让所罗门可以买到比允许数额更多的国库券。保罗·莫泽尔8月被停职，后来对向联邦政府撒谎这件事供认不讳。他在狱中服刑4个月。

至于最终的结局，"只要是完全了解事实真相的股东们，都表示非常满意，比他们所预想的都要好。"辛普森说。

虽然公司中的很多人都认为这样的解决方式近乎奇迹，所罗门仍然没有摆脱麻烦。困难的管理问题仍然存在，最大的问题就是谁能在巴菲特之后管理公司。

巴菲特和芒格是美国收入最少的顶尖公司管理人员，对所罗门的薪酬系统感到很不满意。巴菲特指出证券部的 106 名职员每个人在 1990 年都挣了 100 万美元甚至更多,即便当年该部门的总体运营结果相当不理想。"为雇主创造了平庸回报的员工应该预料到自己的收入也会反映出这一状况。"巴菲特在公司的季报中写道。

不过,自从巴菲特担当起了所罗门的领航员,芒格开始对他使用私人飞机"站不住脚号"的行为越来越宽容。芒格说如果有哪一个 CEO 可以坐私人飞机出差,那个人一定是巴菲特。"这是全美国公司中最有资格的一个。"

巴菲特在所罗门兄弟主席的位子上度过了又长又累的九个月,不过他并没有打算无限期地担任下去。有谣传说当他卸任后,将会提名一位华尔街的资深人士担任,比如美国市场研究公司的 CEO 约翰·布莱恩或是联邦储备银行前主席保罗·沃尔克。1992 年,巴菲特任命出生于得克萨斯州的罗伯特·德汉姆担任主席兼首席执行官,此举让财经界大跌眼镜。

所罗门事件刚一爆发,德汉姆就接到通知,三天之内搬到纽约担任外部顾问。当更换所罗门法律总顾问势在必行时,德汉姆接过了重担。最后他意识到自己会在那里待很久,于是在巴特利公园城买了一套公寓。这个任务对于德汉姆来说并不轻松,他的妻子在加州是一名高级学者。重建所罗门是一项让人望而生畏的任务,有些事,比如发放巨额奖金的问题从来都没有以芒格和巴菲特满意的方式解决。

"所罗门的问题越来越难解决,比我当初开始接手时所认为的要麻烦得多,"德汉姆说,"我开始清楚地认识到要在和家里人分开的条件下进行工作非常困难,这件事最后也可能不得善终,对职业生涯没什么好处。不过后来政府方面的问题解决后,显然公司不会倒闭。从很多方面来说当 CEO 的那段时间非常有趣、充满挑战,好时光比糟糕的日子要多,结局也相当不错。"

第 17 章 让芒格冒冷汗的所罗门

德汉姆的太太搬来纽约和他待在一起，1997 年，他的工作全面结束。所罗门以 90 亿美元的价格出售给了旅行者集团，德汉姆回到了芒格、托尔斯 & 奥尔森事务所。他的妻子曾在过渡期担任福坦莫大学的教职人员，当他搬回洛杉矶的时候，她已经被任命为太平洋橡树学院及儿童学校的校长。

伯克希尔所持有的所罗门股份转成了旅行者集团 3% 的股权，价值 17 亿美元。1998 年，旅行者集团和花旗集团合并，形成了世界上最大的金融服务机构。它们共同提供融资、证券销售和保险服务。

所罗门完好无损地度过了困难时期，公司的大部分高级管理人员都幸免于难。古特弗罗因德失去了权力，他的律师在加州和巴菲特以及芒格见了面，试图商议出一个离职补偿金方案。虽然巴菲特和芒格说他们仍然喜欢古特弗罗因德这个人，双方对于他该拿多少遣散费产生了争议。所罗门董事会愿意支付 860 万美元，但他想要的比这多得多——有些报告中说高达 5 500 万美元。古特弗罗因德和所罗门展开了斗争，追讨他认为公司亏欠他的福利、股权和律师费。不过他的运气不佳。一个仲裁团做出了不利于他的裁决，没有留给他任何离职补偿金、股权或者奖金，什么都没有。

根据和证交所达成的协议，古特弗罗因德同意支付 10 万美元的民事罚款，同时被禁止经营证券公司，除非征得了证交所的特别许可。"我没有做任何犯法的事情，也没有因为从事违法行为而受到起诉。"他告诉一名《商业周刊》的记者。

所罗门的董事不得不靠自己才知道这封信的存在，这可真让人恼火。

离开所罗门后，古特弗罗因德成立了他自己的办公室，专为资本总额在 5 000 万美元左右的公司提供咨询和投资服务。作为广受争议的三方委员会的成员，他仍然相当活跃。

至于梅里韦瑟，他最终被要求在证券业停职3个月，并因为在所罗门事件中所扮演的角色被罚款5万美元。梅里韦瑟正准备回所罗门的时候，被巴菲特发掘出来经营投资银行业务的德里克·莫姆向他提供了一个职位，比他之前的工作所承担的责任要少。梅里韦瑟拒绝了这个提议，带着一群从所罗门出来的人成立了一家新的对冲基金公司，总部设在康涅狄格州的格林威治，绰号"北所罗门"，也叫"梦幻团队"。

所罗门的公司氛围，即使在古特弗罗因德管理时期，也是竞争激烈的，这一点完全没有变化。德汉姆和芒格管理公司的方式为交易商和华尔街知情人所诟病，特别是他们试图限制所罗门高得惊人的薪酬以及给交易商的分红，因为这些费用的增长速度已经快过公司的收入增长了。

有些心怀不满的员工离开了所罗门，包括梅里韦瑟以前团队中的核心成员，他们加入了梅里韦瑟的新公司，它就是表面风光但其实注定要遭受惩罚的长期资本管理公司（LTCM）。

LTCM大胆尝试采用了布莱克-斯科尔斯风险模式，商品交易商们特别喜欢这个模式。加上一些其他的数学模型，LTCM得以在全球市场上进行安全而且获利丰厚的交易。梅里韦瑟组成的团队中包括两名推导并完善这个公式的教授——迈伦·斯科尔斯和哈佛教授罗伯特·默顿，以及美联储前官员戴维·马林斯，当然，还有从所罗门出来的交易员们。

LTCM的最低投资额是1 000万美元，不过由于团队出色的资质背景，他们很快就筹集到了30亿美元。头三年LTCM的回报率是非常好的：第一年20%，第二年43%，第三年41%。

然而到了1997年，也就是第四年，回报率下降到了17%。当年泰国爆发了房地产危机，迅速波及整个亚洲。次年8月，俄罗斯拖欠

第 17 章　让芒格冒冷汗的所罗门

国际债务,造成了国际金融市场的恐慌。LTCM 的数学模型遭到了严重的失败,一天之内就损失了 5 亿美元。9 月,梅里韦瑟致信投资者,宣布当年基金已经损失了 25 亿,或者说 52% 的总资产。虽然基金持有一些有价资产,但因为 LTCM 杠杆化程度很高,一旦到期要结算利润,它就会陷入困境。一些账户内容显示,基金的全球投资金额达到了让人恐慌的 1.25 万亿美元,几乎接近美国政府的年度预算。很显然,一旦 LTCM 崩盘,全世界都会受到影响。

LTCM 问题爆发的时候,巴菲特正和他的朋友——微软的创始人比尔·盖茨进行一次荒野之旅。巴菲特从来都不是一个技术人员,因此只能通过一部卫星电话和外界联络。芒格在夏威夷度假,通过卫星电话联系会出现很多问题,所以他们两个从来都没有讨论过巴菲特对 LTCM 提出的救助方案。

巴菲特提出以 25 000 万美元收购 LTCM 的不良资产,用伯克希尔的 30 亿美元资金来进行资本结构的调整,还有 7 亿美元来自保险巨人 AIG,3 亿美元来自投资银行高盛。他们不承担 LTCM 任何不确定的债务,同时梅里韦瑟和他的团队不得继续在管理层任职。梅里韦瑟拒绝了这个提议,不久之后就被一个由 14 家商业银行组成的财团拯救了,这个财团的行为是迫于联邦储备银行的压力,同时它们自己也都在 LTCM 中有着或多或少的损失。14 家银行一共注入了 36 亿美元。梅里韦瑟和他的手下仍然持有公司 10% 的股份,但必须在一个监管委员会的监督下运行业务。梅里韦瑟得以通过自己的方式来度过困境,到 1999 年中期就东山再起了。他偿还了银行的债务,几周后就悄悄地关闭了基金。然而,有一些原始投资者却再也没有收回自己的资金。

虽然芒格和 LTCM 闹剧毫无关系,但他对此有一个看法。"一个名叫长期资本管理的对冲基金最近因为对自己的杠杆交易模式过于自信而遭受了溃败，虽然他们的主要成员平均智商都有160，"他说，"聪明、勤奋工作的人并不能在由于过分自信而导致的专业失败中得到豁免。通常他们只是在自己选择的更复杂的航行中触礁，所依赖的无非是他们有更高的天赋和更好的方法这样一种自我评价。"

所罗门事件为芒格和巴菲特在商业世界中建立起了稳固的正义之声的形象，不过也显示出了他们可以多么严厉。公司领导，无论看起来地位多么稳固，在大是大非的问题上绝对不要和巴菲特以及芒格有不同看法。

"当一切尘埃落定，所罗门的行为表现将在类似事件中为后人所警示，"芒格说，"人们会足够聪明，知道这才是我们想要的反应——非常迅速——即使这样做意味着要开除一些罪不至此的人。"

芒格说，在所罗门事件中有许多教训可以学习，其中非常重要的一点是：一旦发生了严重的问题，最高层管理人员的反应一定要既迅速又彻底。

"约翰·古特弗罗因德在看到莫泽尔出了麻烦的时候没有向纽约政府汇报是一个巨大的错误，"芒格说，"联邦政府不会要古特弗罗因德人头落地。直面你的重大问题，不要藏着掖着。"

正如所罗门的溃败广为人知那样，芒格说未来仍然很有可能发生同样的事。"巴菲特和我永远不会停止批评投资银行文化中的某些方面。常在河边走，哪能不湿鞋。"

第 18 章
投资《洛杉矶每日新闻》

在我的一生中从来没有因为谦虚而受到指责。虽然谦虚是我非常欣赏的一种品质,但我并不认为自己已完全拥有。

——查理·芒格

洛杉矶联邦司法大厦位于音乐中心的街对面,是一幢著名的建筑物。它常常被当作电影或电视的背景画面,在 O.J. 辛普森谋杀案审判期间更是每天都出现在新闻里。1999 年夏天,每日新闻集团作为法律报纸《洛杉矶每日新闻》的出版人,出庭应对由微型规模的《洛杉矶大都会新闻》提起的非公平竞争诉讼。审判期间的多数日子里,都有一名衣着考究的老人,戴着一副非常厚的眼镜,坐在旁听席上听审。最后,查理·芒格——每日新闻集团的主席,被传召入证人席。

芒格的律师罗纳德·奥尔森知道芒格的性格,已经告诫过他的客户:证词只要能简单地回答问题就行了。一开始芒格干得相当不错,不过渐渐地他就表露出通常在伯克希尔年度股东大会和每年的威斯科金融集团年会上表现出的那种形象。芒格开始阐述他的人生哲学、工作理念以及对报纸和新闻行业的狂热追求。原告的律师托马斯·杰拉迪提出反对，问法官："请问芒格先生是否能够直接回答奥尔森先生的问题？他的回答已经超出问题的范围了。"

杰拉迪坚称自己在法律这一行从业已久，知道正在发生的是什么事情。"这显然是一个精心策划的方案——芒格将椅子转向陪审团，试图博得人们的同情：'我在这里亏了钱，又在那里亏了钱。'这是完全错误的行为。"

法官请奥尔森确保自己的客户能专心围绕眼前的事情。

"我会尽我所能。"奥尔森说。

大概1个小时之后，原告律师再一次受够了芒格，向法官投诉：

> 他真的是一个非常聪明的人，我很清楚这一点，罗恩清楚，法庭也清楚。因此我认为他的行为表现是非常不恰当的，并迫使我作为一名律师在每次他开始胡说八道的时候站起来反对。到目前为止向他提出的42个问题中一个都没有正面回答过。

法官看起来对于该如何处理非常迷惑，因为很显然芒格的方式就是这样的，而且他可能也不会其他回答问题的方式。最后法官只是要求芒格先生不要说不相干的事情，庭审继续进行。

半个小时后，在证明《洛杉矶大都会新闻》如果出售将价值几何时，芒格仍然站在证人席上。忽然他大声哀叫起来。

"哎哟！哎哟！痛呀！痛呀！痛呀！"

法官、律师和陪审团的注意力都集中了过来，芒格因为某种疼痛而扭动挣扎。

"我的腿抽筋了，"他终于说出来，"这就是人老之后得到的好处。"

对方律师提出抗议显然是徒劳之举，法官宣布暂时休庭，毫无疑问芒格的困境赢得了陪审团对他的报纸案件更多的同情分。法官允许

第18章 投资《洛杉矶每日新闻》

证人站一会儿,缓解抽筋。最后芒格宣布疼痛过去了,他可以继续作证。

"当你们和我一样老的时候,你们也会出现这种情况的。"他向法庭中的所有出席者宣布。

这只是每日新闻集团庭审中的普通一日,对于芒格来说是太过熟悉的经验。

"伯克希尔几乎不卷入什么官司,"芒格说,"不过要是你看过我们的法律报纸,就会知道每一年都不可能不发生任何案件。性别歧视、年龄歧视、人种歧视,都是充满争议的事情。《洛杉矶大都会新闻》现在对我们提起的诉讼是要求将我们逐出这项业务,这可有点阴险。"

芒格对新闻和报纸行业的兴趣可以追溯到在奥马哈的童年时光,当时他爸爸是《奥马哈全球先驱报》的外聘总顾问。芒格家的朋友们都是这份报纸的执行编辑或者本地新闻编辑。

"他热爱报纸,"莫莉·芒格这样说她的父亲,"他在明尼苏达的时候也很喜欢看报纸。给爸爸取报纸可是件大事。"

芒格和巴菲特都对平面媒体有一种特殊的热情。这种狂热,加上一度在这个行业中取得的良好经济回报促使他们投资了《华盛顿邮报》和《布法罗晚报》。不过伯克希尔只持有《华盛顿邮报》的部分股权,实际控制权还是掌握在凯瑟琳·格雷厄姆家族手里。当《洛杉矶每日新闻》这份小型的法律出版物问世后,芒格看到了一个机会,可以拥有一份自己的报纸,直接表达自己的观点。这将是一份他能够施以巨大影响,推动自己所在城市进步的报纸。

1977年,芒格请为伯克希尔运营《布法罗晚报》的斯坦·利普西看一看《洛杉矶每日新闻》，给出他的意见。当时的《洛杉矶每日新闻》用新闻纸印刷，比宽幅印刷品还要宽。利普西看后告诉芒格这份报纸的风格过时得让人悲哀，内容需要革新。

芒格从他在太平洋海岸证交所的一名早餐伙伴那里听说这份报纸打算出售。芒格曾经的律师合伙人恰克·里克肖瑟受《洛杉矶每日新闻》的前主人委托出售这份报纸，这是一宗反垄断案判决方案中的一部分。

"因为我每天和芒格一起吃早饭，希望借用他的智慧，于是问他该如何进行这笔交易。他说：'我想成为竞标人之一。'我们之间关系密切，于是我给他找了另一名律师。"

结果公布后，芒格是出价最高的那一个。《洛杉矶每日新闻》通过新美国基金以250万美元被收购。1986年5月，芒格和古瑞恩将新美国基金清盘的时候，每日新闻集团成了一家拥有几千名股东的可以直接交易的公开上市公司。

新美国基金的股东们根据各自在基金中持有的比例分到了报纸的股份。得到股份的人中包括奥蒂斯·布思以及芒格在奥马哈的一些老朋友，如李和薇拉·戴维斯·西曼。芒格和古瑞恩最后成了两名持股数最高的大股东，他们各自的家族所持有的数量也一模一样。

"不过考虑到我有法律方面的背景而他没有，因此理所当然地我成了主席，"芒格说，"我们让他担任副主席。"

阿尔·马歇尔是芒格在惠勒和芒格证券公司时的合伙人，成了集团的秘书长。

芒格持有6%的股份，孩子们也有6%，孙辈拥有另外的6%，这让家族一共拥有报纸18%的股权。这些股份放在一家芒格和马歇尔合伙公司的名下，公司里还有马歇尔、布思、西曼夫妇和其他一些新美国基金的原始股东所持有的报纸股份。加在一起，芒格和马歇尔合伙

第 18 章　投资《洛杉矶每日新闻》

公司控制了每日新闻集团 34.5% 的股份，古瑞恩手上还有 18%，剩下 48% 的股份分散在普通公众间。

公司总裁说登记在册的股东约有 1 700 名，不过股东人数在不断减少。"董事会有政策要定期从市场回购股份。有一年我们只买到 12 股，另一年则买到几千股。"

多年来，芒格和古瑞恩的投资兴趣已经不同，不过他们仍然是朋友。"我们现在唯一共同参与的事情就是每日新闻集团。"古瑞恩说。

自从收购了报纸，芒格和古瑞恩开始塑造一条和法律相关的出版物及周边业务的产业链，这一半是出于机缘巧合，另一半则是为了保护自己的领土不受侵犯。很快，每日新闻集团就不再是一份大城市的破报纸，成了一个帝国，确切说是一个小型的区域性帝国，但仍然可以称为帝国。

"芒格一直都是一位有追求的媒体大亨。他并没有扩张到很大的规模。"阿尔·马歇尔说。

1988 年，每日新闻集团买下了《圣何塞邮报》《圣何塞律师杂志》《圣克鲁斯报》。收购行动继续进行，到 1997 年公司已经拥有了 18 份报纸，总订阅发行量约 35 000 份。旗舰报刊《洛杉矶每日新闻》的发行量为 15 000 份。公司还从加利福尼亚州立律师公会处收购了《加州律师》。这份刊物有约 700 名付费订阅读者，同时免费派送给加州的律师们。除了加州，公司现在还在亚利桑那州、科罗拉多州、内华达州和华盛顿州发行。把所有的刊物都算在一起，公司一共有 100 名记者，员工总数为 350 人。

加利福尼亚州是参与法律出版物行业最适合的州。州内共有 105 000 名律师，集中了全美国 1/7 的律师。

古瑞恩和芒格感觉这份有 112 年历史的报纸已经摆脱了弱势地位，有时对新闻事件的挖掘比广受尊敬的《洛杉矶时报》还要深入。

芒格说他特别引以为豪的是报纸每天都对一名法官进行报道："真正的原因是我喜欢法官。如果法官们没有把自己的工作做好，那么文明社会就不会运行得很好。"

虽然有了长足的进步，《洛杉矶每日新闻》仍然是一份只有律师喜欢的报纸。即便如此，许多律师仍然抱怨报纸分配到的资源太少，新闻报道太少。另一份洛杉矶小报《新时代》将报纸形容为"节省记者开销的典范。它以自己是一家地方性报纸而自豪，即便对于一些人来说那意味着乏味到毫无希望的地步。的确，《洛杉矶每日新闻》看来将永久地停留在安全模式下"。然而，这家叽叽歪歪的《新时代》却连自己的社论都没有，只是将其他出版物中的文章拼凑在一起而已。

一名跳槽到了另一家竞争对手报纸去的记者形容芒格和杰拉德·萨尔兹曼态度冷漠，一直都希望将广告和编辑类文稿更紧密地结合起来，这对于专注于原创作品的记者们来说是一个警报。"他们有一种商业报纸的心态。不希望发表任何有争议或者不利于律师事务所的言论。"

相较于主流的《洛杉矶时报》或报纸发行区域中其他以娱乐为主的报纸，《洛杉矶每日新闻》和它的姐妹刊很多时候的确看起来相当乏味。新闻故事不多，却有很多页都是法院判决书摘要以及其他律师们需要的信息。然而在其他加州法律类报纸中，《洛杉矶每日新闻》却是一家敢于违背大多数法律出版物衡量自己的准则的报纸。其他报纸纷纷仿效《洛杉矶每日新闻》原创的开庭日历、法庭规则介绍以及每日受理上诉报告。

如果说对于律师们来说《洛杉矶时报》是一份非常出色的新闻重磅炸弹，《加州律师》的内容则比它稳重的名字所暗示的要生动得多。每日新闻集团刚刚买进这份杂志时，是和州立律师公会合作发行的。

第 18 章 投资《洛杉矶每日新闻》

1993 年，一些律师投诉说他们的职业组织的新闻不应该和一些对律师及其行为规范非常重要的新闻故事印在一起。这种联合出版的方式就终止了，州立律师公会又开始发行自己的杂志。

《加州律师》发表的故事涉及加州法律和执法部门的方方面面，这个州充满了让你大吃一惊的故事。杂志封面标题常常类似《欢迎你，重罪犯：在墨西哥做逃犯的好时光》，这是一篇内容引人入胜的有关在墨西哥和加利福尼亚州边界镇压美国赏金猎人的故事，配上一系列关于提华纳臭名昭著的拉梅萨监狱夺人眼球的照片集。1999 年还有一期则回顾了在圣迭戈地区检察官收受性贿赂，在听证会上包庇当地帮派的丑闻。如果有作家专写骇人听闻的真实罪案，那他订阅《加州律师》来寻找故事线索是非常明智的选择。

至于说到每日新闻集团的业务方面情况如何，集团秘书长阿尔·马歇尔说情况很可怕。"没有人能经得起这种考验。它并没有赚很多钱，却总是被人告。"马歇尔指出芒格和巴菲特都不像以前那样喜欢投资报纸行业了。

虽然《洛杉矶每日新闻》表现得让人满意，它仍然经常惹上麻烦。加州的法律类报纸间的竞争非常激烈，争夺那些利润丰厚的法律广告业务。同时，正如先前所说，《洛杉矶每日新闻》必须在一个接一个的诉讼案件中为自己辩护。虽然芒格承认他涉足报纸行业的动机是个人兴趣大于盈利，一旦他认为公司的经济基础正受到威胁或是不公平的对待，他仍然会积极地投入竞争，坚持下去。

挑战来自芒格报纸链中的各个环节。其中最严重的一次威胁发生在 1986 年，当时每日新闻集团才刚上市不久。那年秋天有一个胖乎乎、被学校除名的年轻人拜访了每日新闻集团的办公室。他名

叫史蒂文·布里尔，他积累了一批东部的法律出版物的编著经验，从而赢得了"鲁珀特法律出版界默多克"的名头。这个人后来因为上电视和出版杂志而全美知名。他悠闲地走进办公室问他们卖不卖公司，因为他想买。"任何价格我们都没有出售的意愿。"芒格宣布。

布里尔当时 36 岁，在北方出资约 900 万美元收购了发行量 3 200 份、内容乏味的《旧金山记录者》。由于《洛杉矶每日新闻》的订阅户中有 25％都在旧金山湾区，这一举动引起了芒格的关注。布里尔开始入侵《洛杉矶每日新闻》的新闻编辑室。他为自己的写作班子打气，派他们去挖掘法律界的阴暗面，以及各种桃色新闻。他还向读者们承诺他会扩张到洛杉矶及其他南部地区，暗示说他可能会在三年内开办一份南加州报纸，"以便你不用再去别的地方寻找所需要的加州法律新闻"。

一场报纸间的战争开始了。每日新闻集团通过抢购更小的旧金山地区法律报纸、重新设计最受欢迎的特写栏目以及增加对北部地区的报道来加强自身力量。芒格还和每日新闻集团的总裁杰拉德·萨尔兹曼一起收购了《旧金山旗帜》和《马林郡报道》，这两份刊物加在一起只有 800 份的发行量。每日新闻集团已经拥有了《萨克拉门托每日报道》和总部在奥克兰的《城际快递》。

当被问及每日新闻集团在旧金山湾区的扩张是不是对布里尔的到来的一种回应时，芒格说："当你的动机是多种多样的时候，要弄清楚究竟是出于什么原因很困难。我们长久以来就一直在考虑要在旧金山发展得更好。"

芒格补充说，他并不担心布里尔的行为："因为我们十多年来都和《萨克拉门托每日报道》共存，盈利也相当可观。我并不认为整件事会升级到疯狂的地步。"

第 18 章 投资《洛杉矶每日新闻》

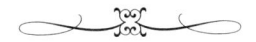

"史蒂文·布里尔,他是一个勇敢、自负而聪明的人,为良好的新闻行业发展提供了由衷的支持,"十多年后芒格开口评价,"旧金山地区竞争异常激烈,他将报纸悉数出售,然后离开。"

1997 年布里尔告诉《华尔街日报》,要和一个有钱到不在乎自己是不是损失了"一包钱"的人进行斗争会让人抓狂。他又补充说:"要是芒格把他 20% 的时间用在经营法律报纸上,我们就会全面崩溃的。"

芒格的反应毫无疑问就是低声轻笑,不过在报道中就听起来十分刺耳。"我为什么会想要去弄死一只小飞虫呢?"

史蒂文·布里尔的公司现在主要由时代华纳公司持有,最终布里尔和一家时代华纳的子公司合资成立了《法庭电视》。当特德·特纳将美国有线电视新闻网并入时代华纳公司时,曾经是布里尔在有线电视方面的竞争对手的他,开始在时代华纳担当要职。此后不久时代华纳就全盘收购了布里尔。

布里尔以 2 000 万美元的价格将他的法律出版王国以及在《法庭电视》中的股份出售给了时代华纳。他的下一个项目是在 1998 年斥资 2 000 万美元开办了一份平面和线上杂志《布里尔有话说》,主要对新闻媒体进行报道和评论。布里尔的第一期中有一篇引起争议的报道,说独立顾问肯尼思·斯塔尔承认自己将总统对白水事件[①]的调查透露给了记者。

---

① 白水事件是桩美国政治丑闻,发生在克林顿的第一个总统任期,白宫副法律顾问去世后,人们获知,白宫总法律顾问从福斯特的办公室毁掉了关于白水开发公司的文档。克林顿夫妇曾投资这家公司,在对一家投资担保公司的破产调查中,克林顿被控参与这次与投资相关的欺诈。——译者注

后来，随着出版行业的进一步整合，布里尔以前的那些出版物，其中包括旧金山的报纸、《美国律师》以及其他地方的几份法律刊物都被时代华纳以 3 亿美元的价格出售给了一家投资银行瓦瑟斯坦和佩雷拉。

1996 年《华尔街日报》报道说，《旧金山每日新闻》在过去 10 年中每年花掉每日新闻集团 200 万美元，这是为了使比布里尔待得久所付出的高昂代价。芒格并不同意这个数字，坚持说他永远不会停办这份报纸。

每日新闻集团被一大群来自加州各地的报纸出于各种原因告上过法庭，其中包括拥有 100 多年历史的《圣迭戈每日报告》。有一份刚刚开办的西雅图报纸的出版人杰夫·巴奇 1996 年时声称萨尔兹曼到西雅图，假装对收购他的报纸《华盛顿法律》有兴趣。不过在得到了商业机密后就开办了一份与之竞争的刊物，还采用了赶尽杀绝的定价策略。萨尔兹曼说他没有收购巴奇的报纸是因为其已临近破产，还向美国税务局拖欠了员工代扣所得税以及其他费用。而且无论如何，萨尔兹曼说，巴奇在他开办《华盛顿日报》之前就已经停办了《华盛顿法律》。这件西雅图诉讼案向全国好几个法院都提出过申请，不过全部因为法院不支持原告而拒绝受理。

《洛杉矶每日新闻》的竞争对手中最有争议的是另一只小飞虫——发行量为 2 000 份的《洛杉矶大都会新闻》，由罗杰·格雷斯律师经营。迄今为止，《洛杉矶每日新闻》赢得了大部分的诉讼，虽然并不是每一件都如此。

《洛杉矶大都会新闻》和《洛杉矶每日新闻》之间的竞争关系可以追溯到 1986 年，当时《洛杉矶每日新闻》的老编辑罗伯特·沃克猝然去世。芒格并没有提拔沃克的副手，而是将总裁的位子交给了杰拉德·萨尔兹曼——报纸的会计兼首席财务官。两年后，那位被得罪了的二把手约翰·贝比杰安辞职，成了《洛杉矶大都会新闻》的副总裁和总经理。

贝比杰安指责公司存在年龄歧视，但芒格否认此事。至于为何选择的是萨尔兹曼，芒格说："恰好萨尔兹曼是个非常有才华而且诚实的人罢了。"

萨尔兹曼是一个谢顶的男人，有一双大大的、善于表达的眼睛，看来诚实可信，在业务方面很有能力。不过他不是那种胸怀壮志的新闻人。自从芒格和古瑞恩掌控了新美国基金，他就一直跟随着芒格。萨尔兹曼曾经是八大审计公司中的一名审计员，离开了咨询业加入基金公司，帮助解决财务细节问题。后来他也为芒格和托尔斯律师事务所提供咨询意见。芒格在为《洛杉矶每日新闻》选择一名新的首席执行官时决意要找一名知根知底、经过考验而且信得过的人，由于他踏实肯干，成了不二人选。此外，萨尔兹曼还拥有大约公司1%的股份，折算下来应该在16 000～17 000股之间。萨尔兹曼的妻子是公司的人事总监，他有三个孩子都在那里工作，其中包括《洛杉矶每日新闻》的网管。

整个公司都像是一门家族生意。1982年埃米莉·芒格在《洛杉矶每日新闻》下属的一份房地产下午报《每日商业》里工作。她负责报道、编辑和排版工作，然后回到斯坦福继续读她的法律学位。巴里·芒格是一名身在纽约的专业自由摄影师，也在公司干过一阵。

1990年每日新闻集团收购了加州报纸服务局，这是一家专门在全国的出版物上刊登公告类广告的机构，《洛杉矶大都会新闻》对这件收购案起了特别重要的作用。该局有大量的法律公告，通常来自一些政府机构。接到后他们就把所有的公告都放在自己的报纸上——如果每日新闻集团在合适的管辖区域内有一份刊物。如果没有，这些法律公告就会刊登在另一份报纸上，同时要支付15%的佣金。这项服务的客户包括房利美、洛杉矶儿童服务机构以及其他被要求刊登法律公告的机构。

《洛杉矶大都会新闻》在一单诉讼中断言《洛杉矶每日新闻》实行了赶尽杀绝的竞争政策,此时又状告每日新闻集团在洛杉矶针对《洛杉矶大都会新闻》将刊登法律公告广告的价格降低到了成本之下,企图把它赶出市场。《洛杉矶大都会新闻》进一步宣称《洛杉矶每日新闻》和贷款巨人房利美以及其他中介机构达成协议,以低于成本的价格刊登它们的法律公告,是州法中禁止的有关广告业务所谓"亏本出售"策略。芒格说这种诉讼请求是完全错误的,因为《洛杉矶每日新闻》根本就没有贿赂带来丰厚盈利的客户房利美。诉讼中提出的一些指控带来了很强的破坏力,法律专家说可能导致《洛杉矶每日新闻》的诉讼责任高达 3 000 亿美元。

1998 年 1 月,经过 3 个月的审判,一直悬而未决的陪审团最终做出了对《洛杉矶大都会新闻》案的判决。罗杰·格雷斯说芒格在证人席上"傲慢""轻蔑"的行为对案件的审判大有影响。尽管如此,芒格说他会在重审时再次作证。"我们不会输,"他回应道,"《洛杉矶每日新闻》没有做任何违反法律的事情。"

不过,《国家法律日报》报道说:"芒格先生承认 1999 年 6 月案子送去法庭重审的时候,给辩护团队的文件数量大大增加。罗纳德·奥尔森,从芒格先生的事务所中走出来的最著名的人物,将会监督搭档布拉德利·菲利普的工作。后者在第一回合时是负责人。"

第二次庭审,《洛杉矶每日新闻》成功地抗辩了所受的指控。陪审团以 11 对 1 的票数支持了芒格的报纸。然而,几周之内,《洛杉矶大都会新闻》不服判决,还提起了追加诉讼。

与此同时,《洛杉矶大都会新闻(企业版)》又在自己的报纸和网站上以字号大得过分的标题大肆宣扬自己和《洛杉矶每日新闻》之间

第 18 章　投资《洛杉矶每日新闻》

的争议。在大多数情况下，报道都会强调芒格的财富，配上一张芒格在傻笑的照片。

"自从 1997 年初，大都会新闻公司在它所提起的反对每日新闻集团不公平竞争诉讼中追加芒格成为被告后，芒格已经积累了超过 10 亿美元的财富。"出版人罗杰·格雷斯写道，"而至今，如果不是出于强迫心理，这位 75 岁高龄的富豪从表面看来已经将击败大都会新闻公司当成了自己的一个目标，后者，恕我直言，相较于芒格的那些竞争公司来说是一个非常非常小的对手。"

《洛杉矶大都会新闻》的确在 1998 年赢得了报纸战争中的一场大胜仗。当年洛杉矶市政府将其法律公告业务进行招标，这份价值 45 万美元的合同给了《洛杉矶大都会新闻》，而此前 50 年这些业务都交给《洛杉矶每日新闻》。《洛杉矶每日新闻》聘请了一名律师试图在法庭上扭转地方议会的决定，不过高等法院法官的裁决偏向规模较小的报纸，否决了《洛杉矶每日新闻》的诉讼请求。每日新闻集团上诉以后，该法官就被撤职了。

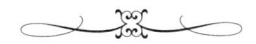

一方面是因为长期陷入法律诉讼，另一方面是因为行业文化和经济的变迁，报纸不再像过去那样赚钱了。首先，新闻的本质变了。随着电视和互联网的扩张，读者群数量不断下降。除了这些问题之外，法律广告业务一向都是周期性的，在经济衰退时期，由于破产、结业和抵押权成了普遍问题，广告业务量上升。而在长期强劲的经济环境下，法律报纸毫无疑问会遭受收入下降的冲击。

法律广告仍然是芒格报纸的利润之源，不过是正在逐渐萎缩的源泉，因为大趋势是必须公布的法律公告越来越少。比如说，非营利性组织一度必须刊登它们的年度状况公告，不过现在法律不再有这样的要求。全国很多政府机构都在寻求法律变革，允许它们在互联网上刊登形式性的广告。法院正在对这些请求给予认真的考虑。

作为一种预防性的手段，萨尔兹曼说："我们试图尽量不依赖法律广告。"每日新闻集团旗下的报纸已经在尝试加强知名度，或者增加商业类广告，公司也已经扩张至一些相关的新领域。

除了旗下的两本杂志《加州律师》和《企业法律顾问》之外，每日新闻集团通过印刷法庭规则手册、司法概况以及其他和法律行业相关的指南、目录和手册，获得了相当好的收益。

最近，公司收购了选择信息系统，这是一家向法院系统提供案件管理软件的公司。每日新闻集团将公司更名为"支持科技公司"。这家公司看起来像是每日新闻集团最有前途的新公司，为多伦多和安大略省开发了联合司法系统，目前已经在三个国家和美国的九个州里都安装了相似的法院系统软件。

由于这项新业务的出现，还有一些加州出版物的集中化管理，每日新闻集团正在紧邻洛杉矶办公室的旁边建造另一幢办公楼，准备将办公面积扩大一倍。

虽然有一些经营上的困难，自从 1977 年被芒格和古瑞恩以 250 万美元的价格收购，每日新闻集团的净值增长还是相当可观的。据估算，这条不张扬的媒体链现在价值约 6 500 万美元。1999 财政年度的收入是 3 700 万美元，比上一年有所增加；其净收入为 190 万美元，比前一年下降 40%，原因是诉讼开销过高。

虽然有些潜在买家表示出了兴趣，芒格说《洛杉矶每日新闻》是他传达思想感情的媒介，让他能够"对社会有所贡献"，同时它本身的财政前景也良好。古瑞恩说他和芒格踏入这一行是出于对新闻报道的热爱，同时也因为公司可以挣钱。"两者皆有。我们很幸运能因为自己感兴趣就可以加入某一行业。我们中的任何一个人都不必做自己

第18章 投资《洛杉矶每日新闻》

不想做的事。芒格和我喜欢拥有这个集团,这里充满了乐趣。我们认为自己正在为司法系统服务。它的确能赚到钱,而且其价值逐年递增。我们正在想办法让它变得更好。"古瑞恩说。

他接着补充道:"钱对于芒格来说不是一切。我们真心希望自己能推动社会文明进步。"

虽然芒格密切监视着在《洛杉矶每日新闻》所发生的事情,他说他在报纸业务上所花的时间只占所有时间的 5%。虽然他尽量保证有需要就出面,他的主要职责还是放手让萨尔兹曼经营公司。

"虽然我足够积极,"芒格说,"我并没有另一方面的天分。我在报纸事务方面相当积极,但编辑方面则毫无建树。"

每年秋天公司都会举行一次早餐会,所有的董事、出版人、编辑以及各部门的头头脑脑都会参加。芒格和古瑞恩会在会上听到公司的管理人员对未来一年的预期和计划报告。萨尔兹曼说芒格和古瑞恩都会对讨论做出相当的贡献。"古瑞恩可以和芒格一样快地抓住重点,相当快。我并没有教他什么事情。"

《洛杉矶每日新闻》的办公室就在洛杉矶的日本人聚居地旁边,在一个工业园区里,很多电影中的高速飙车和汽车追逐的镜头都在那里拍摄,其中包括《蝙蝠侠》系列。有 10 年房龄的每日新闻集团及编辑部舒适而低调,与法院和各栋政府大楼的距离都不近不远。入口处造了一个喷泉,到处都是卵石和黄铜制的海獭雕塑。如果按照芒格自己的想法,门厅处会摆上一个他的偶像——本杰明·富兰克林的青铜雕像。

"在富兰克林的一生中,他曾经做过编辑、作家、立法者、科学家、发明家(发明了富式炉和远近两用眼镜)、外交官、独立战争英雄,还是美国创始人之一。富兰克林的故事怎么说都说不完,"芒格对圣巴巴拉的听众说,"他的出身卑微而贫寒,父亲是一名脂烛制造人,总是和陈腐的脂肪打交道。富兰克林在家里 17 个孩子中排名 15,只读过两年书。他 84 岁去世,也许是世界上最著名的人,就算不是,也相当接近了。"

古瑞恩说,芒格对本杰明·富兰克林的热爱有时蒙蔽了他的常识。"我们在建造新的每日新闻集团大楼时,后来发现需要将造价的 3% 用于艺术或是捐献给市立艺术基金。芒格说:'我们来塑一个本杰明·富兰克林的头像吧,要看起来既和蔼又智慧,在基座上刻上他的名言。'我说:'芒格,这完全是瞎胡来。我们的员工可不想被人布道。我们来干点让人愉快的事情吧。'他考虑了一会儿说:'我觉得你说得对。'于是我们请了一位艺术家完成海獭雕塑和喷泉。"

不过对芒格来说,富兰克林的事情还没完。"他已经打定主意要做本杰明·富兰克林的半身雕像了。芒格请了一位艺术家做了大概 20 个,"古瑞恩说,"我拿了一个。他在办公室放了一个,还给了马尔伯勒学校和哈佛-西湖中学几个。剩下的就当作礼物送给别人。"

第 19 章
巴菲特说:"我是芒格的眼睛,芒格是我的耳朵。"

> 早年的查理·芒格对于年轻人来说是一个可怕的职业榜样,因为他对社会文明做出的贡献并不足以回报社会所给予他的财富。
>
> ——查理·芒格

安德鲁·利卡不情不愿地驾车在高速公路上飞驰,穿越洛杉矶市区,去和慈善撒玛利亚医院的董事们见面,应征院长的职位。利卡所担心的并不是交通问题。

慈善撒玛利亚是洛杉矶最古老最受信赖的医院之一,虽然它在南加州的医疗界以提供高品质的护理而著称,但其经常出现财政问题,职工和管理人员流动率很高也非常出名。事实上,根据利卡的回忆,竞争和缺乏组织是出现此类情况的主要原因:"这个地方就好像是波黑地区。"

利卡的联系人告诉他,问题的部分原因出在董事会主席查理·芒格身上。他每隔几个星期就召集执行委员会开会，留给主要管理人员的空间很少。尽管如此，利卡还是做出了情感大于理智的决定，出现在了医院一楼的小会议室里，执行委员会的所有成员都已经在那里齐聚。猛然间门打开了，芒格大踏步地走进来，一屁股坐在会议桌的尽头。

"芒格走进来的时候我完全不觉得他认真抬头看过我一眼，"利卡说，"他说：'好吧，这家医院有很多问题，分别是这些、这些和这些。'他滔滔不绝地说了35～40分钟，最后问了我一个问题，却没有给我回答的机会。"

几分钟后芒格站起来，利卡也跟着站起来，伸出手准备握手道别。芒格完全漠视他的举动，转身又大踏步地从进来的地方出去了。

"我对其他董事们说：'我觉得他不太喜欢我。'他们口径一致地回答我，'没有，没有，他很喜欢你。'"

"那他干吗不和我握手呢？"利卡问。

"他看不到你的手，"一名董事解释，"他那一边的眼睛失明了。"

虽然有这样的解释，利卡仍然相当确信自己没有入选的希望了，同时也继续在怀疑自己到底是不是真的想要得到这份工作。看起来利卡和芒格几乎没什么共同点。很难将利卡形容为常青藤联盟精英类型。他在家附近的一所大学——加州大学河滨分校读的大学，这所学校虽然校舍不太整洁，但学术水平相当不错，坐落在洛杉矶盆地烟雾弥漫的东部。利卡后来又在加利福尼亚州立大学北岭分校拿到了MBA和一个医疗行政管理硕士学位，此后16年间都从事非营利性医院的管理工作。他拥有一辆比赛级的哈雷摩托车，还是跆拳道黑带。两人之间唯一明显的共同之处就是利卡也出生于中西部地区，对医院十分了解而且关心。

去慈善撒玛利亚的那个星期里，利卡还有好几个其他的工作面试

第19章 巴菲特说:"我是芒格的眼睛,芒格是我的耳朵。"

安排。不过那一天他刚准备要走,就有人请他留下来和一名关键人物见一见。利卡被迫取消了下午的约会,还要赶着第二天回去参加更多的面试。

不一会儿他就再一次见到了芒格,对方开门见山。他希望聘请利卡,条件是这样的,薪水有这些等等。条件相当优厚,那利卡是如何回答的呢?

"我说通常这样重要的事情我需要和太太商量一下。"利卡回忆说。芒格一言不发,只是看着利卡。一段尴尬的静默时间过去后,利卡的态度温和下来,"以目前的情况,我想也就没有这个必要了。"

"太好了,"芒格说,"这就是我为什么要请你的原因。"

虽然芒格行为古怪,利卡却立刻知道自己喜欢这个人,同时预感自己能在他身上学到很多。

"医疗是一个非常艰苦的行业,"利卡说,"你必须对它有信仰。我爱上了医院本身,觉得自己天生就属于这个地方。"

没过多久他们就达成协议,芒格召集执行委员会开会的频率不能超过每个月一次,开完会后他就要放手让利卡独立工作。除非迫不得已,微观管理从来也不是芒格的风格,虽然他对于打电话给名下各个公司中的员工,和他们分享自己忽然想到的某个主意从不犹豫。芒格召开两周一次的会议仅仅是因为他感觉非常有必要。

芒格是在洛杉矶教区大主教的要求下加入董事会的,他私底下也是芒格的朋友。"我很清楚地知道医院就像是一个柏油做的孩子,一旦粘上就放不开了。"芒格说。不过他的处世哲学是:一流的人应该愿意接下至少几项有难度的工作,即便失败的概率很高。正如他反对"不通过亲力亲为的方式来赚钱"一样,他深信付出时间、才华,用自己的名声来冒险是和捐钱同样重要的事情。

他参与社区工作,以此减轻因累积大量财富而带来的愧疚感,抚慰由于认为自己赚的比应得的多太多而产生不安的良心。"约翰·梅纳德·凯恩斯通过为自己的学校赚钱和为国家服务来赎自己犯下的组合投资管理'原罪',"芒格说,"我做一些公务以外的活动来进行偿还,巴菲特则利用他自己投资成功的故事成了一名优秀的教师。"

芒格曾经向慈善撒玛利亚医院、计划生育组织、斯坦福大学法学院以及哈佛-西湖中学赠予过一部分他所持有的伯克希尔股票,每家得到的数量为几百股。芒格和南希·芒格每周都会花上几个小时做社区义工,通常都在洛杉矶。除了长期资助计划生育组织,芒格还在哈佛-西湖中学、全国房屋合作伙伴公司以及其他一些团体的董事会中任职。全国房屋合作伙伴成立于20世纪80年代,是一个公私合营的组织,致力于提高美国低收入家庭的住房条件。不过芒格渐渐开始不满于他们的工作方式,最终辞去了董事的职位。

芒格习惯于只选择两三项在他看来重要的公共事业,然后全神贯注地做出点成绩来。正如他和巴菲特在选择投资项目时只考虑他们"能力范围之内"或者真正了解的行业一样,芒格在慈善工作方面也有特定的对象。他主要集中在生育权、医疗保健和教育方面。

南希·芒格是名水彩画家,因而将艺术列入自己的活动范畴。她在著名的亨廷顿图书馆、艺术品收藏馆以及圣马力诺植物园的董事会都有任职,这个植物园在洛杉矶市中心十几公里开外的地方。亨廷顿图书馆的特色是英美文化,是拥有海量馆藏的一个图书馆,还有美国最全的18—19世纪英美艺术藏品。《穿蓝衣服的男孩》以及《粉衫女孩》这两幅名画也落户于此。为纪念淘金热和加利福尼亚建州150周年,1999—2000年间举办了一次大型展览,芒格家捐赠了大部分款项。

富人们有义务支持社会中无法通过市场资本实现的那些方面,芒格对此观点非常同意。此外,他还坚决认为公司高层可以将钱投给他

第 19 章 巴菲特说:"我是芒格的眼睛,芒格是我的耳朵。"

们自己最喜欢的公益事业,而真正的主人——股东们却对此很少甚至没有发言权,这种现象是非常不公平的。1981 年,芒格为伯克希尔制定了一个非常新颖的公司慈善计划。对于公司大约 100 万股股票中的每一股(当时价格为 470 美元),伯克希尔会根据股东的选择相应捐出 2 美元。比如说,某人拥有 1 000 股,就可以指定将 2 000 美元捐给救世军或者美国红十字会,或者这个人所选择的任何其他非营利性组织。这一计划受到了伯克希尔股东们的热烈欢迎,他们中很多人的财富都和公司息息相关。这个慈善计划让他们能够在不卖出股票的情况下捐款,而卖出股票是许多伯克希尔长期股东十分讨厌的事情。

芒格对公益事业的感情无疑和他的出身有密切联系。《布法罗晚报》的出版人斯坦·利普西也出生于奥马哈,在去布法罗接管报纸之前一直都住在那个地方。"在奥马哈,你早上起来会说:'我今天能为我的城市做些什么呢?'当地有一种价值体系、一种家庭结构或者说是一种文化,你身在其中,就应该为城市做贡献。"利普西说。

芒格的一些慈善工作引发过很大的争议,特别是在计划生育组织中的行动,还有就是近年来他在非营利性的慈善撒玛利亚医院董事会任职这件事。

慈善撒玛利亚医院由许多白房子组成,所在的社区一度是洛杉矶最高尚的地段之一。发生肯尼迪遇刺事件的国宾大饭店就在不远处。慈善撒玛利亚的周边环境,用礼节性的话来说,正在变迁中。"我认为它还没找到自己的方向。"芒格的继子说。

这里曾经到处都是高级的百货商店、餐厅和公寓,现在却都人去楼空。它正在慢慢成为一个韩国人聚居地,不过很多住户实际上是拉丁裔或者低收入的高加索人,其中老人居多。慈善撒玛利亚医院凭借着 408 个床位、650 名医师、550 名护士以及 1 800 名员工的实力,仍然深深扎根于洛杉矶社会,许多财务状况非常好的老洛杉矶家庭依然选择在这里接受治疗。南希·芒格是在这里出生的，儿子哈尔以及哈尔的儿子也都是。芒格也在这所医院进行了白内障手术，手术失败后一只眼睛永久失明。

医院成立于 1885 年，最早是圣公会教堂的修女玛丽·伍德创立的一个护士站，只有 9 个床位。圣保罗教堂和加州教区达成一项协议，接管了这个地方，称之为"洛杉矶医院和病人之家"。从早期开始，慈善撒玛利亚医院就开始培训那些就读于南加州大学的护士和实习生。

加入董事会后不久，芒格就开始相信这家医院之所以管理不善，主要是因为董事会总是支持医护人员的决定，而这些决定通常都只保护那些医生的经济利益，而不考虑病人们应该得到什么好处，如何让他们得到高质量的医疗服务。

"现任主席并不同意我的意见。我提出一个决议，撤销现在负责管理的那些医疗人员的职务，因为这些人正在危害病人的健康和安全。董事会中的一些医生也投了赞成票，最后以 17：2 通过了。"芒格说。

董事会投票后，主席辞职了。"他是一个有能力的人，"芒格说，"作为一个门外汉，不难理解他总是不愿意对那些号称是医疗方案的决定提出反对意见。"既然芒格因为推进改革引发了麻烦，他觉得自己有义务挑起主席的重担。

引起所有问题的根源在心血管科，当时整个部门充斥着政治阴谋、争夺势力范围的风气，对医疗问题却没有足够关注。在对要实行的医疗流程提出反对意见之前，芒格会在一名医生朋友的帮助下学习，了解不同的外科治疗方案之间死亡率和发病率的区别。在他看来，很显然医护人员做出了错误的决定，芒格认为这些决定是"保守派"医生用来反对更有进取精神的员工们的。

第 19 章 巴菲特说:"我是芒格的眼睛,芒格是我的耳朵。"

"在争权夺利、控制话语权方面,医院和大学没什么两样。"哈尔·博思威克解释。他的太太现在也在慈善撒玛利亚董事会任职。"本质上来说,慈善撒玛利亚多年来就是一群人所主导的服务社区……而这些人,我并不是说他们缺乏能力,但是除了你的医生在那里执业之外,的确没有什么特别的理由让你会想去慈善撒玛利亚医院。芒格意识到为了让医院存活下去,必须有卓越的技术和良好的医德。"

哈尔说,正当芒格驱动整个医院向那些目标迈进的时候,医院里出现了不良情绪,很多关系也宣告破裂。"这种关系破裂和你接管一家公司后会遇到的那种不一样,你必须实施和以前不一样的管理方式。很多人接受的都是老式培训,无法适应,不得不选择离开。"

经历了和其他董事以及一些医生长期艰苦的斗争之后,芒格和他的支持者们终于占了上风。"10 年后,我虽然痛恨必须在医院面对心痛的时刻和悲剧性的场面,但我热爱许多现在和我一起工作的人。"芒格说。

芒格亲自为医院招聘了许多医生,这种行为对于一家大型非营利性医院的门外汉主席来说异乎寻常。芒格被医学技术激发了好奇心,从与医生们共事中享受到了乐趣。

利卡接管医院的时候,员工和董事会之间关系良好,不过业务方面仍然毫无起色。医院积压了大量未收账单,因此在他掌管的第一年,慈善撒玛利亚处理的坏账数额达到了难以置信的 2 000 万美元。不过自那以后,情况就好转起来了。利卡开始习惯芒格的性格特点,他们显然站在了同一阵线上。

"我认为人们只是不理解他而已,"利卡说,"他们认为他已经撒手不管,但其实他并没有。他三年来一直都在关注现金流、投资回报等问题,然后想出了如何解决问题的办法。"

利卡说,芒格坚持带着一个目的经营医院,那就是用最好的方式服务社区。"医院可以通过在低收入家庭和纳入医疗补助计划病人的账单上做手脚来榨取更多的利润,不过芒格不允许这么做。"利卡说。

北岭地震后,利卡又说,该地区其他医院都试图将建筑中的每一处老伤申报为由地震造成,以此向联邦紧急事件管理署(FEMA)争取最多的资金。慈善撒玛利亚的房屋检查完后认定没有出现重大损坏,芒格也不会向 FEMA 提出申请。

"他不会只为了钱去做一件事,"利卡说,"只要他认为那是正确的事情,他就会参与这项业务,即便明知会亏钱。"

慈善撒玛利亚现在成了各种专业实习的基地,包括加州最大的心脏病项目,南加州第二大心血管手术项目,研究脑失调的新型治疗方法,妇女保健服务,其中包括产科、妇科、新生儿重症监护、妇科泌尿学、乳腺癌以及接生服务,整形外科手术,特别是关节置换和骨盆重塑,光学护理,包含一项非常庞大的视网膜手术实习计划,一个肿瘤学项目,一个先进的消化系统疾病项目,以及南加州最大的肾结石治疗,吸引了来自南加州、西部一些州甚至海外的病人。

也许医院成功转变后最让人高兴的标志性事件就是《美国新闻及世界报道》1998 年 7 月 27 日将该医院评为"全美国最好的医院"之一。

当地仍然有许多医生对芒格的重组策略心存不满。无论如何,慈善撒玛利亚如今在医疗界的地位大大高于从前。不过,虽然收到大量现金,它的财务状况仍然很不稳定,然而总算是有进步。芒格说,在大型的市中心,医院里总是充满了问题和"如果"。即便有最好的计划,也不能保证长期成功。

"我对慈善撒玛利亚医院非常尊敬,不过它的确是块难啃的骨头,"哈尔·博思威克说,"如果你问我继父他为什么这么做,他会说到的一点是他并不喜欢一生中所有经手的工作都易如反掌。"

第 19 章　巴菲特说："我是芒格的眼睛，芒格是我的耳朵。"

在芒格担任主席的那 10 年中，他是医院中为人所熟知的一个身影。利卡说，员工们都有自己最喜欢的"芒格主义"故事，或是芒格曾经不止一次说过的格言或笑话。每年南希和芒格都会在医院朴素的学院风格的礼堂里参加一次晚餐会，在会上向服务了 5 年、10 年甚至 40 年的忠诚员工佩戴胸针。有一年利卡请芒格说几句话。他吃力地走上舞台，但却走到了一个没有开的麦克风面前。他开始说话，但听众们只能听到低沉的咕哝声。

南希大声喊了几次："亲爱的，麦克风没有开！"不过芒格并没有注意到。技术人员在后台忙活了好几分钟想让那个麦克风通上电，最后终于行了。礼堂中回响起了芒格的最后致辞："谢谢你们选择在慈善撒玛利亚工作。"他说完就转身离开了舞台。

一阵风把挪威松树吹得沙沙响，卡斯湖比平时更猛烈地冲刷着芒格家门前的湖岸和沙滩。芒格坐在早餐桌的尽头，一小群家庭成员正在吃着鸡蛋、火鸡培根以及家庭自制饼干。

小查理前一天晚上抵达星岛，和他的妻子以及三个孩子相聚。他到得有些晚了，是从加利福尼亚州飞过来的。他在那里和一个州立委员会共事，正在为加州从幼儿园到高中的科学和数学课程重新编写教材。话题集中于教育问题，小查理向大家解释他的那个由大学教授组成的委员会想达到什么样的目的。

芒格对高等教育有一些想法要表达，不过与此同时巴里两岁大的女儿也要和大家分享一些事情。大人们的谈话进行的时候，她坐在爷爷身边，给他唱自己最新学会的字母歌。

就好像是在和小姑娘进行二重唱一样，芒格同时也说他想创立一所真正自由的艺术学院，学生们不分专业，只有几门选修课。他们会上一系列的教程，包括数学、科学、经济、历史以及其他科目，学完以后足以成为真正受过良好教育的人才，同时在研究生之前不允许分专业。芒格对他那些半信半疑的晚辈们宣称："如今很多年轻人身上的问题都是专业分得太早造成的，他们从来都没有学过一些人生必修课，他们对世界不够了解。"就好像是要证明自己的多才多艺一样，这个笑口常开的小孙女又唱起了"一闪一闪亮晶晶"这首歌，和字母歌调子一样，歌词不同而已。

芒格家的孩子们在中学之前都接受公立学校的教育（除了最小的菲利普，他4年级就开始读私立学校）。5个儿子都毕业于哈佛-西湖中学。这是洛杉矶的一所私立学校，1900年左右，其创办人写信给哈佛大学，请他们允许他把哈佛的名字用于自己在洛杉矶新开办的中学名称上。埃米莉和她的母亲一样，读的是马尔伯勒学校。莫莉和温迪当时和自己的母亲一起住在帕萨迪纳，读的是南桥学校，莫莉最后离开了那所学校，自己去读了公立高中。

整个家庭对教育事业都非常热情。南希同时担任马尔伯勒学校和她的大学母校——斯坦福大学的校董。1997年，南希和芒格向马尔伯勒学校捐出180万美元，用于他们的新时代卓越人才计划。他们也为斯坦福格林图书馆捐献大笔资金，在斯坦福法学院资助了一个教授职位，让法学院课程中可以有商业课。

芒格担任哈佛-西湖中学的校董已经有30多年了。他是一名积极的校董，曾经一度还是主席。他非常热爱学校，甚至希望有一天他的追悼会也能在学校附属的教堂里举行。在学校里，芒格得以将自己对高质量的教育和对科学以及建筑的欣赏有机地结合起来。他和南希捐赠了700多万美元建造了芒格科学大楼，他亲自参与了大楼设计中的方方面面。哈佛中学和西湖中学合并之前，芒格认为理科实验室地方太小。合并后，高年级中读理科的学生增加了一倍。芒格宣布不扩建

第19章 巴菲特说："我是芒格的眼睛,芒格是我的耳朵。"

理科学习场所是一种教育渎职。

"大多数建筑的问题在于没有预留足够的备用空间。我们力图保证科学大楼能在一个世纪内起到良好的作用。我看不出有任何理由会成为障碍。"芒格在奠基仪式上说。

这幢先进的大楼坐落在山坡上,俯瞰冷水峡谷。里面有许多量身打造的实验室式的教室、一间会议室、一个电脑中心和一个剧院式的演讲厅,内设110个座位,全部都预留了笔记本电脑接口。粗心的人可能看不出大楼中的一些特色之处。比如说,生物、化学和物理实验室里的工作台都是不一样的,用来进行不同的实验。虽然芒格将大楼中的大部分决定都交给老师们去做,但他却一再坚持通风和供暖系统是重中之重,而且大楼的抗震能力要远远超过基本要求才行。

芒格在学校里花好几个小时审核大楼的建筑计划。有一次,芒格要求一名建筑师对学校的礼堂进行修改,在地面上增加一个斜坡,但是建筑师说这样办不到。芒格逼着这个建筑师想出了办法。

奇怪的是,那名建筑师看起来并没有被芒格的坚持所冒犯。"不,他不得罪人。"哈佛-西湖中学的另一名董事说,"他天生有一种措辞得体,把事情幽默化的能力。"

虽然芒格把大多数的时间和金钱都用于支持自己孩子就读的高级私立学校,他对公立学校的困境也充满同情。

"我是奥马哈公立学校的产物。在我的年代里,只有考不进公立学校的人才去私立学校。至今德国还是这种情况。私立学校是为那些无法跟上公立学校课程的人准备的。我更希望有这样的教育系统。不过,一旦该系统中的一大部分垮掉后,我认为就需要做些不一样的事情。你可不能不断重复行不通的事情。"

芒格说,如果可以保证教育消费券只提供给穷人,他会非常支持这个概念。"条件好的人不需要这些,因为他们负担得起良好的教育,而且已经身体力行。假如消费券只提供给那些如果没有这笔钱就注定只能读烂学校的人，我完全不会担心。不过我认为应该要对麻烦最大的那些学校进行一些改革，继续这样下去是非常愚蠢的行为。"

在考虑高等教育现状的时候，芒格的保守作风表露无遗，即便道德水准很高。他特别不能容忍美国大学里培养的"受害者"思维。

"你可以认为所有学术无知中最严重的情况发生在优秀大学的文科学院里。要知道原因，你只要问他们：'哪种心态最有可能对一个人的幸福、为他人做出的贡献以及诸如此类的事情造成最严重的伤害？哪种心态是最糟糕的？'毫无疑问，他们的答案会是类似自责自怜的情绪。我不能想象有哪种心态比这更具破坏性。然而整个学院却希望每个人都觉得自己是受害者。你花钱把自己的孩子送到那种地方去，他们教的却是这样的东西！"芒格说，"这些非理性的想法是如何进入知名学府的，实在令人费解。"

接着芒格补充了一些中西部箴言，他称之为"铁一般的药方：当你认为有一些人或者一些不公平的事情正在侵害你的生活时，其实是你自己在把自己的生活搞得一团糟"。

正如这个早晨在卡斯湖边所做的一样，芒格常常在深思如何提高本科教育质量。他的观点很大一部分基于自己的教育经历、对自己的八个孩子以及现在的孙辈们就读的不同学校的观察之上。"我们的教育模式太单一了，"芒格称，"很多问题从本质上来说横跨了多门学科。相应地，如果你只用一种单一的方式来解决这类问题，就好像在打桥牌的时候只算王牌而不考虑其他一样。这是疯狂的行为，有点像疯帽子先生（出自小说《爱丽丝漫游奇境记》）的茶话会。不过尽管如此，专业实践中仍然大量存在这样的想法，同时更糟糕的是，一直以来都在独立的人文学科中受到鼓励。而这类学科的重要程度在我看来只比生物学低一点点。"

第 19 章 巴菲特说:"我是芒格的眼睛,芒格是我的耳朵。"

有一种观点认为由于知识范围大大扩展,很少有人能真正涉猎多门学科,同时还有时间度过职业生涯,芒格对此不以为然。"你不用知道所有的事情,"他坚持说,"知道一些真正重要的概念就足够了。"

当然芒格对于哪些是真正重要的概念和大多数学者并无冲突。他说,比如律师就必须同时掌握心理学和会计学,而不用上那些可有可无的选修课。芒格认为,如果像教飞行员如何飞行那样对大多数人进行职业教育,他们会变得更富裕。"他们学习对飞行有用的所有事情,然后必须不断地进行培训,以便在任何情况下都可以立即做出反应。"他解释道。

"就和任何优秀的代数学家一样,"芒格说,"飞行员有时要翻来覆去地思考问题;这样他就知道在什么情况下把注意力集中在希望发生的事情上,而在什么情况下则该集中于应对如何避免不想发生的事情。"

芒格说他自己的一生就是这种过程的最佳写照。当他考进哈佛法学院的时候,"我在高中时学过一门愚蠢的生物课,学的时间很短,主要靠死记硬背,学到了一个显然是不完整的进化理论,解剖了草履虫和青蛙,还有一个自那以后就消失的'原生质'的可笑概念。时至今日,我从来都没有在任何地方上过化学、经济、心理学或者商业课程。不过我最早上过物理和数学课,对这两门课给予了足够的重视,因此吸收消化了最基本的理科组织精神。后来越来越偏向人文方面,将这种精神用于自己的知识组织指南和归档方式,这样不管要搜寻什么跨学科的智慧,都很容易找到。"

这样,他的生活成了某种缘于巧合的教育实验,芒格接着说:"我发现,在我无数次试图用非正规的方式来完成自己所受到的不全面教育时,如果只是出于一般的目的,但采用基本的科学组织精神作为辅助手段,我对于钟爱的任何事都能取得超出自己原本能力范围之外的成就。举例来说,我在心理学方面颇有研究,但原本就没有要学的打算,掌握心理学为我创造了巨大的优势。"

"我曾经试图用很傻的方式来模仿本杰明·富兰克林的一生,"芒格说,"42岁的时候,富兰克林退出商界,更专注于当一个作家、政治家、慈善家、发明家以及科学家。那也是我为什么将自己的兴趣从商界转移出来的原因。"

芒格的女儿埃米莉说,从他一生中学到的最重要一课就是:"不要只为自己的家庭积聚财富。他向很多机构捐款,特别是教育机构。他很看重这一点,不只是捐钱,还付出时间和聪明才智来帮他们解决问题。"

女儿评价爸爸很容易。不过芒格的朋友奥蒂斯·布思却是不愿轻易表露自己情感的一代人,他看穿了围绕在芒格个性周围硬硬的保护层。"虽然并不明显,但他有着深切的同情心和理解力。它深藏在他的内心,在他参与过的慈善工作记录中也表露无遗。他并不会表露自己的感情,但是无论如何他都是一个宽宏大量的人。"

第 20 章
做投资界的良心标杆

> 指导他个人生活的价值观也指导了他的公众生活。应该用简单的方式生活,参与公平竞争,不抄近路。
>
> ——罗纳德·奥尔森

查理·芒格常常引用诺贝尔奖得主理查德·费曼的一句话,他说第一条规则就是不要欺骗自己,你就是最容易受骗的那个人。芒格要是认为自己发现某人正在自欺欺人,他的反应就会非常不近人情。

有一个可怜的教授曾经和芒格就如何用学术方法来看待投资政策展开争论。事情发生于 1996 年,地点在纽约市本杰明卡多佐法学院。由于亲密朋友的去世,原定的主持人不能出席,因此请查理·芒格顶替。

芒格告诉听众们:"由于一次意外身亡事故,才忽然安排自己负责好几个天主教大教区(即这场会议),这些教区还准备用拉丁文来讨论各种版本的天主教弥撒。不过我认为我有能力主持此类会议。"

评委会的任务是讨论来自罗格斯大学纽华克校区法学院的威廉·布拉顿教授的研究成果，阐述的是公司为什么宁可向股东分红也不愿意将利润进行再投资。芒格很快就针对研究中他认为有缺陷的一项假设咬住布拉顿不放。

芒格：我认为你相信没有一种可以通用的分红政策，而且你同意教授昨天所说的没有一种可以通用的公司管理方案，对吗？

布拉顿：在这一主张方面我完全和菲什教授意见一致。

芒格：不过你说在经济学上有一种模糊的观点是基于最佳分红方案或是最佳投资策略而推导出的？

布拉顿：我认为我们都知道什么叫最佳投资策略。

芒格：不，我不知道。至少不知道这些人所用的这个词汇具体含义是什么。

布拉顿：在看原文的时候我也不知道……不过理论上来说，如果我看到的时候就明白，今天这场会议要讨论的就是我而不是沃伦·巴菲特了。（听众席上爆发出笑声）

芒格：一家普通公司的业务情况或者一笔投资从最优变成次优的分界点在哪里？

布拉顿：当投资回报率低于资金成本时。

芒格：那什么是资金成本呢？

布拉顿：哦，这是个好问题（笑声），我会认为……

芒格：不，这只是个一般的问题，如果你要用资金成本这个概念，告诉我们具体的定义是什么。

布拉顿：我认为这是心照不宣的概念，我们在这里讨论的是理论问题。

芒格：不，我想知道在这个模型中资金成本是什么。

布拉顿：在这个模型中？马上就要开始阐述了呀。

芒格：在哪里？在前言里还是在哪里？

布拉顿：你说得完全正确。（笑声）

芒格：哦，我们中的一些人并不觉得这个答案让人满意。（笑声）

布拉顿：我认为，如果你在现实世界中用这个理论作为投资决策的模板，那可就成了笨蛋一个。（笑声）他们只是试图用一种特殊的人类行为角度来解释事情。

芒格：但是如果你用一种无法解释的次级概念来解释事情，这又算得上是什么解释呢？（笑声）

布拉顿：这是社会科学方面的解释，你可以选择只相信值得相信的那一部分。

芒格：你觉得有些人认为这种研究完全就是瞎扯淡是不是一种可以理解的行为？（笑声）

布拉顿：完全可以理解，不过我也会尽力去教会人们这一理论。（笑声）

芒格：为什么？你为什么要这么做？（笑声）

布拉顿：这是我的工作。（笑声）

芒格：因为别人也在教这些东西，这才是你真正告诉我的事实。（笑声）

听众们的笑点在这段交流中十分重要，让它听来不那么像学校餐厅里的一次食物争夺大战。双方用善意的语调进行轻松的说笑，但是交流中的重点却非常严肃。后来，为确保他的评价不被误解，芒格做出了补充发言：

我并不希望我对资金成本的评论被错误地理解，让人们以为在我看来布拉顿教授的厚厚一本论文都是错误的；相反，我认为这篇造诣深厚的文章观点正确。他所讨论的公司代理成本和各类债务或分红惯例带来的惩罚等观点,在我看来绝对正确。至于他说那些都是传统学术解释,我认为他给出的答案相当睿智。只是资金成本这件事总是会让我大发脾气而已。(笑声)

虽然芒格当时没有说,但他对应该如何衡量投资成本有自己的看法。巴菲特解释说,在伯克希尔,资金成本的衡量方式就是公司是否能将1美元创造出比留在手中更高的价值。"如果我们有1美元,这1美元在你手里会比在我们手里更值钱的话,那我们就没有超越资金成本。"巴菲特说。

有一个学生曾经问查理·芒格,他和巴菲特是否尽到了与社会分享智慧的责任,他回答:

> 当然,看看伯克希尔,我称之为终极教学训练。巴菲特从来都没打算怎么花钱,他会把所有的财富都还给社会。他只是建立了一个平台来让人们听听他的看法。不用说,这些都是非常出色的看法,而且这个平台也不赖。不过你可以认为巴菲特和我是以自己的方式进行教学。

芒格和巴菲特都进入了生命中的另一个阶段,此时他们可以自由选择自己的行动,只关注那些看来有意义而且自己感兴趣的事情。芒格为斯坦福和南加州大学法律班的同学们进行了多次公开演讲,也应特殊朋友的要求向一些社会团体发表演说。他和巴菲特一样更愿意对年轻人,那些仍然在学习生活的真谛、有时间去实现他们两个认为重要的那些观点的学生发表演说。

芒格的演讲通常都是非正式的,不过和本杰明·格雷厄姆有时经历的情况一样,他的想法偶然会在听众们的脑海中留下深刻的印象。他的方法是瞄准最主要的主题,比如建议听众去识别出几个紧要的总体概念然后试着在生活中一直坚持这些概念。虽然他会提及这些概念是什么,但他并不给出简单的公式或者列出一张清单,而是让他的听

第 20 章 做投资界的良心标杆

众们有一种感觉,却没有太多的条条框框。不过偶然他也会一针见血,直接给出一条个人生活或是财务上充满智慧的经验。

他的一些经验相当实用,可以普遍运用在生活中,尤其适用于财务上:对于那些已经付出很多的人,人们会期待你付出更多。要始终保持赚的比花的多,这样你才有钱去投资。投资是这样一种方法,主要通过限制你举债,来免于坠入不良境遇。

"如果你想变得聪明点,"芒格说,"你就必须不停地问'为什么,为什么,为什么?'同时你还必须将答案和有条理的深层理论联系起来。你必须知道那些最主要的理论。这稍微会有些费力,但也充满乐趣。"

芒格从物理学家那里学会了通过寻找最简单、最直接的答案来解决问题。最容易的方法永远都是最好的方法。芒格又从数学家那里学会了将问题倒过来看,或者从反面去看,反转,再反转。

芒格运用这种倒转的方法抓住了最小的儿子菲利普毕业班学生们的注意力。那是 1986 年,他在哈佛-西湖中学进行毕业致辞。芒格告诉学生们他关于生活的处方是基于约翰尼·卡森的一次演讲。演讲期间卡森列举了一个人如何做会导致生活过得悲惨。这些事情包括:为转变心情或提高注意力摄入各种化学物质,在妒忌中浮沉,以及在憎恨中翻滚。他举了一个自己所熟悉的年轻人的例子,这个人后来成了酒鬼,余生都在竭力摆脱各种恶魔的纠缠。这三种行为只要沾上一样,或者三样都有的话,你就一定会过得很不愉快。接着芒格又补充了他自己认为也会让人失败的四种行为,分别是:为人不可靠;做所有事情都只根据自己的经验,不听听别人的意见;在第一、第二或第三次挫折后就放弃;向逻辑模糊的思考方式投降。"……父亲在我很小的时候告诉过我一个故事,有一个粗野的农夫说:'我希望能知道自己会死在哪里,然后我就永远都不去那个地方就好了。'"

伯克希尔和威斯科金融的投资者都会认真倾听生命的格言，不过他们实际上都只是簇拥在门口听芒格和巴菲特讨论投资之道。最常被问及的一个问题是：你是如何学会成为一名伟大的投资人的？

首先，你必须了解自己的天性，芒格说："每个人都必须在考虑自己的边际效用和心理承受能力后才能开始加入游戏。如果亏损会让你痛苦——而且有些亏损是不可避免的——那你最好明智地毕生都选择一种非常保守的投资和储蓄方式。所以你必须将自己的天性和天分融入自己的投资策略中。我不认为可以给出一种普遍适用的投资策略。"

然后，你要搜集信息。"我相信巴菲特和我从优秀的商业类杂志中学到的比从其他任何地方学到的都要多，"芒格说，"只要很快地翻阅一期又一期的杂志，就可以得到各种各样的商业经验，这种方法是如此简单而有效。如果你在潜意识里养成一种习惯，把读到的东西和所证明的基本概念联系起来，渐渐地你就会累积起一些有关投资的智慧。如果没有进行过大量的阅读，你不可能成为一个广泛意义上真正出色的投资人。我认为没有一本书能为你带来这些好处。"

每年在伯克希尔的年度股东大会上芒格都会推荐一些阅读材料，覆盖面很广。其中包括《价值线》发布的投资调查表；《影响力》，其中分析了人们是如何经过劝说买下商品或是做出其他行为的。最近他还推荐了罗伯特·哈格斯特朗的新书《沃伦·巴菲特的投资组合：掌握集中投资策略的力量》。

芒格解释说，一个人的阅读范围不应该是随机的："你必须对自己为什么要搜集这些信息有一个概念。不要用弗朗西斯·培根教你学科学的方法来看年报——顺便说一句，你也不该用那种方法学科学——那样做的话你只是在搜集无穷无尽的数据，要很久以后才能弄明白这些数据的含义。你必须在开始之前就想好要了解哪些事实，然

第 20 章　做投资界的良心标杆

后去判断所看到的数据是否符合基本概念。"

"通常你需要评判一门回报**很好**的生意。接下来的问题是：'这样的情况能持续多久？'我只知道一种方法来回答这个问题，那就是思考是什么造成了现在的局面——然后去弄明白造成这些结果的动力多久后将不复存在。"

这种思考方式帮助芒格和巴菲特辨别一家拥有特许经营或者一款特定产品的公司，这种情况被称为公司业务的"护城河"。拥有一个强有力的品牌就能让公司看起来不可战胜，有好几个公司都可以用来作为例子。可口可乐就是这样一家公司，虽然遭受着一次次的挑战。芒格还拿箭牌口香糖来举例。

"成为目前世界上最知名的口香糖公司所拥有的优势是非常巨大的，你只需想一想要替换这一形象会多么困难就知道了。如果你知道自己喜欢箭牌口香糖，看到货架上有两个品种，你难道真的会因为某品牌口香糖只卖 20 美分而把一片不知道是什么东西的东西塞进嘴巴里吗？换一个口香糖品牌不值得付出这样的代价。所以很容易理解为什么箭牌口香糖有如此巨大的优势了。"

一旦抓住了公司的价值所在，接下来你就要确定如果全面买下，这家公司值多少钱，或者对于普通投资者来说，只是在股市里买公司的一部分股票，股价应该是多少。

"像箭牌口香糖这类的投资项目的问题在于每个人都看得出它的生意很好。所以你看着股价心里会想：'老天啊！这只股票比账面价值高 8 倍，其他所有股票都只有 3 倍而已。'于是你认为：'我知道这只股票很好，不过它的价格是不是已经高得超出它的巨大优势了呢？'"

是否有能力回答这样的问题就解释了为什么有人投资成功而有人没有。

"不过话说回来，要不是这个问题有一点难度，每个人都会变得有钱。"芒格坚定地认为。

长期观察行业情况会让投资者在这类问题的思考上有更好的洞察力。芒格说，他还记得以前有很多市中心百货商店，看来是不可战胜的。店主为顾客提供大量购物选择、购买力强大，还拥有城里最贵的物业，商场街角多条有轨电车线路经过。然而，随着时间的推移，私家车成了主要的交通模式。有轨电车的轨道消失了，顾客们搬到了郊区居住，购物中心成了主要购物场所。我们生活中一些简单的变化就能完全改变一项业务的长期价值。

芒格总是激烈地反对一些特定的经济理论和商业惯例，同时非常享受他的地位和财富给他带来自由表达意见的权力。比如说，在投资方面有一种理论叫作"有效市场理论"，对于那些孜孜不倦宣传这一理论的简化版的投资者和学者，芒格永远都很生气。

"要是你觉得美国的心理学教得不好，就该去看看公司的财务状况。现代投资组合理论根本就是疯狂的说法！"芒格向公众宣布。

主流商学院中普遍教授这一概念，认为所有上市公司的信息都会迅速在投资市场传播开来，让投资者之间没有优势差别。没有人能真的击败市场，因为新闻所引起的股价调整进行得非常快。

芒格回忆起一名有效市场理论专家，此人多年来一直都在解释巴菲特的成功只不过是运气好罢了，这份评论工作成了他的职业。由于巴菲特的表现保持稳定甚至有所进步，要把巴菲特说成是一个特例变得越来越难。"这个理论专家最后动用了 6 西格玛理论——6 个标准偏差——成就了巴菲特的幸运。不过那时，人们开始嘲笑他，因为 6 西格玛的幸运可真是非常幸运的事情。他怎么做的呢？他改变了自己的理论。现在，他宣称巴菲特有 6～7 种神秘的技术。"

财经作者迈克尔·刘易斯也将巴菲特形容为一个贪婪的操控者，说他的成功总体来说也只是个偶然事件。芒格驳斥了他的说法："按照他的说法，巴菲特 40 年来的成功是因为他扔了 40 年的硬币，而 40 次都扔出了头像那一面。对此我只能说，如果他真的相信这一点，我想我有一座通往成功的桥可以卖给他。"

毫无疑问，无论伯克希尔的表现达到什么样的高度，主要还是因为芒格和巴菲特在一些常识方面达成了共识。举个例子，他们对于常见的财务指标 β 不予理睬，这个指标表示的是一只股票相较于整个市场的波动程度。如果一家公司的 β 值比市场平均值要高，很多专业投资者都会认为该股票处于高风险位置。

"强调公司财务的波动性在我们看来完全是胡说八道……"芒格说，"让我这么说吧：只要大牌在我们手里，同时我们没有打算冒险掷一次骰子就把整家公司输精光的话，我们也就不会在乎波动性造成的结果。我们真正想要的是有利的大牌，在伯克希尔波动性最终自然会发生。"

监管者允许将股票期权计入账本，这样一来它们就不会显示为公司的成本，芒格和巴菲特对此都非常愤慨。他们几乎在每年的股东大会上都会提到这个问题。

"在大型美国公司中没有合理、诚实的记账方式是完全错误的，"芒格说，"不让小腐败问题产生是至关重要的，因为它们很快就会演变成大腐败，然后你就要永远面对这样的问题了。在美国允许将股票期权计入账本就是一种腐败，这种行为可不是什么好事。"

巴菲特和芒格在大多数事情上意见一致，不过对于公司收到别人主动提出的招标邀请该怎么办时，巴菲特说他的立场是坚决维护股东利益，而芒格则认为有些项目牵涉到社会利益，应该有相关法律来管理此类交易。

"如果有一项小型的家族业务，拥有一座剧院，那么是否出售这座剧院完全应该由股东们决定，对于这点我完全同意。不过一旦你成了一家大型社会机构，在特定的条件下，随着一波又一波的收购，变成了一个庞然大物，这种情况会让我困扰。所以，我认为应该有相应的法律来制止这种事情的发生。"芒格说。

芒格说，如果由他来教财务，他会在课堂上列举100家公司的历史，分析它们哪些做对了，哪些做错了。

"正确教授财务课程的方法应该是从容易做出决定的投资案例开始着手，"芒格说，"我常常采用的一个例子是美国国家收银机公司（NCR）的早期历史。这家公司是由一个非常聪明的人创立的，他买下了所有的专利、拥有最好的销售团队以及最先进的生产厂房。他不但很聪明，而且很狂热，所有的热情都投注在收银机业务上。当然，收银机的发明对于零售业来说是一种福音。你甚至可以说收银机对于他们来说就好比医药行业对旧时代的意义一样。如果你读过早年帕特森担任国家收银机公司CEO时的年报，白痴也看得出这里有一个狂热的天才——非常善意的说法。因此，很容易就做出投资的决定。"

约翰·亨利·帕特森是一名俄亥俄州的商店小老板，自己并没有发明收银机，但立刻就看到了它的价值所在，买下了这家亏损中的公司。凭着满腔热情，帕特森成了当代商业创新人物的典范。他真正发明了"员工福利"这个概念（举个例子，开设低成本的公司餐厅），培训和激励销售团队，还负责出版了第一本公司内刊《工厂新闻》。1913年代顿市遭受特大洪水袭击的时候，帕特森停止了工厂的生产，率领整家公司投入了城市救援工作。他提供食物、有电力设施的临时房和饮用水，同时他公司的医生和护士都参与照顾伤者和病患。工厂的工人们为被洪水淹没家园的居民们制造船只。尽管如此，帕特森却是一个斗牛犬式的竞争者，还打过一场反垄断官司，这场官司后来被更高一级的法院推翻了。帕特森最重要的一项成就是雇了一名钢琴销售员沃森，他在NCR工作了很多年。沃森被帕特森炒了鱿鱼后，到了电脑制表及录制公司，后来沃森运用了许多在 NCR 学到的商业技巧，将其改制成了 IBM。

帕特森去世的时候留下了一家出色的公司，但是他在社会公益事业上的花费太大，导致遗产只有一点点钱。不过这对他来说并不重要。帕特森常喜欢说："钱乃身外之物，生不带来死不带去。"

芒格说，虽然很少有公司能永远屹立不倒，但是每一家公司都应该在创建的时候预计到要存在许多年。控制公司的方式应该考虑为"金融工程学"。正如建造桥梁的时候会附带一个备用系统和冗余系数来应对极端压力一样，公司也应该能抵抗来自竞争者、经济衰退、石油危机或其他天灾人祸带来的压力。过多地运用杠杆工具或欠债都会让公司在此类风暴中脆弱得不堪一击。

"在美国，"芒格表示，"造一座危桥是犯罪行为。成立一家脆弱的公司，这种行为又何尝高尚过呢？"

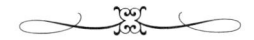

美国人对他们从理财经理和互助基金经理那里得到的利益评价过高，这种情况让芒格忧心忡忡。

"对我来说，互助基金行业发生的事情简直太令人惊异了，"他说，"基金业就一直增长、增长、增长。同时他们只要把股份维持在适当的位置，就能收取 12B-1 或者其他什么名目的费用。我完全没有被这个行业的机制所迷倒。"

1998 年，芒格在加州为慈善基金会的一群头头脑脑做演讲，他特别批评了耶鲁大学将收到的捐赠基金投资到一个等同于互助基金的基金中去："这是一次令人惊异的进步。很少有人能预言到，康菲尔德不光彩地倒台多年后，那些主要大学却在带领基金业走入康菲尔德系统。"伯尼·康菲尔德在 20 世纪 70 年代创造了一个注定要遭受惩罚的基金换基金概念。

有一名地位并不比先锋基金创始人约翰·博格尔低的灰衣主教[①]遭到了芒格的攻击。芒格在说到非营利性机构的董事们时发表了评论，他们通常会聘请一名顾问来招聘一名理财经理，而这名理财经理接着又会选择一家由另一名理财经理经营的互助基金。芒格对这种愚蠢的举动大肆攻击，因为在每一个步骤中都要支付佣金，从而减少了可用于慈善工作的款项。

"芒格先生接着指出，"博格尔说，"所有这些复杂事情的成本加在一起对基金和捐助款在股市的回报率造成了破坏性的影响，市场回报率——5%，总成本占到了3%，而净回报只有2%。"

而且，博格尔说："请不要嘲笑他用5%作为股市的回报。真正的长期股市回报率是7%，因此芒格先生假定的未来可能出现的回报比例远非世界末日那么糟糕。"

芒格给那些为非营利性基金会管理资金的经理提出的建议很简单：省下你的时间、金钱和担忧。只要把捐赠款投入到指数基金。或者，基金会也可以追随伯克希尔的步伐，只购买优质股票（如果它们没有定价过高）然后长期持久就可以了。

也完全没有必要担忧是否要进行多元化投资。"在美国，一个人或一家机构只要将所有的财富长期投资在三家不错的本土公司上，就一定会变得有钱，"芒格说，"而且当大多数其他投资者在遭遇高低起落的时候，像这样的持有人又有什么可担心的呢？特别是当他和伯克希尔一样理智地相信由于持有成本较低，他的长期收益会非常丰厚，他就会特别看重长期效益，将注意力集中在最优先的那几个选择上。"

事实上，芒格甚至还建议投资者可以将所有财富的90%都投入一

---

① 代表非正式、非官方的权力中心，类似于人们所说的幕后操纵者。——译者注

第 20 章 做投资界的良心标杆

家公司中，只要这家公司是一个正确的选择。"说真的，我希望芒格家的人能大致跟随这个方法。我注意到伍德拉夫基金会到目前为止都是这么做的，将 90% 的资金都集中在创始人所持有的可口可乐股票上，这种做法被证明为非常明智的。算一算美国所有的基金会如果从来都没有卖出创始人的股票，那么到现在会有多少收益，这件事一定非常有趣。我相信其中很多基金会会比现在有钱许多。"

虽然芒格坚称大多数由专业人士管理的资金，即便扣除了手续费和交易费的成本，表现也会比指数基金好得多，他却抛出另一个替代观念：

> 那是不是意味着你要买入一个指数基金呢？其实，这取决于你是不是能比一般人的投资水平更高，或者你是不是能找到一个人几乎肯定能比一般人的投资水平更高。这些就是让生活变得更有趣的问题。

如果每个人都把钱投入指数基金，芒格承认，指数型股票的价格就会远远高于内在价值，那么这一过程就会变得毫无意义。

巴菲特和芒格在 20 世纪 90 年代中期拒绝创立全部由伯克希尔股票组成的对冲基金，部分原因就是出于这种对资金管理的清醒认识。希望成立这种基金的公司宣称这是让普通投资者能够接触卓越投资成果的一种方法。

宾夕法尼亚州的一个小镇上有一家名叫五西格玛投资伙伴的公司已经向证交所提出申请，要通过普及型信托基金出售伯克希尔的股份。基金需要缴纳的初始保证金只有 300 美元，而当时伯克希尔的交易价却高达 35 000 美元左右一股。另一个集团，来自伊利诺伊州的耐克证券也规划了一个相似的信托公司。

"坦白说，我们所做的就是让普通人也能买得起伯克希尔的股份，"五西格玛投资伙伴的一位主管说，"一个人不富裕不代表他在这一行业中没有天分。"

一名参与交易的经纪称："巴菲特和芒格原来是两个控制狂。"

1995年12月，伯克希尔向证交会提交了一份24页的备忘录，说这种证券销售的方式会误导投资者。这份由芒格和托尔斯律师事务所拟定的备忘录同时也提交给了州政府。

"我已经在投资管理行业中待了有差不多44年了，一直都力图不让任何人失望，"巴菲特说，"至于如何才能让人不失望，其中最关键的一点是让他们有合理的期待，知道自己会得到什么、不会得到什么。如果有几万几十万人对我们有这样那样的不满意，芒格和我都无法进行有效的工作。"

除了向证交会叫屈之外，他们还自己想了一个办法，芒格给该公司发了一封措辞尖锐的信：

> 沃伦·巴菲特先生不认为伯克希尔股票目前的价格是一个对新投资者有吸引力的价格。如果他的朋友或家人问他是否建议以目前的价格购入伯克希尔股份，巴菲特先生的回答将会是"不"。

为了让所谓的投资信托基金吸引力更小，伯克希尔采取了一种非同寻常的手段——创立一种B级股，价格是原始股份的1/30。B级股的结构和表现方式也很独特。它的交易经过设计，经纪只能赚取很少的佣金，从而阻止了他们向客户兜售股票。此外，B级股的证券包销集团中有两家是贴现票经纪公司：嘉信理财和富达。由于有两家贴现行，所有投资者都能更容易买到原始股。

有批评说巴菲特和芒格创造了B级股是因为他们不能忍受失去对伯克希尔股东政策的控制权。"这是一个小问题，巴菲特却为此大动干戈。"纽约德累斯登证券的分析员如此评论。

巴菲特和芒格计划为入门者提供10万股B级股，他们会不断增发直到完全满足公众的需求。公开销售的股份数增长了4倍，最终共

第 20 章 做投资界的良心标杆

计 517 500 股,股价为 1 110 美元每股,从而将伯克希尔的股东数增长了一倍,达到了 80 000 人。这些上市的股票也为伯克希尔的资本注入了约 6 亿美元。

耐克证券继续经营着它的信托基金,不过这个所谓的伯克希尔信托基金从来没有像其创始人希望的那样风靡一时。

和很多人一样,迈克尔·刘易斯指责芒格和巴菲特在投资世界高谈阔论高道德标准,同时对自己的投资项目却没有采用同样高的要求。他们特别指出的一个事实是伯克希尔曾经投资购买了一家有损公众利益的公司的股票——那是一家烟草公司。

"在某种程度上我们以道德检察官自居,参照标准就是自己的行为,"芒格对此表示同意,"不过我们从来都不认为在为保险投资组合购入一家公司的一小部分股票时,也应该以全世界道德检察官自居。"

1993 年 4 月,伯克希尔买入了一家主要的无烟型烟草制造商——UST 公司数额相当可观的股份,大约 5%。当时股价在 27~29 美元之间,5% 的股份价值 3 亿多美元。UST 拥有两个品牌的香烟,同时也生产酒。伯克希尔出售自己所持有的 RJR 纳贝斯克股份,这也是一家同时拥有食品和烟草多种业务的公司。

对有些人来说这根本就是同一件事,但在芒格看来,购买一家公司的股份和拥有它的全部家当完全是两码事。他对于两种行为有不同的准则。

"如果我们要买公开交易的公司股票,(巴菲特)不会基于那些公司的业务是否符合道德准则来进行判断。我们只判断和控制自己的行为。"

芒格说,虽然他们一度持有烟草公司的股份,伯克希尔也曾经拒绝过一个能将一家烟草公司整体买断的机会。

"我们不想涉足致瘾性药物的销售行业,同时自己还要成为公司控制人,"芒格说,"那不是我们的行事风格。我们会持有股份,因为如果我们不持有，其他人也会。不过我们从来没有让伯克希尔表示出任何想要进行控制的兴趣。"

据说，芒格承认他和巴菲特犯过许多投资错误："如果我得到授权可以为运作董事会设定规则，我会要求至少花3个小时检查那些愚蠢的错误，包括在考虑机会成本的条件下将成果进行量化。"

虽然芒格一直批评并坚持认为在商业世界中存在腐败行为，但他总体感觉美国社会及其商业通常还是值得尊敬的。

"我并不同意事情正在普遍变得越来越糟，"芒格说，"当然我们知道在大都市里有一些社会反常现象，在实现高度商业化的过程中也出现了一些反常现象，不过总体来说，我认为情况相当不错。如果你将正直的理念投入到产品的设计，就一定会记得上一次自动传输系统出错是什么时候。我们学会了以非常高的可靠性来做很多事情。你可以用波音公司举例，考虑到飞机在空中停留的时间，在飞机的每一个导航系统背后都有三个备用系统。我坚持认为在美国商业世界中有许多值得钦佩的事情，有很多政策都是非常正确的。这些老式的价值观，总体来说还是取得了胜利。很不幸我们有各种社会反常现象，不过既然在政治方面也有此类问题，那商业方面怎么可能避免得了呢？"

有一名股东曾经问巴菲特如何度过一天。巴菲特说他大部分时间都在阅读或者打电话。"这是我做的事情。芒格，你做些什么？"

"这个问题让我想到了第二次世界大战时期的一个朋友，他们的小组没什么可干，"芒格说，"一名将军有一次去找这位朋友的上司，我们都称这位上司为格洛兹将军。他说：'格洛兹将军，你在干什么？'上司回答：'什么事都没干。'这名将军越来越火大，转过去问我的朋友：'你在干什么？'我的朋友说：'我是负责帮助格洛兹将军的。'这是形容我在伯克希尔是做什么的最佳方式。"

第 21 章
收割的时节

他和以前一样滔滔不绝,唯一的区别是,现在人们会听他说了。

——南希·芒格

南希·芒格安排了一次划船之旅,目的地是米粒湖,它是和卡斯湖相连的 7 个小湖中的一个。她第一次结婚时所生的儿子戴维·博思威克负责开船,南希和芒格担任导游。这是 8 月的一天,天空看起来比往常要宽上两倍,湖水在阳光的照耀下就像是蓝色花边和银丝交织在一起。一群人坐着芒格家最大的一艘船出发,到湖面芦苇丛生的地带探访从上游源头一路蜿蜒下来的密西西比河初段。在密西西比河离开卡斯湖的地方有一座大坝,1999 年,这里水位很高,即使是一艘独木舟也能从上面划过。不难想象当一名 16 世纪的探险家或者一名法国猎人第一次发现这一区域时的心情。戴维将船驶入另一条小河,经过了一家乡村小旅店,在桥下有一群年轻人排着队向过往船只招手,然后纵身跳入清澈的河水中。继续往前开,见到的景象是越来越荒无人烟。米粒湖没有起错名字,是一片纯净的湖水,四周稻田围绕。芦苇随着微风轻轻摇曳,到处都是海狸造的坝。

"我们甩根线钓鱼吧。"芒格建议。他边说边指导戴维把船开到一个水道口,这个地方比河流宽一些,但不能完全称得上是一条河。"我们是不是离岸太近了?"南希反复提出自己的担心。"没有。"芒格说。他催着戴维开到河流的一边,然后让船漂过入水口,接着当船快要接近水很浅、到处都是芦苇的岸边时,迅速地开回去。没多久又刮起了一阵强风把船吹进了浓密的水稻田里。戴维开动了马达,但是芦苇秆和杂草很快就缠在了螺旋桨上,马达开始空转,很快就散发出一种像是要烧焦的味道。芒格、戴维和一个客人都跑到船尾弯下身,把又绿又长的茎秆从螺旋桨上剥掉,不停地试着清理出一块地方让马达可以运转得时间长一些,把船开进更深的水域。

为了不显露自己的沮丧,也许是为了避免说出"我早就告诉过你"这样的话,南希抬头在天空中追寻鸟儿的踪迹,非常幸运地看到一只鹰在远处一棵高大的松树旁盘旋。她是一名观鸟爱好者,听人说米粒湖附近有鹰巢。当鸟儿振翅远飞的时候,话题转到了她的另一个爱好——绘画上面。"画画的时候,你总是能注意到云朵暗的那一面在底下。天空靠近地平线的地方更为明亮,越往上看颜色越深。"南希解释。

莫莉愉快地向大家宣布,鉴于之前有过多次和爸爸一起开船出去的经历,她在宽松裤底下穿的是游泳衣,如有必要随时可以跳进湖里把船推进轨道。最后,几个男人终于战胜了水稻,这个钓鱼会以两手空空地沿着一连串湖泊回家而宣布告终。

开船的时候被杂草缠上或是困在沙洲上只是芒格家族的传统之一。出于长期的承诺和友谊,同时也因为有好几处家,芒格家族的生活中形成了一系列的仪式。很多个周末他们都会从洛杉矶开车去圣巴

第 21 章 收割的时节

巴拉的那个家。"我们爱这幢房子。"芒格说。

在圣巴巴拉"芒格山庄"里的那个家坐落在一片森林里，离沙滩挺远，海景范围有些狭窄，但是仍然能够吹到海边的微风。砖木结构的房子用加州法式乡村风格来形容最恰当不过。在中庭有一间巨大的阳光房，宽敞的酒窖紧挨着厨房。芒格的书房里有很多和卡斯湖那幢房子里相同的装饰元素——一艘现代帆船、木雕小鸭以及一堆堆的书，其中有萨默塞特·毛姆的书，玛格丽特·撒切尔、马克·吐温和爱因斯坦的传记，罗伯特·赖特写的《道德的动物》，P. G. 伍德豪斯写的《无事忙俱乐部》。边桌上还堆着《玫瑰知识大全》和《法国室内艺术》。

"由于坚信人类获得幸福感的奥秘来自放低目标，我立刻就照办了。"芒格说。同时补充他希望有资格说出像塞缪尔·约翰逊在谈到编写字典这件事时所说的那句话："我非常清楚自己准备做的是什么，同时也非常清楚怎么做，而且我做得也非常好。"

当然芒格这样说是带些玩笑的意味，同时他也承认自己在有些地方得分过高。芒格可能从来都没有期待过要做一个亿万富翁、成为世界上最独特最受关注的公司中的二把手，他的目标是通过自己的努力勤奋过上有品质的人生。

在他面前，巴菲特的一生和他的投资策略看起来一帆风顺，而芒格自己的旅途颇为坎坷。不管是在个人生活还是职业生涯中，他都反复遭遇障碍和心痛的事。对此，芒格只会轻描淡写地说，那就是大多数人在生命中的经历罢了。如果说生命是一个箱子，任何试图让箱子变得更大一些的人最后都会发现必须冲破箱子的四边才行。

"……学会适应困难非常重要，因为无论你的能力有多强，总会遇到逆境和麻烦，"芒格在喜诗糖果 75 周年庆典上对员工们说，"创造这家企业的喜诗家族至少经受过一次失败，那可是一次非常严重的失败。不过如果一个人能牢记生命中充满兴衰变迁这个道理，一生只进行正确的思考，遵循正确的价值观，他的一生最终应该发展得很好。所以我会说，不要被一些挫折打败。"

由于坚持基本原理，同时留心各种机会，芒格顺利地从一名受人尊敬的成功律师转型为举世闻名的个人投资者。他的财富为他提供了从小就渴望的独立能力。

"这个过程中有过很多好的想法，不止一个，而是很多个。根据事物的本质，真正精彩的想法几乎是战无不胜的。要坚信如果你掌握了绝妙的概念，只要去寻找就一定会发现机会……不过你不会无止境地得到好的想法，因此一旦出现就一定要抓住它们。"

芒格说，从起点出发，在没有本金的情况下积累起第一个 10 万美元是财富建设过程中最艰难的阶段。赚到第一个 100 万是第二大障碍。要做到这一点，就必须常年保持入大于出。财富的积累，他解释说，就好像是滚雪球。从一座高山的顶端开始，会给你带来很大的帮助，也就是说，滚雪球开始得要早，让滚动的时间尽可能地长。这对于人的长寿也同样适用。

沃伦·巴菲特以极端简朴的生活方式而著称，除了看年报、定期打桥牌和偶然打打高尔夫之外几乎没什么爱好。实际上为了和众多朋友一起共度美好时光以及参加各类商务会议，巴菲特的行程安排得相当紧张。

查理·芒格不能被形容为一个挥霍无度的人，不过他的生活相当充实而且称得上丰富多彩。的确，当伯克希尔遭遇危机需要他的时候，他会飞奔而至，同时他也在《洛杉矶每日新闻》、威斯科金融集团、慈善撒玛利亚医院和哈佛-西湖中学承担自己的义务。不过，在南希的陪伴下，他也探访了从缅因州到爱达荷州的朋友们，在夏威夷打高尔夫球，辗转各大洲，在各类水域中钓鳟鱼、北梭鱼、大西洋鲑

第 21 章 收割的时节

鱼或者任何可能上钩的鱼。他曾经和朋友马歇尔以及奥蒂斯·布思到澳大利亚的雨林去探险,也和家人一起去英国、意大利以及其他地方。他贪得无厌地阅读,从恐龙到黑洞理论再到心理学。考虑到有 8 个孩子,孩子们还有各自的家庭,光是参加生日派对、毕业典礼、婚礼、洗礼仪式和假期活动就能让他的社交生活忙碌无比了。

虽然年纪和财富在增长,芒格仍然避免让自己的生活受人关注,不过他略微能够接受一些了。"巴菲特笑我乘坐经济舱,这种事情我过去做得比较多,"芒格说,"现在,和南希一起旅行的时候,我们通常坐头等舱或者商务舱。"最终芒格通过伯克希尔旗下的行政专机公司登记了一架分时私人飞机。

虽然股东们来到伯克希尔和威斯科金融的年度股东大会是为了寻求财富智慧,他们也会经常向芒格提出如何合理地养家,这是芒格拥有丰富经验的另一个话题。

"我对每一个孩子的道德品行和行为举止都相当满意。"芒格说。不过对于如何让他们更努力地工作、让他们成为比自己更富有的人,他就不太肯定了。

"我的孩子们在普通和富裕环境中出生的都有,"他说,"说句实话,当我们不太有钱的时候抚养的孩子如今工作得更努力一点。"

芒格的孩子们大多看穿了爸爸坏脾气的外表,不太可能被这样的评论扰乱心绪。至于谈到他的唠叨,"这基本就是一场表演,是他的自嘲,他在拿自己开玩笑呢,"莫莉说,"你知道有些人很顽固沉闷,而他不是这种人。他并没有指望你去相信这些话,只是在发挥自己特殊的性格。他对事物的包容范围很广,这只是适合他个性的一种表达方式而已。"

芒格的孩子们,虽然都受到吸引进入法律行业,各人之间却互不相同,每个人都从芒格身上继承了一些性格特点。莫莉个性活泼,金发碧眼，五官形状和爸爸非常相似。和芒格一样，她对科学非常痴迷。芒格最出名的一点就是不管周围景色多么迷人，他永远都带着一本书在读。他的女儿埃米莉也一样。埃米莉的丈夫有一次回到家闻到了糊味。他到处检查，发现烟来自厨房，食物在炉子上烧焦了。埃米莉就坐在厨房里，因为看书看得太入迷竟然没有发现即将发生一场灾难。还有一次，她在一个机场等飞机，于是走进了一家书店。埃米莉找到了一本书，坐在地板上看了起来。她看得入了神因而误了飞机。最后，机场航站楼都关门了，埃米莉还坐在地板上安静地看书，于是被锁在了书店里。她不得不打电话求救才被放了出来。

虽然有些孩子和他的宗教信仰不同，有些孩子所从事的工作也许不会有很高的收入，芒格仍然骄傲地向别人介绍小查理在从事科学教育事业，而他的妻子被选为她们当地一家学校的董事。

"他认为我是一个超自由主义者，不过这种说法只是装装样子而已。"莫莉说。她花费大量时间所做的事情被她爸爸形容为左翼行为，而她成年之后改信了天主教。"他喜欢扮演一个坏脾气的人，不过我可不认为他真的觉得我是个疯子。"

芒格说他和巴菲特不想成为历史上精明而可悲的财富累积专家。"我们不想让朋友和家人记得的只有一沓沓的票据。"

因此，芒格认为偶然异想天开一下未尝不可。

"我在造一艘船，"1998年的秋天芒格这样宣布，"我们还有60天就要完工了。这不是一项经济行为，不过很有创造性。没有人造出过和它一模一样的船。"

这艘双体船在佛罗里达州的一个船坞中制造，名为"海峡猫号"，是用环氧树脂制成的，和飞机上用的那些材料很像，也很类似凯芙拉纤维。简单来说，这曾经是世界上同类型船只中最大的一艘，直到有人造了一艘只有桅杆比"海峡猫号"稍微长一些的双体船。"海峡猫

第 21 章 收割的时节

号"于 1999 年初完工,但过程并非一帆风顺。

威廉姆斯是和芒格一起设计这艘船的人,他说,这个故事开始于多年前的一个下午,当时他在自己的渔船上工作,船停靠在圣巴巴拉长长的码头边。

威廉姆斯曾是一名潜水艇驾驶员,也当过深海潜水员,开始为石油公司工作,后来就自己干了。他靠在海峡群岛附近打捞海胆为生,这里出产的品种是全世界最好的。海胆在圣巴巴拉出售,连夜运到日本,在那里被烹制成精美的食物。不幸的是,威廉姆斯因在水下待得太久,开始出现潜水病的症状,非常痛苦。

威廉姆斯那艘旧的"东海岸号"捕龙虾船吸引了很多在码头走来走去的游客的注意。"这两个老先生看着我的船,表示非常欣赏,"威廉姆斯说,"查理·芒格和他的一个朋友进行了自我介绍,我完全不知道他们是谁。"这两个人问了各种各样的问题,过了一会儿威廉姆斯提出带他们坐船转一圈。

自那以后芒格时不时地打个电话过来,然后他就和威廉姆斯一起去吃个午饭,讨论的话题主要集中在芒格最痴迷的两件事上——钓鱼和船。渐渐地两个人成了朋友。正如他以前做过的那样,资深财务专家查理·芒格找到了一个完全不搭界的同盟:威廉姆斯。后者是一名深海潜水员,兴趣爱好是坐滑翔机从圣巴巴拉悬崖上飞下来。

威廉姆斯是一个很好相处的大块头,50 来岁,整天笑呵呵的,他看起来不怕任何体力方面的挑战。芒格的身份也没有吓住他,但是威廉姆斯从这段关系中学到了很多。"芒格曾经问过我一个问题,我当即就做出了回答,"威廉姆斯说,"几天后我想到:'我怎么会那么说呢?那根本不是他想知道的答案。'现在我回答他之前都会仔细想一想。我想说现在我只比他落后一天了。"

他们的谈话偶然会变得非常有哲学。

"芒格有一次问我：'如果你能做到世界上任何事，你会做哪一件？'我说我会造一艘自己能造得出的最大的一艘双体船，然后扬帆远航，你就再也看不到我了。"芒格接着问他为什么要造双体船，然后他们就开始讨论那种类型的船有什么好处和不足之处。然而威廉姆斯对于接下来要发生什么毫无准备，就像一个典型的冒险家一样，他只是在游戏。"有一天他说：'去找艘双体船来。'"不幸的是，他们所讨论的这种船并不存在，而且奢侈税已经逼得很多游艇制造商破产了，从而导致在美国很难找到造船厂。威廉姆斯最终找到了一个游艇制造商，他说他可以在佛罗里达的一个小镇上干这个活。

项目开始后三个月，事情开始偏离轨道。无可否认，威廉姆斯和芒格想造的这艘船是非同一般的。原来的这家船厂问题不断，芒格抱怨说他们简直就是佛罗里达的流氓、无赖和海盗。

"我到那里去看了，情况并没有任何好转，"威廉姆斯说，"芒格说：'好吧，你来造一艘船。'于是我就把那群人都炒了。"

威廉姆斯和他的太太很快收拾好行李去了佛罗里达，在那里负责监督工作。这艘未完成的船大得惊人，要挪动它非常困难，但并无其他选择。威廉姆斯不得不带上一张许可证和县里的司法长官以及搬家公司一起去船厂。他安排了一个电力公司的船员沿着船前面的道路行驶，放下电线，这样船就不会卡住电线了。

威廉姆斯在圣约翰河旁边租了一块地，离原来的船厂不远。他租来好几辆牵引车当办公室。由于造船原料会造成污染，芒格和威廉姆斯又不得不造了一个停船库。"我们自己建了一个船坞。"威廉姆斯说。

至于船本身，"是芒格设计的，基本上都是，"威廉姆斯说，"每个星期他都会发来两三张图纸。我帮他造——在 1 名轮机工程师和 46 个工人的帮助下。"

第21章 收割的时节

　　芒格潦草地写下他的注释，用的是一把尺和一支黑色的记号笔，因为这样他更容易看得清。他画了一张主餐厅的等比例缩小图，里面还画上了桌子和椅子，仔细地标上了要坐得舒服所需要的精确空间。威廉姆斯保存了芒格所有的指导意见，和造船时的图纸放在一起。"我很珍惜那些图纸。"他说。

　　芒格经常给威廉姆斯打电话，每次一说完自己想说的话，就突然挂掉了电话。他从来都没有聊上几句的习惯，威廉姆斯学会了对此不表示惊讶或感觉被冒犯。

　　芒格有一次去佛罗里达看造船的进度如何。他带了一个圆桶，放到楼上的房间里，然后在那里坐着看了一会儿，坚持说窗的位置太高了。为了海上航行时的安全，威廉姆斯装的窗户偏小。但是芒格拆掉了这些小窗，装上了视野开阔的大窗户，可以让人们能一边坐在主休息室舒适的座椅里，一边看到海水起伏。

　　因为当地的工人不熟悉他们所用的这些高科技新材料和新设备，威廉姆斯要亲自对他们进行培训。他安排制造商的代表们来船厂向工人们演示如何正确使用。海湾绿泉处于农村，当地很多工人之前从来没有任何一份工作薪酬优厚还包括员工福利。威廉姆斯花芒格的钱安排了失业保险、健康保险和雇员补偿保险。"他们忠心耿耿。"威廉姆斯说。

　　造船项目持续了3年。在这段时间里威廉姆斯夫妇和工人们以及他们的家庭都熟识起来，因此意识到这份工作对他们来说有多重要。船造完后，负责行政的威廉姆斯夫人给当地的那些大造船厂打电话，想要为施工团队找到工作。

　　当她打过去，"他们会说，好吧，'发份简历给我。'我就会说：'为什么你不来看看这些人能做些什么呢？'我们将'海峡猫号'作为样品，在离开之前为所有的工人都找到了工作。"

威廉姆斯并没有被泰坦尼克号的厄运所吓倒,他宣称这艘航程为2 400多公里的大船永不沉没。船体被分隔成一个个单元,如果一个地方被刺穿了,水不会灌进其他单元。"海峡猫号"装有机械式升降帆、全球定位系统、自动驾驶仪、雷达和气象传真机。船上还有一套定制的电脑系统,硬盘里装有全世界所有海域和港口的海图。

除了楼上的沙龙,下面还有两间高级包房、一间船员值班宿舍和一个图书馆兼休息室。船上能载149名乘客和6名船员。因为是按照航海标准造的,"海峡猫号"拥有营业执照,可以在阿拉斯加和下加利福尼亚末端的卡波圣卢卡斯之间来回运送乘客。

船上装有两台350马力的康明斯牌柴油发动机,还有两台发电机供电。海水淡化系统每天能产生足够船员和乘客正常洗澡的水。酒吧里有一台装啤酒的专用冰箱,还有一台35格的冰箱以及每天制冰能力达到200磅的制冰机。船上有一套先进的视听系统,可以在世界各地接收卫星电视和打电话。

内饰采用的是灰白色鸟眼枫木、皮质家具,还有一块用一种进口材料制成的柔软的绿色地毯,即使是机油倒在上面也可以用一张擦手纸擦干净。

入口处的雕花窗户可以通过光纤点亮,持续改变颜色。他们花了55 000美元请来一位佛罗里达的玻璃艺术家,特地为"海峡猫号"创造了一个有关圣巴巴拉海边生活的故事,然后刻在装饰玻璃上。入口第一扇门的玻璃窗上刻的是一片海草丛,接着在休息室的门口展示了可能在海草丛中找到的各种海洋生物,玻璃上的故事遍及船舱,一直延伸到楼下的卧室区。女洗手间的门口那里画着一条美人鱼穿着一件贝壳做成的比基尼,同时胡须飘飘的海神尼普顿代表男洗手间所在。

"我这一生从来没有像那样一掷千金地花过钱。我对自己说,管他呢,这可是在做一件有创意的事情。"芒格坚持。虽然他不会说这

第 21 章 收割的时节

艘船到底花了多少钱,有一位专家估计过总开销应该在 600 万美元左右。

花了三年建造完毕后,又花了一年才完成交付并投入使用。威廉姆斯和两名其他船员共同在海上航行了 11 270 公里才把"海峡猫号"开回故乡圣巴巴拉。他们在 1999 年的飓风季节开始了旅程,后来发现这是加勒比海近年历史上最艰难的一个季节。飓风横扫了整个区域,迫使船员们在哈瓦那申请紧急避难,他们在海明威码头待了 25 天,等待恶劣气候的平息。天气条件允许后,他们开过巴拿马运河,开始沿着中美洲的西海岸向北行驶,经过墨西哥,最后回到加利福尼亚。

因为船体的尺寸和核定载客数,这艘船必须有两名指挥人员。威廉姆斯有个哥哥,一度经营租船业务,他们两兄弟就担任了这两个职位。而两位妻子是甲板指挥员。

芒格曾经宣称他永远都不会在船上过夜,不过当威廉姆斯一家把他说服了以后,他和南希登上了"海峡猫号"。他们在下加利福尼亚州度过了三天,去看了鲸鱼,还在海上钓鱼。

"芒格想要一艘可以满足双重目的的船。"威廉姆斯说。作为一艘白天航行派对之船,芒格希望"海峡猫号"可以有一半的时间租给别人开董事会之类的会议。另一半时间可以捐赠给慈善机构举办筹款活动。芒格预想到了观鲸之旅、钓龙虾派对以及穿越海峡群岛之旅,这段旅程能唤起人们关于小说和电影《蓝色海豚岛》的回忆。他们希望每年能有 50 次租船业务和 50 次慈善活动。

部分是因为当地船主们的反对,部分是因为船本身的庞大体积,这艘船本身没有获得在圣巴巴拉以外的经营许可。然而,他们曾经故意跑到其他港口,有时凭着一张转售权证书驶出圣巴巴拉。威廉姆斯一家曾经在加利福尼亚的蒙特利举行过一次巴菲特小团体派对,参加的人有巴菲特、比尔·盖茨以及其他著名的公司精英。在船上为65人提供了一顿有7道佳肴的宴会。虽然船上有设备齐全的厨房，其中还包括两台对流烤箱，这顿晚餐还是从陆地供应上来的。埃米莉·芒格在加州的新港海滩举办了她的40岁生日派对，地点就在船的甲板上，她的朋友们从世界各地飞来参加这一活动。

大船完工后的一天，威廉姆斯和芒格正在穿过一个船码头的停车场，有一辆车倒出车位向他们直冲过来。威廉姆斯朝司机大喊，他才在即将撞上芒格前的一瞬间紧急刹了车。

芒格对威廉姆斯说："你大概救了我一命。"

威廉姆斯回答："芒格，我永远都不会让你有事的。"

芒格反驳说："你正走的这边是错的。"他的意思是他的左眼失明，而威廉姆斯却走在他右边。

芒格纯粹为了取乐花了600万美元造了艘船，这件事在他的家人和朋友们看来，即使称不上怪诞，也非同寻常，即便是威廉姆斯也这么觉得。

"芒格是非常务实的，"威廉姆斯说，"有一天我们正开着车，芒格说：'我要给你看我造的一座房子。'"芒格指挥威廉姆斯开到了蒙特其托温泉路的尽头。他指给我看一所俯瞰太平洋的大宅，里面有一个小型游泳池，花园占地面积大得要开一辆高尔夫球车才能到处走动。"我说，芒格，这是你退休后住的地方！芒格回答说：'不，我从来都不喜欢这种地方。'"

"他对于冲动这件事充满怀疑。"莫莉·芒格评价，"我们听到很多故事都是关于冲动会如何让你做出傻事的。我试图回想起有哪一次他说过：'带着勇气前行，感受那种气氛，让自己沉浸在那一时刻。'

可是一次都没有，那不是他的风格。"

不过莫莉说经常有信号表明她的父亲可以变得轻飘飘起来。"然而，这样乏味的一个人不会走路的时候好像脚下装了个弹簧。一些问题检查完后你就会感到安全，他非常会关心别人，"莫莉说，"有一种比较好的解释就是他是一个非常容易动感情的人，他用强大的心理控制能力成功掩饰了这一点。他是独特的情绪化和反情绪化的矛盾组合。"

结束语

当他们两个都还年轻的时候,沃伦·巴菲特常常告诉好问的股东们,一旦他出了什么事,查理·芒格会接管伯克希尔。随着时间的推移,年岁渐长,芒格用一种典型的中西部幽默方式将公司继任者的问题转移了方向。"乔治·伯恩斯在 95 岁的时候有人问他:'你的医生关于你抽这些又黑又大的雪茄说了什么?'他回答说:'我的医生已经死了。'"

不过现在巴菲特和芒格都已年逾古稀,这个答案不再有效了。

"到时候公司一定会变更管理层,"芒格说,"只是没有定下来而已。"

不过,两个人都说,适当的时候会公布一位继任者(或者可能是两个,一个负责运营,一个负责投资)。而且,伯克希尔一直以来都注意建立轻松的管理制度。"死亡会带来的一个坏处在于,无论下一个 CEO 是谁,我们都很难再找到一个像巴菲特一样棒的资金分配者;但公司仍然会是一家好公司。"

芒格说,他和巴菲特目前还没有被他们的继任者人选问题所"困扰"。"幸运的是,巴菲特打算无限期地活下去。"

有一名股东问,谁是下一个查理·芒格?"这并无必要去求证。"芒格实事求是地宣布。

无法抵抗说黑色笑话的诱惑,芒格说当他去世的时候人们会问:"他留下了多少钱?"答案会是:"他把所有的钱都留下来了。"

附录 1

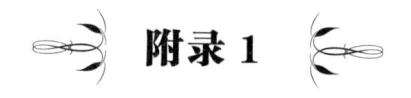

惠勒和芒格证券公司年回报率

年份	惠勒和芒格证券公司（%）	道琼斯工业平均指数（%）
1962	30.1	-7.6
1963	71.7	20.6
1964	49.7	18.7
1965	8.4	14.2
1966	12.4	-15.8
1967	56.2	19.0
1968	40.4	7.7
1969	28.3	-11.6
1970	-0.1	8.7
1971	25.4	9.8
1972	8.3	18.2
1973	-31.9	-13.1
1974	-31.5	-23.1
1975	73.2	44.4
平均回报	24.3	6.4

附录 2

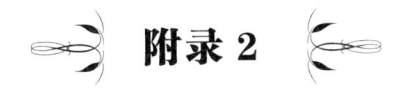

查理·芒格生活及事业年表

1924	芒格于1月1日出生在内布拉斯加州的奥马哈。
1941—1942	芒格就读于密歇根大学。
1942	芒格加入美国空军部队并担任气象员。
1943	在美国空军部队服役期间,芒格就读于位于加州帕萨迪纳的加州理工学院。
1948	芒格以优秀学生的身份从哈佛大学法学院毕业。 芒格开始在洛杉矶的赖特和加勒特律师事务所工作,后来该所改名为缪齐克、皮勒和加勒特律师事务所。
1949	芒格取得了加利福尼亚州律师执业资格。
1950	芒格与埃德·霍斯金斯建立了友情,并最终和他共同拥有了变压器工程公司并参与运营。
1959	沃伦·巴菲特和查理·芒格在他们共同的朋友埃德温·戴维斯医生在奥马哈举办的宴会上相遇。 威斯科金融集团成立。
1960	芒格拆除了在洛杉矶汉考克公园地区的一栋家庭公寓,并在这块地上建起了两栋住宅。他将其中一栋出售,以支付工程项目的资金,而他的家人则迁入另一栋住宅。
1961	芒格和合伙人埃德·霍斯金斯卖掉了变压器工程公司。 芒格开始了人生中的第一个房地产开发项目。

1962	一家名叫惠勒和芒格的证券公司在洛杉矶成立，查理·芒格和杰克·惠勒成为合伙人。芒格和托尔斯律师事务所由罗伊·托尔斯、罗德·希尔斯等7名律师发起组成，其中罗德后来成为美国证券交易委员会的主席，他的妻子卡拉·安德森·希尔斯则当上美国贸易代表，也是一个非常重要的政府职位。

巴菲特开始购入一家位于马萨诸塞州新贝德福德的纺织厂股份，也就是后来的伯克希尔公司。 |
| 1965 | 芒格不再是芒格、托尔斯 & 奥尔森律师事务所的主要成员，他就此停止在法律行业的工作。

芒格、李克·古瑞恩和巴菲特开始购入蓝筹印花的股份。

巴菲特收购到足够多的伯克希尔股份，接管了公司。 |
| 1967 | 芒格和巴菲特到纽约买下了联合棉花商店。 |
| 1968 | 包括芒格在内的第一个巴菲特小组来到加州的科罗纳多，会见本杰明·格雷厄姆，商讨正在衰退的股票市场。

巴菲特开始清算伯克希尔的资产，将其改制成一家控股公司。 |
| 1969 | 芒格和巴菲特支持贝鲁斯医生向加州最高法院提出诉讼，贝鲁斯医生被控为一名病人介绍堕胎诊所。

芒格成为洛杉矶哈佛中学的董事，该校后来与西湖中学合并。

年底，有100名成员的巴菲特合伙公司停业。投资者可以有多种选择——领取现金，改成伯克希尔公司的股份，或多元零售的股份，或者投资于红杉基金。

巴菲特和芒格收购了伊利诺伊国民银行。 |
| 1972 | 通过蓝筹印花公司，巴菲特和芒格以2 500万美元收购了喜诗糖果公司。

李克·古瑞恩和芒格获得了存信基金的控制权，并将其更名为新美国基金。 |

1973	伯克希尔开始投资于《华盛顿邮报》，并成为除凯瑟琳·格雷厄姆家族之外最大的股东。
1974	芒格成为哈佛中学的董事会主席，并任职到1979年。 巴菲特和芒格买下威斯科金融公司。
1975	芒格退出惠勒和芒格证券公司的领导职位。
1976	证券交易委员会完成了一项对蓝筹印花、威斯科金融和伯克希尔之间关系的调查。巴菲特和芒格接受了对此问题所做出的处理意见，但没有承认有罪或无罪，并向那些因为他们的商业活动而可能遭受了损失的威斯科股东赔付了115 000美元。 芒格成为蓝筹印花的主席。
1977	巴菲特和芒格通过蓝筹印花出资3 250万美元收购了《布法罗晚报》。 截至年底，伯克希尔在蓝筹印花的股本权益增加到36.5%。 伯克希尔向大都会通讯投资1 090万美元。
1978	芒格成为伯克希尔公司的副主席，开始患上眼疾。 伯克希尔在蓝筹印花的股权比例增加到58%，并要求蓝筹印花将资产负债表和损益表合并到伯克希尔的报表中。
1979	威斯科金融集团收购了精密钢业仓库。
1980	由于白内障手术失败，以及后来极为痛苦的并发症，芒格丧失了左眼的视力。右眼的视力变得有限，他被迫戴上了厚厚的白内障专用眼镜。
1983	蓝筹印花完全并入伯克希尔，这一过程早在几年前就已经开始。
1984	芒格成为威斯科金融集团的主席和总裁。
1985	威斯科金融保险公司注册成立，总部设在奥马哈。

	伯克希尔纺织厂永久关闭。
	巴菲特和芒格以 31 500 万美元收购了世界图书百科全书和柯比吸尘器的母公司，最终将这家公司从伊万·博斯基手里夺回。
1986	芒格和古瑞恩以巨大的收益关闭了新美国基金，并将一些股票分配给基金投资者。每日新闻集团正在成形，成为一家公开挂牌、可以直接交易的公司，芒格担任主席。
1987	伯克希尔出资 7 亿美元购买了所罗门兄弟公司 12% 的股份，巴菲特和芒格被选入董事会。
1989	芒格退出美国储蓄机构联盟，以抗议同业公会面对这一行业迫在眉睫的危机却不愿意支持储贷业的合理改革。
	伯克希尔向三家公司投资了 13 亿美元，分别是吉列、美联航和冠军国际。芒格负责伯克希尔在吉列公司投资方面的谈判。7 月，伯克希尔购买了 6 亿美元的优先股票，后来转换成 11% 的吉列公司普通股。
	伯克希尔从贝尔金家族手里买下了奥马哈的博施艾姆珠宝商场，该家族还是内布拉斯加家具卖场的创办人。
	芒格的姐姐因帕金森综合征去世。
1991	所罗门公司的一名债券交易商违反交易规则，导致公司濒临破产。巴菲特、芒格以及芒格、托尔斯 & 奥尔森律师事务所的律师们奋力挽救了公司。巴菲特担任了 9 个月的 CEO。
1992	互助储蓄放弃了它的储贷业经营执照。
1993	芒格登上福布斯 400 富豪榜。
	互助储蓄和贷款联盟被清算。
	芒格和巴菲特加入了麻烦不断的美联航董事会。
	伯克希尔通过购买 42 000 万美元股票的方式收购了德克斯特鞋业公司。

1994	按照法定合并程序,互助储蓄成为威斯科金融集团的一部分。
1995	伯克希尔购买它还未拥有的 GEICO 保险公司的 49% 股东资本,动用资金额为 23 亿美元。
	巴菲特和芒格退出美联航董事会。
1996	威斯科金融保险公司收购了堪萨斯银行家担保公司。
1997	芒格被任命为好市多公司的董事,这是一家总部在华盛顿州的连锁零售企业。
	伯克希尔以 16 亿美元收购了飞安国际公司,还以 58 500 万美元的价格收购了冰雪皇后公司。
	所罗门兄弟公司以 90 亿美元的价格被出售给旅行者集团。在这笔交易中,伯克希尔持有的所罗门股份转成了旅行者集团 3% 的股权,价值 17 亿美元。
1998	伯克希尔以 72 500 万美元收购了行政专机公司。
	旅行者集团与花旗集团合并,形成了世界上最大的金融服务公司。

附录 3

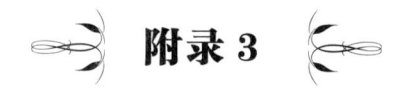

查理·芒格的演讲稿（首度披露）

跨学科技能：教育的意义所在

今天我打算玩一个小小的游戏——苏格拉底的纸牌，借此来缅怀逝去的大师们。我将提出 5 个问题，并对它们做出简单的回答：

（1）各类职业人士是否需要增强跨学科技能？
（2）我们的教育是否已横跨了足够多的学科？
（3）在实行精英化教育的人文科学门类中，要实现最佳形式的跨学科教育有什么必备因素？
（4）过去 50 年来，精英学术界在实现最佳形式的跨学科教育方面进展如何？
（5）什么样的教学实践才能加快这种进展？

我们从第一个问题开始：各类职业人士是否需要增强跨学科技能？

为了解决这个问题，我们首先得明确多学科知识是否能提升职业认知。同时，为了明确如何才能消除不良认知，就一定先要知道产生这种情况的原因所在。萧伯纳笔下的一个人物曾如此解释职业缺陷："说到底，每一种职业都不过是哄骗外行人的把戏而已。"萧伯纳分析得极是。这句话早在 16 世纪就已经有了证明，当时占统治地位的神职人员因为丁道尔把《圣经》翻译成英文，就把他活活烧死在柱子上。

不过萧伯纳对这个问题并未过多阐述，只是说有意识的、自私自

利的恶意才是罪魁祸首。更重要的是,在职业生涯中,错综复杂的潜意识倾向经常会导致可怕的后果,其中有两个倾向尤为突出:

(1) 动机引起的偏见,这种先天的认知倾向,认为对职业有利的东西必将对客户或者广义上的文明有利;

(2) "带锤子的人"式的倾向,这个说法源自一个谚语:"对于一个只有一把锤子的人来说,任何问题看起来都很像钉子。"

纠正"带锤子的人"式的倾向有一个显而易见的对策:如果一个人拥有多种学科技能,也就是说,带上了多种工具,将会减少由于这种"锤子"倾向带来的不良认知。此外,当他学到了足够的多元化知识,并且能从实践心理学中学到一个道理——不管是自己还是其他人,如果想避免人生走上偏离的轨道,毕生都必须跟上面提到的两种倾向做斗争——那么,在通往生活智慧的道路上,他就跨出了建设性的一步。

如果"A"是一个范围狭窄的专业学说,而"B"则包含了来自其他学科的一些重要而且非常有用的原理。那么显而易见,同时拥有"A"和"B"两种理论的专业人士通常会比只懂得"A"的人要生活得更富裕,对于这点几乎毫无例外。因此对不愿意掌握更多的"B"唯一合乎情理的解释就是:考虑到这个人对"A"的依赖程度以及生活中有其他更紧急的事要做,学习"B"并不实用。稍后我将阐述用这种理由来支持单学科教育是多么的站不住脚,至少对大多数有天赋的人来说是如此。

第二个问题很简单,在此就不花过多的时间来阐述。我们的教育制度太过于单一学科化。广泛性问题,从定义上看,横跨了许多学科。相应地,如果你只用一种单一的方式来解决这类问题,就好像在打桥牌的时候只算王牌而不考虑其他一样。这是疯狂的行为,有点像疯帽子先生的茶话会。不过尽管如此,专业实践中仍然大量存在这样的想法，同时更糟糕的是，这种想法一直以来都在人文科学的各独立学科中受到鼓励；而这类学科的重要程度在我看来只比生物学低一点点。

我年轻的时候，一些优秀的教授就对此大为震惊，因为学术界相互隔离、不相往来，大家各执一端，排斥其他领域的观点。其中一人，阿尔弗雷德·诺思·怀特黑德早就用严厉的口吻提出警告，称之为"致命的学科间壁垒"。自此以后，这种观点越来越得到大家的认同，而那些精英教育机构为改变这种学科分离的状况在增强跨学科教育方面取得了令人瞩目的成效，并涌现出一些在多学科交汇处奋勇战斗的勇士，如哈佛大学的威尔森和加州理工学院的莱纳斯·鲍林。

因此，比起我们念书的时候，现代学术界进行了更多的跨学科教育，这是正确的做法。

于是自然而然地产生了第三个问题，我们现在的目标是什么？精英教育中多学科教育的最佳形式是什么？这个问题最容易回答。只要反思一下我们最为成功的单一学科教育，从中筛选出最基本的成分，然后把这些要素综合起来，就能获得圆满的解决方式。

为了找到单一学科中最好的教育模型，我们不能去看那些不会受到威胁的学校，因为它们必然受到了那两种会产生反作用的心理倾向以及其他不良的风气的影响。然而，取而代之的，应该去看看执行高效率教育带来最显著的激励效果，而且教育成果是可以定性衡量的那些学校。这一推断合乎情理地让我们想到了一门学科：现在教授给每个飞行员的那些强制性课程，这种教育是非常成功的。是的，我认为，如果像哈佛大学这样的高等学府能够多多思考飞行员培训这一问题，肯定将做得更好。同其他职业一样，飞行驾驶中要面临"锤子效应"带来的负面影响，我们不希望任何一个飞行员在面对"Y"危险的时候做出的反应就好像遇到的是"X"危险，仅仅因为他的脑袋里只有一种面对"X"危险的模式。考虑到种种原因，我们用一种严格的六要点系统来培训飞行员：

（1）飞行员所接受的正规教育的广度足以覆盖几乎所有对飞行有用的事情。

（2）所接受的必要专业教育不仅能让他顺利通过一两项测试，而且提高到了能在实践中熟练操作的地步，甚至能同时处理两三个互相交织的危险状况。

（3）和任何优秀的代数学家一样，他必须学会有时正向思考，有时逆向思考；这样他就能学会何时把注意力放在希望发生的那些事上，何时放在避免发生的那些事上。

（4）训练内容应根据不同的学科进行合理分配，最终追求的目标是一旦未来实际操作中出错，所造成的损失可以达到最小化。针对实际操作中最重要的内容，进行强化训练，达到炉火纯青的地步。

（5）强制养成他检查"清单"的习惯。

（6）即便接受了最初的教育，也必须养成复习知识的习惯——经常使用飞行模拟器，防止应对罕见和重要问题的知识由于长期不用而产生退化。

由于对这种应用范围狭窄的教育有巨大需求量的行业是个高风险行业，因此对这个清晰明了、正确无误的六要点系统的需求深深根植在人类的脑海中。所以，我们必须预计到为解决广泛性问题，我们所需要的教育会保留所有这些要素，但是要大大扩展每个要素的涵盖范围。除此之外别无他法。

由此看来，正如黑夜和白天交替那样自然，在我们广泛的教育系统中最精华的这部分，我们当然希望将那些精英学生培养成精英人才。要让这种成果达到最完美的程度，就必须将跨学科教育的覆盖面延伸到非常广的范围；将所有必备的技能都进行提高，始终保持在能熟练进行实际操作的水平，这些技能中也包括在学科交汇处进行一定综合处理的能力；对于最需要的技能必须达到炉火纯青的地步；就如同想到代数就想到反证法那样，在思考过程中同时具备正向和逆向两种思考方式；同时养成"清单式检查"的习惯，使其成为只是系统中永不消失的一部分。为了获得广泛适用的处事智慧，不可能有其他办法，也不存在更简单的方法。因此这个任务乍看起来覆盖面很广，让人望而生畏，似乎难以完成。

但是如果从全面的角度来考虑，这项任务也绝非不可能完成，只要我们考虑到以下三个因素：

第一，从"必备技能"的定义看，我们认为，不能苛求每个人对天体力学的掌握达到与拉普拉斯并驾齐驱的地步，也不必苛求大家在其他知识领域也达到如此精湛的水平。相反，事实证明每门学科真正重要的概念并不多，只需要大体了解，就能掌握精髓。而且这些概念既不是无穷的，相互之间的影响也不复杂。考虑到他们拥有足够的天分和充裕的时间，对大多数人来说，掌握多学科的重要知识并没有到了不可能的地步。

第二，在精英教育方面，我们有足够多的天才和时间。毕竟接受此类教育的是1%的智力超群的人，而一般说来，教育他们的老师要比学生还要优秀。我们有13年充裕的时间，足以把这些12岁的尖子生培养成职业新手。

第三，逆向思考和使用清单很容易学习——在飞行员中是如此，在日常生活中同样如此。

此外，我们可以相信广泛的跨学科的技能会产生效果——就像一个从阿肯色州来的家伙相信洗礼的作用一样，他说："我亲眼见到过成效。"我们也知道有一些人——他们可以被称为现代的本杰明·富兰克林，他们掌握了大量的跨学科综合知识，所花的时间少于现在这些接受正规教育的聪明年轻人；他们成了自己所在领域的佼佼者，虽然学习另外那些知识所花的时间比自己专业正常课程要多一些。

现在你既有时间又有才华，前面还有很多因跨学科而获得成功的榜样。我们目前没能将"只有一把锤子的人"这种趋势带来的负面影响降到最低，唯一能说明的就是如果你安于现状，就不可能在人文科学方面的多学科化发展中取得巨大优势；或者由于太害怕改变所带来的困难，你没有为获得巨大成功而付出足够的努力。

这为我们带来了第四个问题：我们毕业后，如果用一个经过优化、具备可行性的跨学科教育目标作为参考来衡量，精英人文科学教育方面到底有了多少进步？

答案是在此期间他们尝试了许多事情，朝着更好的跨学科教育方向进行调整。而且，虽然经历过一些适得其反的结果，从净值上来说，还是取得了一些相当可观的进步。但是，我们期待的变革还有待进行，路途漫漫，任重而道远。

比方说，人文科学领域越来越清楚地认识到，当来自不同学科的教授开始相互合作，或者一位教授拥有了多门学科的背景资历，就会对学科的发展非常有帮助。不过有另一种纠偏方法通常能取得最好的效果，即近年发展出的"各取所需"方式，它鼓励任何一门学科从其他学科中随意吸收自己需要的内容。这种方式备受推崇的原因是它回避了深深根植于传统学派中的学术争论以及领土之争，而这些争论正是引起学科单一化这种愚蠢行为的根源所在，也正是今天这些纠正措施试图去解决的问题。

不管怎么说，由于人文科学许多学科中越来越多地采用了"各取所需"方式，因受到锤子倾向的负面影响而犯下愚蠢错误的情况的确变少了。比如说，在我们班同学罗杰斯·费希尔的领导下，法学院从其他学科中吸收了谈判技巧。费希尔睿智而又合乎道德标准的谈判宝典畅销了300多万册，他一生所取得的成就可能在我们班无出其右。

法学院还引进了许多正确有用的经济学知识，甚至是一些有用的博弈理论，通过更清楚地解释竞争到底如何进行，启发了反垄断法的学习。

反过来，经济学也从生物学家那里引进了"公用品悲剧"模型，发明了一个可以与亚当·斯密"看不见的手"共存的邪恶的"看不见的脚"。目前还出现了"行为经济学"，明智地试图从心理学领域寻求帮助。

但是，像"各取所需"这样一种极度自由的方式注定不会在人文科学领域产生100％的美好结果。事实上，在它所造成的最糟糕的结果中包括了几种变化：

（1）在一些文学领域中吸收了弗洛伊德学说；

（2）将极端的左翼或右翼政治意识形态引入许多地方，而一个人一旦变得极端，要想重新树立客观的态度就会像重获童真一样困难；

（3）一些在企业财务方面受到误导、自称为专家的人把教条化的有效市场理论引进许多法学院和商学院里，而其中有一位多年来一直通过增加幸运的标准差来解释伯克希尔公司投资成功的原因，直到累积了6个标准差后，他遭到了其他人的嘲笑，才被迫改变了一种解释方法。

此外，即使能避免此类愚蠢的行为，"各取所需"也有一些非常严重的不足之处。比如说，从更基础的学科中借用的理论经常是毫无出处的，有时采用的是一个新名字，同时很少有人把注意力集中在如何为已有概念做基本排序的工作上。这种做法：

（1）类似于一个乱七八糟的文件整理系统，一定会削弱对吸收来的知识进行使用和综合运用的能力；

（2）莱纳斯·鲍林曾经为在化学中取得成就而对物理学进行了系统的发掘，而这种方法还没有在人文科学中发挥出最大的作用，所以一定还有一种更好的方法。

附录3　查理·芒格的演讲稿（首度披露）

下面转到最后一个问题：在精英人文科学中，什么样的行为将能够加快学科一体化的进展？这里又有一些很简单的答案：

第一，要有更多的必修课，而不是选修课。相应地，这种方式要求那些负责决定哪些是必修课的人自己本身必须拥有很多熟练掌握的跨学科知识。这个道理在培养决策型人才中的作用就像在培养飞行员一样。比如说，接受法律教育的人，一旦学成后必须同时掌握心理学和会计学。但是，即便在今天的许多高等学府里也没有提出如此的要求。通常，这应该归咎于课程设计者见识的狭隘，他们自己既不知道需要和缺少了什么，也无法弥补这些不足之处。

第二，应该增加许多实践操练的机会，让学生们可以运用横跨几个学科的知识和方法来解决问题，包括模仿飞行模拟器在激活长年闲置技能方面的操练。我隐约记得有一个例子，是几十年前发生在哈佛商学院一位聪明但称不上典型的教授身上的故事。这个教授给出的测验题是说有两名不谙世事的老妇人，她们刚刚继承了一家位于新英格兰、专门生产品牌鞋的鞋厂，但鞋厂正受到一些严重的商业问题的困扰，教授具体说明了她们碰到的难题，然后让学生们在充分的时间内为老太太们思考对策并写下来。对于同学们的答案，教授给出的分数都不尽如人意，只有第一名同学的分数遥遥领先。这个获胜的答案是什么呢？非常简短，大体如下："在它所处的特殊地理位置上，这一业务范围以及这一特殊的行业（即制鞋），所代表的是许多非常难解决的问题，这两名不谙世事的老太太根本不可能在不请别人帮忙的情况下化解这些难题。考虑到其中的难度和无法避免的代理成本，她们应该及时出售这家鞋厂，或许该卖给一家拥有最高边际收益优势的竞争对手。"这个独树一帜的答案不是基于学生刚刚从商学院学习到的东西，而是建立在更为基础的概念上，比如代理成本和边际收益分别是从本科心理学和经济学知识中借鉴过来的。

亲爱的哈佛大学法学院 1948 届的毕业生们，如果我们当时也时不时有这样的测验，今天该会有多大的成就啊！

巧的是，许多优秀的私人学校目前已经明智地在科学课上采用了这种跨学科教育法，而许多研究生院却没有受到启发。这也是怀特黑德所说的"致命的壁垒"又一可悲的明证。

第三，大多数人文科学专业学院应该充分发挥一流商业期刊的作用，如《华尔街日报》《福布斯》《财富》等。这些期刊的内容精彩，还能充当飞行模拟器的作用，在涉及多学科课程问题，特别是错综复杂的问题时，将会增强实践的能力。有时候，这些期刊还会出于种种原因为大家介绍新的模型，而不仅仅是炒冷饭。而且，这不但有利于学生们在学校的时候进行必要的操练，即便当他毕业后，如果要一直保持良好的判断能力，也会用到这一技巧。我认识的一些具有优秀判断力的商界人士中，没有任何一个不利用这些期刊来实现对知识系统的维护。既然如此，学术界为什么不模仿呢？

第四，为了填补学术界的空白，要避免聘请政治意识形态过分极端的教授，不管是左翼还是右翼。对学生的选择也要遵循同样的标准。学科一体化的最佳形式需要客观性，而这正是这些激情澎湃的人身上所缺少的东西，同时如果头脑被意识形态所禁锢，就很难实现对高难度知识的综合应用。在我们那个时候，有几位哈佛法学院的教授们的确向我们指出过意识形态导致愚蠢行为的例子。当然，他们说的是耶鲁大学。当时不少哈佛人都认为他们正在尝试引进一种特殊的政治意识形态，以此作为提高法律教育水平的一个重要手段。

第五，人文科学应该加强模仿自然科学中最基本的精神——有条理有组织（被定义为"四门基本学科组合"的是：数学、物理、化学和工程学），这种精神值得仿效，自然科学毕竟在两方面具有非常巨大的优势：首先避免了单一学科的狭隘性；其次创造了一大片容易掌握的多学科领域，常常能获得很好的成果，比如物理学家理查德·费曼很快就发现了O型垫圈过冷是历史上最严重的一次航天飞机失事的罪魁祸首。之前这种做法曾被借鉴到略微偏人文一些的自然学科中，产生了良好的效果。举例来说，生物学始于150年前，当时对这门学科的解释方法一片混乱，根本谈不上有什么深层次的理论，后来它逐步借鉴了自然科学中最基本的归纳组织精神，最终取得了显著的成效。新一代已经学会了运用更好的思维方式，其中的各类模型可以帮助他们解答"为什么"的问题。为什么自然科学的精神不能协助那些基本原理远逊于生物学的课程的学习，对于这个问题，目前没有什么很明确的理由能解释。在这里，我想明确一下我所说的基本组织模式到底指的是什么：

（1）你必须根据各种学科基础性的高低进行排序和使用。

（2）不管你喜不喜欢，必须掌握到能通过测试的水平，同时能常规地应用这四门基础学科中最基本的内容，对于比自己的专业更为基础的学科要给予特别的关注。

（3）永远都不要吸收任何出处不明的跨学科知识，也不要违背"经济学原理"，即拒绝采用任何本学科或其他学科的基本资料中现成的解释。

（4）如果第3个步骤不能产生有用的新观点，那就应该模仿那些以前曾经创造出成功观点的方法来进行大胆假设，尝试创立新原理。但所创造的新理论不能和以前的有冲突，除非你能证明旧原理是错误的。

你会注意到，和目前人文科学主要的教学方式相比，自然科学中的基本组织精神更为严格，这让人联想到飞行员培训，而发生这种情况并非出于偶然，真相就在有心人的眼皮底下。和飞行训练一样，自然科学的精神不是"各取所需"，而是"不管喜欢与否都要掌握得炉火纯青"。通过两种强制手段可对那些跨学科知识进行合理的组织，这两种手段是：跨学科获得的观点必须有明确的出处；一定要优先采纳最基本的解释。

这种简单的观点是有用的，这一点显而易见，但不能忘记还有一个在商业、科学以及其他领域屡创奇迹的两步走法则：首先采纳简单的基本观点；其次认真对待这个观点。为了证明用认真严肃的态度对待基本组织精神到底有多高的价值，我为大家提供自己的一个亲身经历作为例证：

我来哈佛前受过的教育少得可怜，工作习惯散漫，也没有学位。由于家里好朋友罗斯科·庞德的介入，我才得以在院长反对的情况下被录取。我在高中时学过一门愚蠢的生物课，学的时间很短，主要靠死记硬背，收获到的是一条显然并不完整的进化理论，解剖过草履虫和青蛙，还学到了一个自那以后就消失的可笑概念——"原生质"。时至今日，我从来都没有在任何地方上过化学、经济、心理学或者商业课程。不过我最早上过物理和数学方面的基础课，对这两门课给予了足够的重视，因此吸收消化了自然科学中最基本的组织精神。后来我在越来越偏向人文方面的学习过程中，不断强化这种精神，将其当作自己的知识组织指南和归档系统，这样不管要搜寻什么跨学科的智慧，都很容易找到。

因此，我的生活成了某种缘于巧合的教育实验，研究的内容是如果一个人只懂得一些基本组织精神的皮毛并对此加以利用，是否也有可能学会他自己本身的领域必须教会的知识？

我发现，在我无数次试图用非正规的方式来完成自己所受到的不全面教育时，如果只是出于一般的目的，但采用基本的科学组织精神作为辅助手段，对于自己所钟爱的任何事，我都能取得超出自己原本能力范围之外的成就。巨大的收获接踵而来，这在我刚开始的时候完全不可想象，有时我简直成了豪赌游戏"谁能给驴子准确地贴上尾巴"中唯一一个没有戴眼罩的人，必胜无疑。举例来说，我在心理学方面颇有研究，但原本就没有要学的打算，掌握心理学为我创造了巨大的优势，值得另找一天来讲一讲那些故事。

今天，我没有别的故事要说给大家听了。我已经尽量在最短的时间内尽全力回答了自己提出的问题。今天的演讲即将结束。在此过程中最耐人寻味的一点是，尽管对于不少智者和接受过高等教育的人来说，我今天讲的内容是老生常谈，毫无新意。但我揭露出的现象出现在人文科学的尖端领域，这些领域内的教授都养成了太过学科单一化的思维习惯，即使更好的模型就摆在对面的走廊上，他们对此也无动于衷。在我看来，这种荒唐的结果表明人文科学领域对固执和任性太过包容。约翰逊博士（18世纪中后期英国文坛执牛耳者）曾一针见血地指出，错误的动机是主要原因，如果与兴趣相悖，真理很难被吸收。如果是激励制度造成这种问题，无疑可以通过修正机制来解决——因为激励制度是可以改变的。

我今天试图通过自己的人生经历来证明，人文科学领域像现在这样对学科单一化的顽固态度所给予的包容既非无可避免，也没有任何好处。如果我能对自己的许多缺陷进行相当程度的弥补，他们也完全可以。这显然是一条更好的路，而且也相当容易走。如果是这样，有一句同样来自约翰逊博士的话就非常适用。请记住约翰逊博士曾经是如何形容一个人始终保持着明明通过勤奋就可以弥补的学术无知。对约翰逊博士来说，这种行为就叫"欺诈"。

同时，如果依然无法推动情况改善，也可以通过优势差别来促进。作为用跨学科方法解决许多常见和罕见问题的回报，法学院和其他学术领域会像查理·芒格一样得到巨大的物质回馈。乐趣更多，成就也更多。我向大家介绍的这个更快乐的精神王国，一旦涉足其中，就会流连忘返。让他回来就好像是要切掉他的一只手那样痛苦。

关于务实思维能力的务实思考

我在漫长的职业生涯中吸收消化了几条超级简单的通用观念,并且发现这些观念对解决问题很有帮助。我现在将描述其中的五条,然后会向你提出一个极其高难度的问题。确实很难,因为这个问题涉及如何将 200 万美元的启动资金变成一个足以称为巨大成就的数字——20 000 亿美元。然后我要试着通过我的那些通用观念来解决这个问题。此后,我会告诉你在推断过程中使用了一些非常重要的教育方面的结论。我将以此来结束演讲,因为最终目的就是让这段话有教育意义,今天游戏的宗旨就是探寻更好的思考方式。

我的第一个有用的观念就是,通常简化问题最好的方法就是先把一些无须费神就能做出判断的大事情决定下来。

第二个则模仿了伽利略的结论,即科学事实通常只有通过数学方式才能揭示,数学就仿佛是上帝的语言。伽利略的理论在乱糟糟的实际生活中也很管用。在大多数人生活的世界中,如果没有流畅的数学思维,就好像一个单腿的人在参加一场异常激烈的比赛,注定无法赢得胜利。

第三个观念是仅仅会用正向方式来思考问题是远远不够的。你还必须学会逆向思维,不然就会像一个村夫想知道他会死在什么地方,这样他就永远不会去那个地方。确实,很多问题不能通过正向思考的方式来解决。这就是为什么伟大的代数学家卡尔·雅可比会翻来覆去地说:"逆向,始终要逆向思考。"毕达哥拉斯也正是通过逆向思维证明了"2 的平方根是一个无理数"。

第四个有用的观念是最好、最实用的智慧就存在于基本知识中。不过有一个极其重要的限定性条件：你必须用跨学科的方式来进行思考。你要习以为常地使用在每一门基础学科的一年级课程中会学到的那些简单易学的道理。当你掌握了这些基本的概念，你想要解决的问题就不会受到制约，大学以及许多商业性机构由于划分成泾渭分明的不同学科和不同部门而有其局限性，它们强烈反对在所圈定的区域之外冒险。取而代之的是，你必须进行跨学科的思考，就像本杰明·富兰克林在《穷理查年鉴》中所给出的建议："如果你希望完成一件事，那就行动。如果不想，就迈步走。"

如果你在思考问题时全然依赖别人，经常花钱向专业人士寻求咨询，那么无论你何时跨出自己的狭小区域，都会遭受很多不幸。这不仅仅会使你陷入复杂的协调工作中，搞得精疲力竭，同时，你还会遭受一个由萧伯纳塑造出来的人物所揭露的事实给你带来的打击："说到底，每一种职业都不过是哄骗外行人的把戏而已。"事实上，萧伯纳笔下的人物，一句话就说出了萧伯纳所痛恨的那些情况。这并非总是由于你的那位知识范围狭窄的专业咨询人士有意地渎职而使你精疲力竭。相反，你的困境通常是由他无意识的偏见造成的。由于他和你的经济利益立场不同，你的目的常常会受到他的认知带来的损害。同时，他还会经历下面这句谚语所形容的心理困扰：对于一个只有一把锤子的人来说，任何问题看起来都很像钉子。

第五个有用的观念是真正伟大的、非常出色的成果通常只可能是很多因素综合作用下的结果。比如，结核病有药可治，至少也已经有一段时间了，药方正是将三种不同的药物按比例混合而成。而另一个非常出色的成果，比如说飞机能够起飞，也遵循了相同的模式。

现在，该是我提出实际问题的时候了，这个问题如下：

1884年，在亚特兰大，你和其他20个与你相仿的人一起被带到一位富有而又古怪的亚特兰大公民面前，他叫格洛茨。你与格洛茨有两处相像的地方：第一，你们一般都会借助那五个很有用的普遍性原理来解决问题；第二，你们都通晓大学所有基础课程里所讲授的基本概念，也就是 1996 年大学里教的那些。不过，所有的发明家以及所有用来证明这些基本概念的例证都是 1884 年之前就已经有的。你和格洛茨对 1884 年之后发生的事情都一无所知。

格洛茨愿意投资 200 万美元（以 1884 年时的货币价值计算）成立一个新公司，进军非酒精饮料业，并且永远在这个行业经营，他拿出其中一半的净资产来建立一个格洛茨慈善基金会。格洛茨想为这种饮料起一个在某种程度上吸引他的商品名字：可口可乐。

这家新公司的另一半净资产将会给这样一个人，这个人能十分成功地向格洛茨证明，他的商业策划将使格洛茨基金会在 2034 年升值为 10 000 亿美元，即便公司每年都要拿出很大一部分收益用来分红。而即使扣除支付出去的数亿美元的分红，这家新成立的公司整体价值也将达到 20 000 亿美元。

你有 15 分钟的时间进行提案，你会对格洛茨说些什么呢？

以下就是我的解决办法，我提给格洛茨的方案只采用那些有用的普遍性原理，以及每个聪明的大学二年级学生都应该知道的一些概念。

格洛茨，要使我们的问题简单化，首先要做的就是"不用动脑筋"的决策，决策的步骤如下：第一，我们永远都别指望只通过销售一些普通的饮料来赚取 20 000 亿美元，所以，我们必须打响"可口可乐"品牌，使其成为一个强有力的、受法律保护的商标。第二，我们可以首先打开亚特兰大市场，然后成功占领美国其他地区的市场，最后在全球范围内迅速推广我们的新饮料，这样就能赚取 20 000 亿美元。这就需要开发一款产品，由于利用了强大的自然力量，能引起全世界的共鸣。能找到这种强大的自然力量的地方恰恰就是大学基础课程的主旨所在。

接下来，我们将通过数字的计算来确定我们的目标到底意味着什么。我们可以理性地猜想到 2034 年的时候，全世界将有约 80 亿的饮料消费者。平均起来，这些消费者按实值计算将比 1884 年的消费者富裕得多。每位消费者的身体主要是由水分组成的，每天必须摄入大量的水分来补充人体所需，而这恰恰相当于 8 罐饮料。这样看来，如果我们的新饮料以及我们开发出的新市场中其他一些模仿我们的饮料能占据或拓展世界饮料行业 25% 的市场，我们就可以占据整个新市场的一半份额，那么到了 2034 年，我们就能售出 29 200 亿罐饮料。如果每罐饮料可以净赚 4 美分，我们就可以赚到约 1 170 亿美元。这就足够了，如果我们的公司可以保持良好的增长率，那么在 2034 年价值 20 000 亿美元将轻而易举。

一个关键的问题就在于，到了 2034 年，每罐饮料净赚 4 美分的盈利目标是否合理。如果我们能创造出一种可以引起全世界共鸣的饮料，那么答案就是肯定的。150 年是一个漫长的过程，美元，就像罗马的德拉克马（希腊的货币单位）一样，肯定会贬值。与此同时，全球普通饮料消费者的实际购买力也会大大上升。此外，消费者购买廉价商品的倾向也将使他的经验丰富起来，而饮用水涨价则会相当快。与此同时，随着技术的进步，我们这种简单产品的成本按照不变购买力来衡量将会下降。所有四种因素综合下来都对我们每罐 4 美分的盈利目标有利。如果以美元来衡量，世界范围内的饮料购买力很可能在 150 年的时间里至少上升 40 倍。反过来想，这使得我们每罐饮料的盈利目标在 1884 年的条件下只有每罐 4 美分的四十分之一或者说每罐 1 美分的十分之一。如果我们的新产品可以引起全球共鸣，那么这个目标将会很容易超越。

这就决定了接下来我们必须解决的问题是：如何制造出这种具有

普遍吸引力的饮料。在大的范围内有两个挑战交织在一起：第一，我们必须开创一个新的饮料市场，它可以在 150 年的时间里占到全球饮料的四分之一。第二，我们必须悉心经营，在新开辟的市场中占有一半的份额，所有其他的竞争者加在一起也只能分享剩下的一半市场份额。所有这些都称得上是非常出色的成果。因此，我们必须调动所有我们能够想到的有利因素来解决问题。简而言之，只有在多种因素的共同作用下，才有可能达到我们所预期的效果。幸运的是，如果你在大学一年级的时候上每一节课都保持清醒状态，那么，这些互相交织的问题解决起来也就简单明了。

就从研究我们不动脑筋就做出的简单决定——必须依赖一个强有力的商标着手，研究这样做的后果会怎样吧。自然而然地，这种结果让我们运用适当的基本专业术语来正确理解我们公司的本质。我们可以从基础心理学课程的角度看到，我们本质上是要创办一个产生和维持条件反射的企业。"可口可乐"商标及其商品包装都将成为一种刺激，消费者购买和饮用我们的饮料，将会是我们所期望的那种反应。

那么，怎样才能创建或维持条件反射呢？心理学教材给出了两个答案：首先通过操作性条件反射来实现；其次通过经典性条件反射，通常也称为巴甫洛夫反射，这个名称用以纪念这位伟大的俄罗斯科学家。鉴于我们想要得到一个十分出色的结果，我们必须同时使用上述两种条件反射技术——还要发明各种手段来增强每种方法的效果。

我们问题中的操作性条件反射这个部分很容易解决，我们只需运用以下方法：首先，使喝饮料的刺激最大化；其次，这种被我们创造出来、为我们所期待的条件反射，由于竞争产品也采用操作性条件反射而难以区分，我们必须将这种可能性降到最低。

对于操作性条件反射所能产生的回报，我们只发现以下几种是切实可行的：

(1) 食物有提供能量或其他成分的价值；

(2) 根据达尔文的自然选择理论，味道、质地和气味等在人的神经系统里会成为刺激消费的因素；

(3) 刺激物，如糖、咖啡因；

(4) 人在热的时候希望有凉爽的感觉，而冷的时候又希望有温暖的感觉。

要想获得非常显著的成果，我们自然会将以上所有这些刺激因素都包含在内。

一开始，很容易就能决定我们的饮料要设计成在冰冻的情况下饮用。因为人们通过喝饮料来降暑的可能性大大高于取暖。此外，太热的时候，人体的水分就会随之消耗，反之则不然。我们也很容易就决定在饮料中同时加入糖和咖啡因两种成分。毕竟，茶、咖啡和柠檬水已经遍地都是。同时我们也很清楚地知道必须经过无数次的试验和失败，带着狂热的心态才能决定出新饮料的口味和其他特性，使它能在同时含有糖和咖啡因的情况下使人们的愉悦感受达到极点。而且，我们所希望的那种操作性条件反射一旦受到激发，也就很有可能被同类产品使用的操作性条件反射所取代，为了避免这种情况的产生，同样有一个明显的答案：要在最短的时间内让我们的饮料出现在全球各地，随处可见。我们应该将这个想法变成公司每个人都疯狂追求的目标。毕竟，如果没有试用过，任何竞争性的产品都不会对我们造成威胁。这是每一对夫妻都懂得的道理。

我们下一个必须考虑的是如何利用巴甫洛夫的条件反射原理。在巴甫洛夫条件反射实验中，强烈的效果仅仅来源于两种行为之间的联系。铃声刺激了狗的神经系统，使其在不吃东西的情况下也加快唾液分泌。看着那个自己永远都得不到的美女，男士的大脑会对她手里握着的那种饮料产生强烈的渴望。因此，我们必须利用各种各样我们可以想到的、合情合理的巴甫洛夫条件反射。只要我们身处这个行业一天，我们的饮料及其促销活动都必须在消费者的脑海中和所有他们喜欢或欣赏的事物联系起来。

要建立如此大规模的巴甫洛夫条件反射必然耗资不菲，尤其是花在广告上面的费用。我们将会以难以想象的速度付出巨额资金，不过这些钱是花在了刀刃上的。由于我们在新的饮料市场中快速扩张，我们的竞争对手如果想要创造他们所需要的巴甫洛夫条件反射效应，就处于劣势地位，必须花更多钱做广告。这一结果，再加上因销售量创造的影响力而产生的效应，应该能够帮助我们在任何一个新市场都占有并保持至少50%的市场份额。事实上，假如购买者分散在各地，我们比别人更高的销量会为产品分销提供巨大的成本优势。

此外，因连锁反应而产生的巴甫洛夫效应可以帮助我们选择新饮料的口味、质地和颜色。考虑到巴甫洛夫效应，我们明智地选择了带有异国情调、听起来很高级的名字——"可口可乐"，而非什么平淡又缺乏想象力的"格洛茨牌咖啡糖水"。出于类似的巴甫洛夫条件反射原因，让我们的饮料看起来更像葡萄酒而非糖水，绝对会是一种明智之举。因此，如果这种饮料原本看起来是透明的，我们就必须人为地加入一些色素。同时，我们会在饮料中充一些碳酸气，让它看起来更像香槟或其他一些高档的饮品，当然也要使其味道更佳，并为那些竞争模仿者制造壁垒。并且，由于我们要在产品上附加如此多的心理效应使其显得高档，所以，那种口味必然与其他任何普通口味都不一样，由此我们可以为竞争者制造最高难度的挑战，同时不留一丝机会让任何市场上现有的产品因为口味和我们撞车而渔翁得利。

除此之外，心理学教材中还有什么可以帮上我们新公司忙的理论吗？人的天性中有一种强大的"有样学样"心理，心理学家称之为"社会证明"。在此处可以理解成仅仅因为看到别人消费的场面就激发

附录3 查理·芒格的演讲稿（首度披露）

了某人的模仿型消费。它对我们的帮助不仅仅是诱惑人们试喝我们的饮料这么简单，还会对人们的消费行为给予鼓励，而且这种鼓励是能亲身感受到的。我们无论是在设计广告、筹划促销活动还是考虑以放弃眼前的利润为代价，增加现在和未来的销售量时，都必须时刻顾及强有力的社会证明因素。就增强企业的销售能力而言，增加每条分销渠道的销售额，比研制其他许多产品更有帮助。

我们现在可以知道的是：（1）应用大量的巴甫洛夫条件反射；（2）利用强有力的社会证明效应；（3）发明一种饮料能因为口感极佳、补充能量、兴奋神经同时也如人们期望的那样是冰镇的而引起消费者多重的操作性条件反射。通过以上三点的结合，我们将利用这些精心选择的因素，使销售额在很长的一段时间内加速增长。因此，我们即将开始一种类似于化学中的自我催化效应，而这正是我们想要的那种卓越效果，是由多种因素引发的。

我们公司的物流和分销战略将很简单。要销售我们的饮料，只有两种实用方法：（1）作为原浆卖到冷饮柜和饭店里；（2）完全将它当作罐装碳酸饮品。要想得到极具影响力的效应，我们自然而然就会两种方式都采用。同时，想要获得明显的巴甫洛夫条件反射及社会证明效应，我们必须长期进行广告宣传和产品促销活动。超过原浆价格40%的费用将用于销售渠道。

只需要少数几家原浆制造厂就能满足全世界的需求。但是，每一罐饮料都占用空间，而且其中大部分都只是水而已，运来运去毫无必要，为了避免这种情况，我们需要在世界各地分设瓶装工厂。如果能建立"第一销售价格"（正如通用电气对其发明的电灯泡一样），不论是我们的原浆液还是任何带包装的产品，都能使利润最大化。牢牢地掌握利润的控制权的最好方法就是让每个独立的装瓶商成为我们的分包商而不是原浆的买主，当然更不会成为原浆的永久特许经营商，更不能把原浆的价格永远都固定在最初的价格上。

由于无法为我们最最重要的口味申请专利,我们将像强迫症患者那样去保证配方的安全。我们还会在秘方保存方面大肆炒作,把它说得玄乎其玄,从而进一步增强巴甫洛夫效应。随着食品工程学的发展,其他人最终可以把我们的产品口味复制到几乎一模一样的地步。不过,到了那个时候我们已远远走在前面。由于有非常强势的品牌、完善的、"随处可得"的全球分销系统,口味的复制不会成为我们向目标前进的障碍。食品化学的进步固然帮到了我们的竞争者,但同时技术革新也将相伴而来,给我们带来益处。比如说制冷技术、更快捷的运输,还有针对减肥者在饮料中加入糖的口味却无须加入糖的热量等技术。此外,相关的饮料机遇还将接踵而至,我们必须牢牢地把握。

最后再让我们运用雅可比的逆向思维检查一下企业发展的计划。有什么是我们所不希望,因而一定要避免的?看来有四个明确的答案:

第一,必须避免喝完后因为饮料甜得发腻而产生抗拒感,从而停止购买行为。这种行为属于生理学的标准流程,根据达尔文的进化论学说,是因为基因载体上被施加了一种普遍有效的自我节制影响,用于增强人类基因的复制。为了让消费者能在炎热的天气下一瓶接一瓶地饮用我们的产品而不会生腻,我们将在不断尝试和屡次失败中找到一种美妙的口味,让问题迎刃而解。

第二,我们必须避免商标甚至商标中部分名称的盗用。这将让我们损失巨大。打个比方,如果由于自己的疏忽大意导致市场允许其他种类的"可乐"进行销售,例如,"百比可乐"。如果真的存在这种"百比可乐",我们也一定是这种品牌的拥有者。

第三,在拥有如此巨大成功的同时,也应该避免因嫉妒带来的负面效应。作为人类的一大天性,嫉妒在"十诫"中居于显著的位置。亚里士多德曾说,避免嫉妒的最佳方式就是名副其实。我们将孜孜以求地追求产品质量、包装质量和合理的价格,在无害的基础上给人们带来愉悦的感受。

第四,招牌式的口味风靡整个新市场后,应当避免对口味做突然性或重大的调整。即便在蒙眼测试中新口味的表现更好,改变口味也是蠢事一件。这是因为我们的传统口味已经深入人心。根据心理学有限选择效应,对口味做重大调整有弊无利。如果激发了消费者剥夺性反应过激症状(因已拥有的东西被剥夺后产生的强烈的不适反应)——会让人类难以面对"失去",也会使大多数赌徒失去理智。此外,这样的调整能够让对手通过复制我们原先的口味,利用这两种情况——消费者剥夺性反应过激症状产生的反感情绪,通过我们之前的努力而赢得的消费者对原始口味的偏爱——而渔翁得利。

以上就是我对如何在扣除数亿红利后把 200 万美元增至 20 000 亿美元的对策。我认为,它将赢得身处 1884 年的格洛茨的赞许,也能比你一开始所想的更有说服力。毕竟,运用学术上的有效观点后,决策的正确性就显而易见了。

我提出的解决方法跟现实世界中可口可乐公司的发展有多一致呢?直到 1896 年,也就是虚构的格洛茨用 200 万美元大刀阔斧地进行企业扩展过后的 12 年,现实中的可口可乐公司获利低于 15 万美元,盈利几乎为零。之后,它还把自己的商标丢掉了一半,而且以固定的原浆价格批准了永久性特许经营装瓶商。有一些装瓶商的效率并不高,可口可乐公司对此束手无策。在这种系统下,失去了价格控制能力,如果它能保留这种能力,情况可能会完全两样。即便如此,实际上可口可乐公司遵循了交给格洛茨计划的大部分内容,目前它的价值是 1 250 亿美元,为了在 2034 年实现 20 000 亿美元的目标,每年必须以8％的速度增长。如果至2034年这段时间里，它的供应量能以6％的速度增长，很容易就会达到年产量29 200亿瓶的供应目标。而且在2034年后，可口可乐代替白开水的空间还很大。所以，对于虚构的人物格洛茨来说，如果他能够更加迅猛地行动，避免发生最严重的错误，本可以轻松地达到20 000亿美元的目标，甚至可以在2034年前圆满完成。

这一过程最终将我带到了今天演讲的主题。如果我对格洛茨问题的解答大体正确，或者你们能在我答案的基础上再给出一个我认为正确的答案，我们就可以认为教育界中存在一个重大问题——大多数获得博士学位的教育家，甚至是心理学教授和商学院院长等，也不一定能给出如此简单的答案。如果以上我的解决方法和结论是正确的，也就意味着我们目前的社会中存在很多教师，他们甚至无法以让人满意的方法来解释可口可乐现象，即便只是回顾一下该公司的历史，即便他们一生都在密切注意这家公司的动态。这可不是一种让人满意的事物状态。

还有——这一个结果则更为偏激——一些能干而有影响力的可口可乐公司管理者近几年来获得耀眼的成功，周围簇拥着商学院或者法学院的毕业生，但他们自己却没有掌握预测或者避免"新可乐"惨败的基本心理学，这对企业无疑是一大威胁。这些人如此有才华，身边有众多来自名校的专业顾问，如果这也证明了他们所受教育和现实之间脱节严重，这也不是一种让人满意的事物状态。

这种在学术领域和企业上层中极端无知的行为是一种消极意义上的"卓越成效"，表明学术界存在重大的缺陷。因为这些种负面效应太过"出色"，我们预计应该可以找出学术上的复杂原因。我觉得至少有以下两种原因：

首先，心理学虽然做过一系列巧妙而重要的实验，让人充分感受到了它的魅力和实用性，但它缺乏学科内的综合应用，特别是缺少对各种心理学倾向综合作用的关注。这使我想起了一位农村教师。他试图把圆周率简化为3，这无疑违背了爱因斯坦的教导："事情是越简单越好，但再简单也有一个度。"一般说来，目前的心理学知识杂乱无章并被大家误解，这就像物理学历史上如果只产生了迈克尔·法拉第这样杰出的实验者，但没有诞生詹姆斯·克拉克·麦克斯韦这样的综合概括大师，电磁学也会被误解一样。

其次，目前将心理学和其他学科综合起来论述的现象少得可怜，但是只有通过多学科方法才能正确应对现实世界——比如说在可口可乐公司的案例中就是如此。

简而言之，学术心理学比其他学科门类所认为的要重要而且有用得多。与此同时，心理学又比大多数业内人士所认为的要糟糕得多。当然，自我评价比外人评价更为积极是很正常的。老实说，这类问题今天可能应该让你们自己上台来讲述。但心理学的这种缺口大得有些反常。由于这种反差大到如此的地步，导致一家非常知名的学府（芝加哥大学）取消了心理学系，他们可能在心里暗暗希望未来可以创造出一个更好的版本。

当事物处于这样的状况下，很多年前，当时那些很多显然是错误的观点已然存在，于是爆发了"新可乐"惨败的事件，可口可乐的管理人员几乎毁掉了世界上最具价值的品牌。针对这一媒体竞相报道的轰动性的失败事件，如果学术界做出的是正确反应，就应该像一周内连续三架飞机爆炸后波音公司做出的反应一样。毕竟这两起事件都涉及产品整合的问题，显而易见，我们的教育失败得惊人。

但学术界并没有做出任何负责任的、波音式的反应。与之相反的是，总体来说，他们仍在延续之前诸侯割据的局面，容忍着心理学教授用错误的方式教授心理学；非心理学教授对能在他们学科中起重要作用的心理学效应视而不见，而专业学校在每一届新生身上都小心翼翼地保持着对心理学无知的传统，并对自己的不足引以为豪。

既然这种让人遗憾的盲目和倦怠已经成了学术界的常态，那是否有一些例外可以为我们带来希望，最终纠正教育界这些不光彩的缺点呢？在这里，我有一个非常乐观肯定的答案。

让我们来看看近期芝加哥大学经济学系的表现。过去10年来，这个系几乎包揽了所有的诺贝尔经济学奖，主要是因为跳出了"自由市场"模式对人类理性程度的假设，从而做出了许多卓越的经济预测。通过理性思考的方式获得如此稳定的胜利后，这个系做出了什么反应呢？

他们刚刚邀请了一位睿智而诙谐的康奈尔大学经济学家理查德·泰勒担任系里一个非常重要的职位。这个系之所以这样做，是因为泰勒对芝加哥大学奉若神明的东西大加嘲笑。泰勒和我一样都深深相信人们经常会出现大规模非理性行为，这种行为方式可以通过心理学来预言，因此必须在微观经济学中加以考虑。

芝加哥大学的这种做法是在效仿达尔文——他一生中很多时间都在进行逆向思考，试图推翻自己辛辛苦苦建立起来，同时也是他最为钟爱的观点。只要学术界中还有一些学科能像达尔文一样逆向思考，继续着自己最有价值的那部分，我们就可以做出自信的预期：愚蠢的教育实践最终将被更好的方式所代替，就像卡尔·雅可比可能会做出的推测一样。

这种情况终将发生是因为达尔文式的方法是一种可行的方法，它习惯性地采用客观的态度。确实，即便是像爱因斯坦这样的人物都说过，他之所以能取得成功有四个原因，其中"自我批评"的排名比"好奇"、"专心"和"坚持不懈"都要高，是重中之重。

为了进一步体会到自我批评的力量，想一想这位非常"没有才华"的大学肄业生——查尔斯·达尔文逝世后安葬在何处吧。他的墓碑位于威斯敏斯特大教堂中,紧挨着艾萨克·牛顿的墓石,后者恐怕是有史以来最有天赋的学生。碑石上镌刻着5个简单的拉丁文单词,却包含着所有碑文中最意味深长的赞扬——"hic iacet quod mortale fuet",意思是"安葬于此的这位曾经被视为不可饶恕"(达尔文的进化论曾经引起轩然大波,被宗教界认为死后必下地狱)。

一种文化能如此对待死后的达尔文,最终也会以恰当而务实的方式发展并整合心理学,从而推动所有领域的发展。所有具备这种能力和洞察其中奥妙的人都应促进这一进程,因为这是利害攸关的事。如果在许多高端领域,像可口可乐这样一款闻名全球的产品都没能得到正确的理解和诠释,我们处理其他重要的事情的能力就不甚乐观了。

当然,你们中如果有人将50%的投资都放在可口可乐股票上,能做出这种决定必然是因为自己通过思考得出了像我给格洛茨的建议一样的结论。这样的人可以忽略我对心理学的看法,因为对你们来说太过基础,根本算不上是有用的建议。不过对于其他人,如果你们也忽略我的看法,我就不太确定这是不是明智之举了。这种情况让我想起了自己最喜欢的一则过去华纳及斯韦齐公司使用的广告语:"如果有一家公司需要一台新机器却还没有买,它就已经在付出代价了。"

再版译后记

不知道多少人会有这样的感受：回看自己曾经写下的文字，无论是随笔还是信件，只觉不忍卒读。基于这一事实，当编辑说需要一篇再版译后记时，我的第一反应是有点怕，因为这意味着必须面对六七年前的自己，而通常你所看到的都不会太令人满意。

可是理智告诉我：无论如何不情愿，该完成的任务总要完成。于是在经过重重心理建设之后，我鼓起勇气，打开了本书。出乎意料的是，再读此书并没有产生常有的那种无地自容感，反而在字里行间读到了一些之前未曾体会到的东西，与其说这是一次为了完成任务而进行的阅读，不如说是一次再学习。

着手翻译的时候，还是北京奥运期间，而如今里约奥运也已经结束一个多月。这期间，世界的变化深刻而又明显。无论是微博、微信和各类App对我们生活的改变，还是中国GDP超越日本并逐步逼近美国对世界政治经济形势的影响，都可谓是翻天覆地。那些让人眼花缭乱的A轮、B轮、风口之类的新鲜事物，仿佛永远都与伯克希尔无关。在这样的情况下，芒格的经验是否仍然行之有效，听起来是个问题。

再版译后记

再次读完全书后，我得到的结论是：芒格永不过时。诚然，他本人也承认，预测哪个硅谷公司会成功是他能力范围之外的事情，但请别忘记，这位 90 多岁的老人，一直以来坚持的投资原则之一是不买自己不了解的资产。如果此时此刻出现一个年轻版的芒格，有能力对高科技企业进行深入的调查了解，那他的成绩一定会远高于普通投资者。毕竟，在芒格 80 多岁的时候，还有足够的魄力选择投资比亚迪，并获得了丰厚的回报，这比一切毫无根据的臆测都能说明问题。

前一版时我曾经告诉大家，如果读者想从中了解到芒格和巴菲特的具体投资操作方式，恐怕会失望。鉴于本次只是再版，原作者也没有调整内容，因此这句话仍然有效。只是随着自己年龄和资历的增长，关于这一点有更多的话想说。如果你知道芒格是谁，那就应该了解芒格从来不是以赚快钱而著称的投资人。伯克希尔从某种意义上来说对企业所做的事情与风投并无二致：看准有潜力但暂时缺乏资本的实体企业，注入资金，不干预管理层的日常运作，直至企业正常运作产生预期的收益。所谓股神，只不过是因为股票是他们参与一家企业的载体而已。芒格本人一直坚持领取很少的薪资，从来都看不上那些领着高额奖金的所谓华尔街精英，认为他们是未来市场的风险所在，这一点书中表达得很清楚，而金融海啸也验证了他的判断。

写到这里，有些人可能会问，那阅读本书的意义又在哪里呢？在我看来，所谓投资技法都是"术"，芒格的成功是因为他掌握了"道"，并且在漫长的一生中坚持身体力行。无论是在经历了早年的丧子之痛，还是面对失去一只眼睛的事实，他都没有让悲痛影响到自己的判断，让一个悲剧变成多个悲剧。90 多年来他坚持阅读，不断思考，在此基础上做自己认为正确的事情，公平对待所有人，不因为自己的聪明而让他人蒙受损失，让自己变得富有以便为人类社会做出贡献而不是自我享乐。这些可贵的品质散落在书中的各个章节，把它们串联起来，就构成了一个丰富且完整的芒格。我相信芒格粉都是人群中相对聪明的一群人，但如何像芒格那样做到聪明且善良，永远把做一个正直的人放在赚钱之前，就恐怕不是每个聪明人都能做到的。而这，就是本书的价值所在。

在翻译完本书之后，我又有幸接触了另一本与芒格有关的书：*Seeking Widsom：From Darwin to Munger*。由于种种原因，虽然完成了翻译，但未出版。纵然如此，我依然认为该书中的内容让人受益匪浅，十分推荐对芒格智慧充满兴趣的各位读者找来原版一读。

本次再版，修订了上一版中一些显而易见的错别字，但仍然不能保证 30 万字毫无纰漏，如有疏忽，还请各位见谅。

杨佳枚、方雷、王薇、姜佳、刘莉萍、乐怡、严尧……感谢这些家人、朋友一直以来的陪伴，以及对本书提出的宝贵中肯的意见。最后也要感谢中国人民大学出版社曹沁颖女士耐心细致的协调工作。

邱舒然写于上海

图书在版编目(CIP)数据

巴菲特幕后智囊:查理·芒格传/(美)珍妮特·洛尔(Janet Lowe)著;邱舒然译. --3版. --北京:中国人民大学出版社,2021.3
书名原文:Damn Right! Behind The Scenes With Berkshire Hathaway Billionaire Charlie Munger
ISBN 978-7-300-28676-1

Ⅰ.①巴… Ⅱ.①珍… ②邱… Ⅲ.①查理·芒格—传记 Ⅳ.①F837.125.34

中国版本图书馆CIP数据核字(2020)第192462号

巴菲特幕后智囊:查理·芒格传
[美] 珍妮特·洛尔(Janet Lowe) 著
邱舒然 译
Bafeite Muhou Zhinang Chali Mangge Zhuan

出版发行	中国人民大学出版社		
社　　址	北京中关村大街31号	邮政编码	100080
电　　话	010-62511242(总编室)	010-62511770(质管部)	
	010-82501766(邮购部)	010-62514148(门市部)	
	010-62515195(发行公司)	010-62515275(盗版举报)	
网　　址	http://www.crup.com.cn		
经　　销	新华书店		
印　　刷	德富泰(唐山)印务有限公司	版　次	2009年10月第1版 2021年3月第3版
规　　格	148 mm×210 mm　32开本	印　次	2021年5月第3次印刷
印　　张	11.5 插页2	定　价	89.00元
字　　数	286 000		

版权所有　侵权必究　印装差错　负责调换

Damn Right! Behind the Scenes with Berkshire Hathaway Billionaire Charlie Munger
ISBN: 9780471244738
Copyright © 2000 by Janet Lowe
All Rights Reserved. This translation published under license. Authorized translation from the English language edition, Published by John Wiley & Sons. No part of this book may be reproduced in any form without the written permission of the original copyrights holder.
Copies of this book sold without a Wiley sticker on the cover are unauthorized and illegal.

本书中文简体字版专有翻译出版权由 John Wiley & Sons, Inc. 公司授予中国人民大学出版社。未经许可，不得以任何手段和形式复制或抄袭本书内容。

本书封底贴有 Wiley 防伪标签，无标签者不得销售。

中国货币史（上、下册）
彭信威 著

货币史研究里程碑，赞誉不断，畅销不衰
看懂货币的历史，才真正懂得经济和金融的历史

　　本书是彭信威教授研究中国货币史的经典之作，分八章讲述了从殷商时代到清末中国货币的沿革发展，对每一个历史时期的货币制度、货币购买力、货币理论、信用等都做了深入研究，内容涉及经济、社会、政治、文化和心理多方面，从货币角度展现了中国历史发展脉络，是一部包罗万象的货币通史巨著。对于中国经济、金融及历史领域的研究者、学习者、爱好者，本书不仅提供了重要参考，而且是十分值得珍藏的经典。

钱的千年兴衰史

稀释和保卫财富之战

金菁 著

读钱的历史,在不确定的世界做出恰当的财富决策。

高　坚	国家开发银行原副行长	
戎志平	中国金融期货交易所原总经理	重磅推荐

入选"中国好书"、光明书榜、中国新闻出版广电报优秀畅销书榜、百道好书榜、长安街读书会干部学习书单。

　　本书是一部关于钱的简史,从"用什么衡量财富"和"什么才有资格被称为钱"谈起,呈现了利息、杠杆、银行、纸币、债券等我们今天习以为常的金融要素产生的来龙去脉,其间充满了压力、创新、无奈甚至血腥的斗争。本书不仅让我们更了解钱,也通过阅读千年以来财富的稀释和保卫之战,启发读者思考在如今这个充满不确定性的世界,如何做出恰当的财富决策,实现财富的保值增值。